外语实践教学课程思政系列丛书　　总主编◎郑燕虹　蒋洪新

◎本书为湖南省教育科学"十四五"规划课题"外语专业实践课程与课程思政的创新模式研究"（项目号XJK23AJD046）系列成果之一。
◎本书由湖南师范大学外国语言文学学科经费资助。
◎本书中文文字及图片来源于湖南雷锋纪念馆，翻译得到了湖南雷锋纪念馆的大力支持。
◎本书获湖南省"语言服务与文化传播"创新创业教育中心资助。
◎本书为湖南省教育厅科学研究项目"故事思维视角下湖湘红色文化国际传播现状及策略研究"（项目号24B0075）系列成果之一。

雷锋故事翻译集

主　编◎叶　冬
副主编◎冉　毅　方丽平
　　　　姚　雯

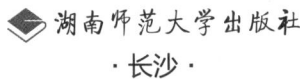
湖南师范大学出版社
·长沙·

图书在版编目（CIP）数据

雷锋故事翻译集／叶冬主编. --长沙：湖南师范大学出版社，2025.3
ISBN 978-7-5648-5365-5

Ⅰ.①雷… Ⅱ.①叶… Ⅲ.①学习雷锋—通俗读物—汉、英、日、法 Ⅳ.①D648-49

中国国家版本馆CIP数据核字（2024）第067293号

雷锋故事翻译集
Leifeng Gushi Fanyi Ji

叶　冬　主编

◇出　版　人：吴真文
◇策划组稿：李　阳
◇责任编辑：李永芳　李　阳
◇责任校对：李　航
◇出版发行：湖南师范大学出版社
　　　　　　地址／长沙市岳麓区　邮编／410081
　　　　　　电话／0731-88873071　0731-88873070　0731-88872256
　　　　　　网址／https：//press.hunnu.edu.cn
◇经销：新华书店
◇印刷：长沙雅佳印刷有限公司
◇开本：710 mm×1000 mm　1/16
◇印张：20
◇字数：580千字
◇版次：2025年3月第1版
◇印次：2025年3月第1次印刷
◇书号：ISBN 978-7-5648-5365-5
◇定价：98.00元

凡购本书，如有缺页、倒页、脱页，由本社发行部调换。
投稿热线：0731-88872256　　微信：ly13975805626　　QQ：1349748847

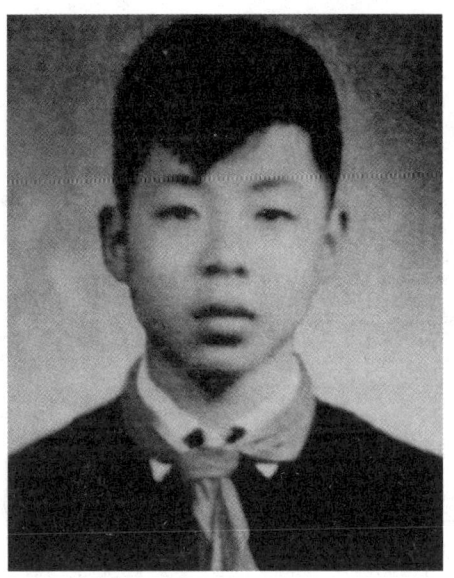

Wearing the Red Scarf After Joining the Young Pioneers in 1954

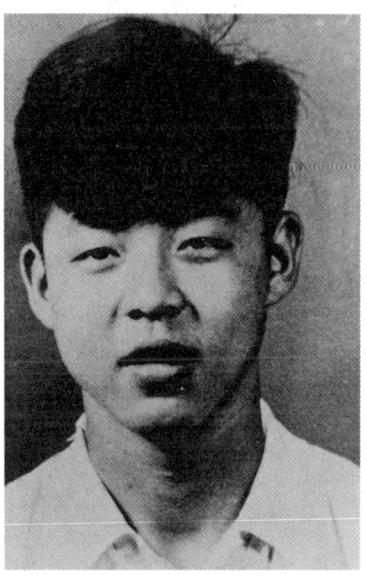

Lei Feng at Anshan Iron and Steel Company

Lei Feng with His Fellow Workers in 1959

Reading Constitution of CPC Together with His Instructor, Gao Shixiang

Reading *Selected Works of Mao Zedong*

Walking an Old Woman Home

Reading a Book with His Comrade

序言

习近平总书记指出:"教育是民族振兴、社会进步的重要基石,是功在当代、利在千秋的德政工程,对提高人民综合素质、促进人的全面发展、增强中华民族创新创造活力、实现中华民族伟大复兴具有决定性意义。"一流的大学,既需立足于国内事业,也要瞄准国际舞台,通过培养具有中国灵魂、世界胸怀,能讲好中国故事的创新人才,服务好社会主义现代化建设,为实现中华民族伟大复兴的中国梦贡献智慧和力量。因此,坚持五育并举,强化当代大学生的认知发展与道德教育,是一流大学办好人民满意教育的题中应有之义。课程思政作为落实立德树人根本任务的重要抓手,迫切需要积极推进实践教学改革,提高实践教学比重,充分发挥课程育人和实践育人的协同效应。

实践教学,古已有之。古希腊哲学家亚里士多德提出在教学方法上要重视练习与实践的作用,通过实践获取智慧、成就理想。宋代诗人陆游亦云:"纸上得来终觉浅,绝知此事要躬行。"实践教学通过培养学生的实际操作能力,推动学科理论知识具体运用,帮助学生在切身体验中领会沉浸式学习,通过化枯燥理论为生动感受、化教学隔阂为共同探索、化单一汲取为全面涵养,达到学以致用、知行合一的综合学习效果,多维度培养学生的创新性实践能力和综合素质。在新时代背景下推进高校外语课程思政建设,尤其需要创新实践教学,增强育人实效,寓学于行、寓教于乐,既赋予传统的思想政治教育以鲜活的生命力,又丰富外语课程本身内涵,使学生走出象牙塔,深入了解社会,全面提高大学生明辨是非的能力,以更好地构筑中国精神、中国价值和

中国力量。

　　基于这一考量，我们湖南师范大学外国语言文学学科师生们深入三湘大地开展实践教学，从丰富的学习体验中总结课程思政实践体会，形成了这套"外语实践教学课程思政系列丛书"。丛书在以下方面做出了探索：一是寻根红色文脉，深化思政内涵。通过打卡雷锋家乡、探寻红色足迹、深入文脉源流，促进留学生及外语类学生提升国际传播能力与视野格局。二是讲好中国故事，传播中国声音。通过对国内知名儿童文学家汤素兰爱心童话集的翻译、对最美奋斗者雷锋故事的译介、对湖湘红色景点的文化包装和传播，以多种文字书写好中国精神，展现当代中国的文化形象。三是抓好思维转化，培育创新人才。帮助学生将实践成果转化为理论思考，在实践调研中开展跨文化、跨学科思维训练，指导撰写案例文章并发表在重要媒体。四是提升专业素养，彰显学科精神。通过将学生在专业学习过程中的探索、思考、体会融合成线，汇编成案例集，以此催生进一步的研究与探讨。案例集兼具专业性与实践性特征，是贯彻课程思政育人理念的重要体现。

　　汉乐府有诗云："阳春布德泽，万物生光辉。"希望本丛书中所涵盖的实践教学内容，能如春日暖阳一般，为课程思政教学的创新发展昭示勃勃生机，迎来万里春光！

　　是为序。

郑燕虹　蒋洪新

2024年6月于湖南师范大学

Lei Feng Stories — Part 1

The Misery in Lei Feng's Childhood	002
Longing for Liberation	007
Standing Up and Becoming a Master of Your Fate	013
An Excellent Young Pioneer	017
Guo Liang's Heroic Deeds Inspired Him	022
Lei Feng on "the Spirit of the Rustless Rivet"	025
Self-Cultivation Through Voluntary Work	029
Going to Anshan Iron and Steel Company	035
This Is Youth!	042
"I Want to Be a Soldier!"	049
The Spirit of Driving Nails	053
Virtue Is Its Own Reward	057
The Saving Box	062
The "Fool" of the Revolution	066
A Heart Loyal to the Party	069

Histoires de Lei Feng — Partie II

L'enfance misérable de Lei Feng	075
En attendant la libération	080
Levez-vous et soyez maître de votre propre destin	086
Un excellent jeune pionnier	091
Les actes héroïques de Guo Liang ont inspiré Lei Feng	097
Lei Feng sur « l'esprit des vis »	100
Enseignement de soi-même par le travail bénévole	105
Arrivé à la Société Sidérurgique Anshan	111
C'est la jeunesse !	118
« Je veux rejoindre l'armée ! »	125
L'esprit d'enfoncement des clous	130
Prendre du plaisir à aider les autres	134
La boîte d'épargne	139
Le « Fou » de la Révolution	143
Un cœur fidèle au Parti	146

第3部 『雷鋒の物語』

苦難をなめた幼少期 …… 153
解放を心待ちに …… 157
新中国の主人公になる …… 163
少年先鋒隊の優秀隊員 …… 167
郷土の英雄郭亮から受けた激励 …… 172
ねじ精神 …… 175
自分を鍛える …… 179
鞍山製鉄所へ行こう …… 185
ああ、青春！ …… 192
僕は兵士になる！ …… 199
釘精神 …… 203
最高の喜びとは …… 207
節約箱 …… 212
革命「バカ」 …… 216
心を共産党に捧げよう …… 219

第四部分 雷锋生平简介多语种翻译

The Life of Lei Feng: Descriptions of Exhibits at Hunan Lei Feng Memorial Hall …… 225
La Vie de Lei Feng : Descriptions des Objets exposés au Mémorial de Lei Feng du Hunan …… 238
雷鋒の生涯——湖南雷鋒記念館の解説 …… 252
Die Lebensgeschichte von Lei Feng: Einführung in die Lei Feng Gedenkhalle in Hunan …… 266
Библиография Лэй Фэна: Пояснительная записка Мемориального Музея Лэй Фэна в провинции Хунань …… 281
레이펑의 일생-후난 레이펑 기념관 해설사 …… 295

附录

译者名录 …… 310

后记

…… 311

雷锋故事翻译集

Part 1
Lei Feng Stories

The Misery in Lei Feng's Childhood

Lei Feng was born on December 18th, 1940, which is November 20th of the Gengchen year[①] of the lunar calendar. So his name given at birth was Gengyazi[②]. Later he was named Lei Zhengxing and then renamed Lei Feng. Lei Feng's ancestors lived in a plain region among hills called Jianjiatang, in Anqing Township, Wangcheng County, Hunan Province. Backed by the hillside, on the edge of the town, there were three thatched buildings, in which the landlord (whose surname was Tang originally) housed the long-term laborers. Due to the lack of repairs over a long period, the roof was in tatters, and its tumble-down walls were supported by a few dead tree trunks. This was the residence of three generations of Lei Feng's family.

In the south of the plain region among the hills known as Jianjiatang, there was an east-west thoroughfare called Changning Road, and there was a small village called Qiaotoupu on the roadside. The road extended eastwards for about 30 miles and eventually met the Xiang River. On the other side of the river was the city of Changsha, the capital of Hunan Province.

When Lei Feng was born, the Japanese invaders were ravaging the motherland. His family was suffering the merciless oppression and cruel persecution from the three major class enemies, namely imperialism, feudalism and bureaucratic capitalism.

Lei Xinting, Lei Feng's grandfather, had worked for the landlord all his life. However, he was worked to death in the end as he was forced to pay off debts to his landlord.

[①] Gengchen year is related to Heavenly Stems and Earthly Branches.
[②] In the Hunan dialect, "Yazi" refers to "boys".

Lei Mingliang, Lei Feng's father, was once a spear captain during the Nationalist Revolution of China. He hoped to bring down the imperial powers and get rid of the warlords so that the working people could live a happy life. However, Chiang Kai-shek, the traitor to the revolution, staged the "April 12 Counter-Revolutionary Coup" in 1927 and carried out a full-scale purge and massacre of Communists. The Nationalist Revolution of China ended in failure. Lei Mingliang could hardly subsist in the countryside, so he moved to Changsha and made a living as a porter for a grocery store called Renhefu. In 1938, the Japanese army invaded Changsha, and the Kuomintang authorities retreated. In panic, they burned Changsha, causing the harrowing Wenxi Fire in doing so. Lei Mingliang was unwilling to stay in Changsha and submit to the Japanese invaders. When he escaped from Changsha, he was beaten by deserters from the army of the Kuomintang and became sick with anxiety and anger. He then returned to his hometown with injuries and rented approximately 8 acres of land from Tang the landlord to (barely) support the whole family. In 1944, in the small town of Qiaotoupu was stationed the Collaborationist Chinese Army. One night, Lei Mingliang and others carried food to the mountains in order to prevent the Japanese Puppet Army from plunder but they were discovered along the way. The Puppet Army robbed Lei Mingliang of his food and beat him. He fainted on the spot. After the Japanese Puppet Army left, Lei Feng's mother and other villagers rushed to the scene. After a while, Lei Mingliang regained consciousness. However, from then on, he was afflicted with a deteriorating condition and often vomited blood. In spring 1945, without receiving medical treatment because of a lack of money, Lei Mingliang passed away, with the last words: "Don't fear those evildoers. Live and get revenge!"

After Lei Feng's father died, the life of the family lost its means of support. Lei Zhengde, Lei Feng's older brother, began working in a machinery factory when he was 12 years old. The heavy labor, coupled with food and clothes shortages, made this young man weak and he became infected with tuberculosis. One day, while working, he fainted by a machine. Then he was run over by the machine and his arm was hurt and part of his finger was cut. The capitalist not only refused to give him medical treatment, but fired him because he was disabled and couldn't work. In order to survive, he worked in a printing and dyeing factory in Yingwanzhen. His illness, however, got worse day by day.

A year after his father's death, he died as well with a great anger inside him.

Without her husband and eldest son, Lei Feng's mother cried her heart out. Their lives became more difficult. Xiao Jinman, Lei Feng's younger brother, soon died of sickness and hunger in his mother's arms.

Lei Feng's mother, whose surname was Zhang, was the daughter of a blacksmith. Due to the difficulties of her family's life, she was sent to an orphanage in Changsha after she was born. A woman named Yang took her home and raised her until she was five or six years old. Then she was given to Lei's family as a child bride. After marrying Lei Mingliang, she began to manage the family's life. She worked for capitalists, took children to beg for food away from home, and worked as a maid in a landlord's house. Over years of suffering, she cultivated her capable, strong and unyielding character. After the death of her husband and two sons, Lei Feng's mother still didn't lose hope for life. She was determined to bring Lei Feng up, even if she had to beg for food or slave for landlords. He was now the only child in the family. In the first half of 1947, as a female worker in Tang Sigunzi's house, she returned home and suddenly became depressed. She often shed tears, or ran to the grave of her dead husband to cry bitterly. It was a vent of inner distress and an accusation against the evil society. However, what was the use of crying? Her departed husband couldn't make any response to offer help; the grass on the grave and the trees in the mountains couldn't express sympathy for this tragic woman.

One evening in August 1947, Lei Feng's mother came back from outside, sat on the bed and wept. When Lei Feng came back and saw his mother crying, he threw himself into his mother's arms, nestled against her chest and said:

"Mom, my dear mother! Don't be sad. I will be a good boy. And I will grow up soon. I can farm; I can work; and I will take care of you."

Lei Feng was a sensible child. He thought his mother was sad about the difficulties of her life.

But Lei Feng's words of consolation made his mother even sadder. Her tears dripped on Lei Feng's face and body like broken pearls. She hugged Xiao Lei Feng tightly with both hands and said: "My child! You are so young and you don't understand the misery in the world. How can you live without me?"

Young Lei Feng didn't fully understand the meaning of his mother's words. He raised his head, looked at his mother's tear-stained face and said "Mom! Don't cry. I'll listen to you, and I won't leave you!"

Lei Feng's mother looked at Lei Feng from head to feet with a dull look, then heaved a deep sigh and said, "My child! Your little hands and face are so dirty. Come. Let me wash you."

Lei Feng's mother fetched a basin of clean water and washed Lei Feng's hands and face. Then, she pulled Lei Feng to her side, held his little hand tightly, and said:

"My child! My poor piteous child! I hope you remember how your relatives died after you grow up."

Why did his mother mention these sad things again? Lei Feng stood beside her in a daze for quite a while. He held back his tears and bowed his head in pain and said:

"Mom, I remember how my father and brothers died." Lei Feng's mother's big teardrops rolled down again. She caressed her son. She couldn't bear to leave Lei Feng alone, who was still less than 7 years old, though committing suicide. She couldn't bear to leave him helpless to experience the hardships of the world. She wanted to struggle to live and raise Lei Feng into adulthood. However, in the old society, widows had to bear a lot of things, and she couldn't bear the abuse of landlords, gentry, and villains; the ridicule of the old feudal clans made her even more sad. This ruthless reality left her no way to go to the sky and no way to go into the earth. Her heart stirred, thinking about how many days and nights she had, and finally she made up her mind to die. She took off her coat and put it on Lei Feng and said, "My child! Put on my coat and avoid mosquito bites. From now on, I won't accompany you anymore."

"Mom?" Young Lei Feng looked at his mother in confusion.

Lei Feng's mother found an excuse to leave him with one of her relatives. Then she went back home and committed suicide by hanging herself from a beam.

The death of Lei Feng's mother was the outcome of being humiliated by landlords and villains. It was also a rebellion against the old society and the evil forces of feudalism.

When Lei Feng ran home, he saw his mother hanging from the beam in the house. He cried and rushed up, hugging his mother's legs tightly.

"Mom! Mom!"

However, Lei Feng's mother could no longer hear her son's call, and she couldn't take care of her child anymore.

The 7-year-old Lei Feng didn't yet know what class exploitation was, nor national oppression. However, he had witnessed the deaths of his father, mother, and brothers and couldn't escape from these sad memories all his life.

Translated by Yan Jiangting under the guidance of Xie Minmin

⟪⟪⟪⟪ Longing for Liberation

Over five years, Lei Feng's five family members were persecuted to death by the evil old society. Before he was even 7 years old, Lei Feng became an orphan. He never forgot how his family died, as his mother exhorted as she lay dying. Since then, the hatred towards landlords, bullies, traitors, spies, oppressors and exploiters had grown in his fragile mind. At the same time, after encountering the hardships of life, he also began to understand the friendship among the proletariat who were poor and miserable and how they stuck together and helped one another.

After his mother died, his uncle's grandmother adopted him, giving him food, clothes and shelter. She took care of him, as a mother would do of her own child. However, the little grown-up realized that his grandma's family was also impoverished and he couldn't add to their burden. As an industrious boy, Lei, attempted to help maintain the family's livelihood. Sometimes, he avoided Grandma so as to go out to beg, sometimes he carried a broken basket to cut pigweed and often tied a rope around his waist to cut firewood with a hatchet. Unfortunately, at that time, all the mountains full of firewood were occupied by the landlords who didn't allow the poor to come close. But even the poor cannot bear to eat raw rice! Not afraid of the forces of evil, Little Lei tried every means to chop firewood from those mountains.

Once, when Lei Feng had just cut a bundle of thatched firewood on the Serpentine Mountain to the east of the village, he was spotted by Landlord Xu's wife. She pointed at Little Lei's nose and fumed in a vicious voice, "Little runt, how dare you cut wood on my mountain!"

Cursing, she snatched the firewood from Lei, and came to grab his axe. Lei struggled and rushed forward seizing it desperately. The vicious landlord's wife bullied Lei's young and weak body. She grabbed his little hand, raised the hatchet, and chopped at his left hand three times. Then she threw the blade into the Jianjiatang.

Little Lei held back the pain and tears. Covering the bloody wound with his hand, he stared at the landlord's wife with hatred and venom. Then as he ran away, he swore to himself, "One day, I will take revenge."

Having failed to chop any firewood, and having lost the hatchet to the vicious woman, Lei worried that this woman would make trouble for his grandmother. Because of the trouble he had encountered, he didn't dare return home, so he ran into the deep forest in Niujiaowan. When he was hungry, he picked some wild fruits to eat and when he was sleepy, he slept in a shabby temple. No words could express such suffering, but Little Lei only endured silently.

Not seeing Little Lei back when night fell, his grandma looked for him everywhere. She then asked her son and begged the neighbors to look after Lei Feng, but it was in vain. Landlord Xu's wife also heard about this incident and was afraid that she would be implicated once Lei Feng died, thus she didn't dare to make any more trouble.

Peng Demao, one of the oldest friends of Lei Feng's father, and also an underground member of the Communist Party in An Qing, heard the news. He felt it his duty to help this poor child. Hearing of Lei Feng wandering in the dense forests of Niujiaowan, he decided to find Lei Feng in person.

In the shabby temple of Niujiaowan, Uncle Peng found Little Lei. He gently stroked Lei Feng's head and checked the scars on the back of his hand. He comforted Lei with the kindness of a father.

"My son, come back with me! I heard that the People's Liberation Army is about to cross the Yangtze River. And it's time for us poor people to take control of our own destiny."

Surprised and happy, Little Lei stared at Uncle Peng with eyes wide open. In the past, he had overheard the adults saying how the Red Army, led by the Communist Party and Chairman Mao, was a team to liberate the poor. He jumped up out of joy and asked, "Is the People's Liberation Army the Red Army? The PLA is coming. It's so great!"

He plunged into Peng's arms, pleading, "Uncle Peng, are you telling the truth? Is the

PLA really coming? Uncle Peng, could you please tell me when our misery will come to an end?"

Uncle Peng stroked Little Lei's head again and said, "Why would I lie to you? The hard time is coming to an end. Just come back with me!"

Peng Demao led Little Lei home, gave him clean clothes and treated him like his own son.

Several days later, Peng Demao called Lei to his side, telling him, "The PLA is about to come, so we should make some preparations for the liberation. We cannot just wait, right?"

As a smart boy, Little Lei soon realized what Uncle Peng meant. He responded happily "Uncle Peng, what can I do to welcome the PLA? Just tell me!"

Perceiving Lei Feng's potential, Peng intended to train him and give him some chances to do work that he could do, so he whispered to Lei, "When the sun goes down, wait under the big tree at the east side of Yingwan Town. At that time, there will be two men who carry loads and look for you. Just do what they ask you to do."

As the sun set, Little Lei followed Uncle Peng's instructions and went to wait under that big tree on the east side of Yingwan Town. After waiting for a while, two men arrived. The man in front looked at Lei Feng up and down, then asked, "Did Uncle Peng ask you to come?"

Lei Feng nodded and answered, "Yes."

The man behind observed the street for a while. In the days full of turmoil and the chaos of war, the street was almost empty before the sunset.

The two men whispered to each other, "Let's start right now!"

The man in front quickly took out a bucket of paste and a brush from the basket he had been carrying. He walked just a few steps onto the street and started to paint on the walls.

The man behind took two rolls of red and green paper with slogans written on them, and handed them to Lei Feng.

"Go over to him! Quickly and firmly paste these signs on one after another, where he has brushed. I'll stay here to keep guard for you."

Little Lei took the slogans, excited and happy. This was the first time he had had the opportunity to do something for liberation. He quickly followed the man who brushed the paste, and wherever he saw the paste, he swiftly took out a slogan and stuck it on firmly.

They accomplished the task smoothly and then separately the three of them left Yingwan Town for home.

When Lei returned, Uncle Peng praised him, "Brave boy! You've done a good job!"

It turned out that the slogans they posted this time were to warmly welcome the People's Liberation Army to the South West. These slogans included, "Long live the Communist Party of China!", "Long live Chairman Mao!", "No new China without the Communist Party!", "Unite! Proletarians of the world!" and "Overthrow Chiang Kai-shek and liberate the whole of China!"

The underground organizations were giving the coming People's Liberation Army a real welcome!

Several days later, Lei Feng returned to his grandma's home. That morning, he got up and was about to go up the mountain to chop wood when he heard the sound of people shouting in the distance. What was happening? Without a second thought, like a gust of wind he ran to the highest slope of the village. He saw Jiang's troops stationed in the area from Qiaotoupu to Huanghuatang, all dragging their guns and horses, carrying looted things on their shoulders and hastily fleeing westward along the highway in a disorderly manner.

Lei Feng stared at the messy troops with surprise.

A few days ago, they had just escaped from Changsha and then threatened to defend Hexi and burn its boats to fight against the Communist Party. Why did they run away in a panic without a shot today? It must be because the People's Liberation Army is coming, but why didn't we hear any gunshots?

Under an enormous tree next to the village, a group of people were looking at a huge notice posted on the trunk, the signature stamped with a big red mark. It had been erected the night before. Just as Lei Feng was about to step forward to find out what was going on, he saw the pseudo-head of the township in the distance, two landlords approaching in long robes behind. Some people looking on wanted to avoid them, while a man with a beard said dismissively, "Even those carrying guns were scared away, so why do we need to be afraid of him?"

Sure enough, the pseudo-head of the township, who had always been arrogant and domineering, actually nodded and bowed to the villagers today.

And, as soon as they left, the man with a beard spat at them and laughed, "Bah! See! They are already becoming grasshoppers in autumn, unable to jump!"

At this time, Lei Feng hurried forward, pointing at the notice and asking, "Uncle Zhou Man, what does the notice say?"

"It is the bulletin that the Communist Party and the PLA put up."

The Communist Party! The PLA! Little Lei was very excited. Uncle Peng had long said that the PLA was coming and the poor were going to stand up and lead a happy life.

"Is it really the Communist Party and the PLA coming?" Lei Feng asked anxiously.

"Almost! They'll come soon!" a man said.

"But they haven't come yet. Why did all these troops run away?" Lei Feng asked, pointing to those fleeing Kuomintang soldiers who had lost their wits.

"That's because the notices come first, and they are all scared away."

"Well, how great the Communist Party of China is! They don't even arrive, they just put up several notices scaring away so many armed men in yellow, and even those landlords in long robes are no longer arrogant!"

Lei Feng hummed a folksong happily and headed for the Serpentine Mountain. Along the way, he saw several notices and some slogans just like those he posted the other night in Yingwan Town. Lei Feng stopped and looked at these notices and slogans. He wondered with his eyes blinking, since the People's Liberation Army has not come yet, who on earth posted them?

Deep in his meditation, Lei Feng suddenly heard someone talking behind him. He looked around and saw Uncle Peng and Uncle Zhou Man coming over. Lei Feng grabbed Uncle Peng's hand and asked, "Why were these notices posted before the Communist Party comes?"

Both men laughed heartily, and Uncle Zhou Man said, "Who said they haven't come?"

Uncle Peng patted Lei's shoulder, "The Communist Liberation Army has come! We poor people are going to have a better life!"

"Have they come?" Lei kept asking anxiously.

"Yes! They entered Changsha last night, and will cross the river to come to us tomorrow or the day after tomorrow. Get ready to welcome the People's Liberation Army!"

"Get ready to welcome the People's Liberation Army!" Little Lei jumped high with overwhelming joy, and rushed up to the hillside in one breath. Standing on the hillside and facing the east, on the other side of the mountain, the city of Changsha had been liberated, and the PLA was coming to Jianjiatang soon. Once they came, it was not far from the dawn. All of the endless nights and the miserable years were coming to an end! "The Communist Party and the People's Liberation Army, please come soon!" thought Lei. Come on, come on! How Little Lei hoped that the PLA would come soon!

Translated by Shi Dandan under the guidance of Liu Bai

⟪⟪⟪⟪⟪ Standing Up and Becoming a Master of Your Fate

On October 1, 1949, Chairman Mao stood at the Gate of Tian'anmen and solemnly declared:

"The People's Republic of China and the Central People's Government are now established!"

On this day of national celebration—a day on which even the mountains and the rivers were laughing—Little Lei Feng was full of pride, leading the children's regiment, shaking the red tassel spear, and actively preparing to meet new challenges.

In a cheerful mood, Lei Feng celebrated the first Spring Festival after the victory of the revolution in 1950. It was the first spring after the liberation, and the land reform project team went to the mountain village. As soon as they arrived, they visited the poor, went among the masses, and united them. They ate, lived, and worked with poor peasants and farm laborers. At the same time, they widely publicized the Party's rural policies and outlined the new land law of China. A vast number of poor peasants had suffered from oppression and exploitation of imperialism, feudalism, and bureaucratic capitalism. The bitterness and class hatred accumulated in their hearts for many years were triggered at once, just like flames on dry firewood, instantly igniting into a blazing fire. At the complaint meeting, the persecuted poor peasants and farm laborers complained about the oppression of imperialism, feudalism, and bureaucratic capitalism of the past. They were all sad and tearful, filled with righteous indignation, and determined to ask the landlord for compensation!

Lei Feng participated in various complaint meetings, listened to the family histories of tears and blood, and was reminded of his own suffering and deep hatred during childhood. He began to understand that the poor in the world were bitter melons on a vine, and the landlords in the world were evil jackals who ate human flesh and drank human blood.

During those meetings, the devils who tyrannically abused the poor and lower-middle class peasants in the past were put on trial one by one. The poor peasants and farm laborers rushed to the stage one after another to accuse the landlords and bullies of their heinous crimes, and the flame of revenge erupted like a volcanic eruption.

Lao Xu's landlady was taken to the stage. The moment Lei Feng saw her, his anger flared up. He rushed to the stage, pointed to the landlady's nose with his chopped hand, and shouted "It is the poor who cultivated the mountain. It is the poor who planted the trees. Why did you stop us from going up the mountain just to cut bundles of thatched firewood? Why did you hack at me with a knife?! Today, I must settle this blood and tears account with you!"

Full of anger, Little Lei Feng shed tears as he spoke. He poured out all the bitterness that had been accumulated in his heart for many years. With his full class hatred and bitter tears, his own tragic experience aroused everyone's sympathy, and brought to the surface all the pain and hatred of his brothers and sisters of the same class in the audience. His words made everyone sad and filled them with righteous indignation.

"Down with the despotic landlord!" they shouted repeatedly, raising their arms.

"Blood debts must be repaid!" said many.

The complaints of grief and indignation on the stage and the thunderous roar of the audience scared the several landlords and bullies, who were now kneeling on the ground, trembling all over.

After the first criticism meeting, the prestige of the landlords and bullies was suppressed. The broad masses of the poor and lower-middle class peasants raised their heads, and Lei Feng's wish for revenge was realized.

According to the arrangement of the land reform team, Lei Feng and his Children's Regiment members monitored the activities of the landlords day and night. They were not allowed to talk or move but had to be honest. Lei Feng also set up sentries around the village to prevent the money-landlords from escaping, transferring property, or carrying out sabotage activities.

On a dark night, Lei Feng and a few members of the Children's Regiment, armed with red tasseled guns, patrolled the front and back of the houses in each village separately. When they reached the mountain of Yangjiawan, they suddenly heard a creak from the back door of a landlord's house. With a wave of Lei Feng's hand, several alert members of the regiment immediately hid behind the brush. They crawled on the ground and observed for a while, but they didn't hear anything again. When they were tired of waiting and were about to raise their bodies, a dark figure flashed out of the small door. The man looked around secretively for a while and deliberately coughed twice. Seeing that there was still no movement, he quickly turned to the house and picked up a suitcase. Then the door closed again with a creak. In a panic, the shadow carried the suitcase on his shoulder and hurried to the path.

After running for a few steps, he suddenly tripped over something and fell with a thud. Before he could figure out what was going on, he saw a flashlight shining on him, and the tips of several bright red tassels were pointing at his chest. He was so frightened that he collapsed to the ground and trembled.

Lei Feng came forward and questioned him sharply: "Chen Sichanzi, what do you want to do?"

"I...I, I want to go out and visit my relatives..."

"Going out to visit relatives, have you asked for leave? Why didn't you go during the day? Why didn't you take the road?"

Chen Sichanzi was stumped by the questions and remained tongue-tied. But this guy was cunning. He calmed down and looked around. After assuring that there were only a few children, he plucked up the courage to say: "It's my mistake, I shouldn't break the peasant association's ban! Please be kind, and forgive me this time!"

"No!" Lei Feng took a step forward. "Carry the box, and follow me to the Farmers' Association!" he ordered.

"We are all neighbors and have relatives and friends in common. Please be merciful. I will repay you in the future." As he said this, he took out a few white-silver dollars from his pocket and tried to pass them over.

Lei Feng slapped the money to the ground and shouted sharply: "This is all money from exploiting hardworking farmers. Pick up the coins quickly and hand them over to the Farmers' Association!"

The man saw that Lei Feng was neither enticed by the carrot nor browbeaten by the stick, so when he saw his opportunity, he lifted the box and strode away. But he didn't make it more than a few steps before a few red tasseled guns came out from the bushes, blocking his way.

When Chen Sichanzi saw the situation, he knew that he could not escape. Like a deflated ball, he had to obediently let the members of the Children's Regiment escort him to the Farmers' Association.

After interrogation by the Farmers' Association, he confessed his crime of transferring his property to his relatives in Huangniling.

The millennium iron tree had blossomed, and the land of the poor had returned to their own hands. On this day, all the poor and lower-middle class peasants gathered in the big square in front of the village Farmers' Association. On the wall was posted a big red list, densely written with the names of the heads of households, the varieties and quantities of land, houses, cattle, farm tools, grain, and other items that were to be allocated. People watched and talked about it excitedly.

Lei Feng was an orphan, so the Farmers' Association took special care of him and gave him double the land, a house, some clothes, and daily necessities, among other things.

Lei Feng, like all poor farmers, now had his own land and housing for the first time. He was liberated! It made him feel proud that he was really the master of the new society.

Translated by Deng Jiajia under the guidance of Ye Dong

⟪⟪⟪ An Excellent Young Pioneer

In the summer of 1950, after putting on new clothes and a new schoolbag, 10-year-old Lei Feng set off briskly for school.

In the old society, all he could do was to watch enviously as the landlord's children went off to school, leaving him nothing to do but collect firewood and look after the cattle. But now, he could also proudly go to school. How happy he was!

On the first day of school, he received two books and a notebook. Due to his poverty, he couldn't pay for the cost of classes and books, but fortunately the teacher said to him, "As an orphan, you don't need to pay for anything."

When he opened the new book and looked at the first page, Chairman Mao's benign face came into view. He held the new book in both hands trying for a long time to calm down. Then he silently made up his mind.

"I must try my best to acquire knowledge and skills so that I can defend and build our newborn country when I grow up," he thought.

Just like a seed, words from an unknown captain began to sprout in young Lei Feng's heart.

When Lei Feng began to learn to write, he used the pen he had received from the captain. On his exercise book, he wrote, "Long live Chairman Mao!" repeating these words seriously, again and again, until he became proficient in writing those words. Then, he wrote down, "Long live the Communist Party of China!" followed by, "Long live the People's Republic of China!"

At that time, these three slogans were shouted often by the Chinese people, and appeared in the foreword of any Chinese textbook. But when Lei Feng earnestly wrote down these three slogans, he showed fully his infinite love for the party and the motherland.

Lei Feng studied very hard. When he was in Shangchemiao Primary School, he came to school early every morning, and then cleaned the desks, chairs and the blackboard in the classroom. After finishing these things, he sat down to read or write. Regardless of wind and rain, he was never late or absent. He paid close attention to every subject and tried his best to figure out every question. His homework was written neatly and finished on time as the teacher required. He treasured his learning time so much that when he chopped wood or farmed the land, he would always carry books in his bag so that he could read them at break time.

Lei Feng was a hard-working student so he excelled in all subjects, but he was never satisfied. Once when the class was over, Lei Feng was still sitting in his seat, reading his examination paper and thinking silently. His classmates presumed Lei Feng hadn't performed well in the examination. However, when one of them picked up his paper and looked at the score on it, he couldn't help exclaiming, "Hey! Why aren't you satisfied with a score of over ninety?"

Another classmate looked at the paper and said, "I thought you must have made many mistakes! But it turns out you only made a very small one. What's the big deal?"

"I can forgive myself for making a small mistake," Lei Feng said "But if I don't learn from mistakes, I can't improve myself in the future!" So he just sat there and thought about the question over and over again until he figured it out, and then sent his answer to the teacher to check. The teacher was very happy and praised him for his serious attitude towards study.

But Lei Feng reflected on his mistake carefully and said, "Teacher, I didn't study hard enough in the past so I made a mistake in the examination. I earnestly promise I will correct myself."

After four years' study in primary school, Lei Feng was admitted to Qingshuitang Primary School. At this time, the superior Chinese Communist Youth League Committee was experimenting with setting up the Young Pioneers of China in this school. They selected excellent students and developed them into the first "Seed Pioneers".

The whole school was at once abuzz with excitement. The District Youth League Committee continued to send staff to the school. They cooperated with teachers in the school, telling students about the significance of setting up the Young Pioneers organization, about the origin of the team flag and the red scarf, and about the requirements of a young pioneer and the stories of revolutionary heroes. They called on every pupil to strive to be a young pioneer in practical ways.

Lei Feng applied to join the Young Pioneers and became the first one to be approved in his school. In the assembly celebrating the setting up of the Young Pioneers and the swearing-in ceremony, when the counselor put the red scarf on Lei Feng's neck, he was so exalted that his heart raced. He stroked the red scarf excitedly and said, "I will be bound to become a good Young Pioneer who can make the red scarf brighter with my actions!"

After Lei Feng joined the Young Pioneers, he always put on the red scarf before he went to school. When he got home after school he would fold it neatly and put it in his schoolbag. The red scarf he wore was always clean, without a speck of dust. He often said to his friends,

"The red scarf is the symbol of our Young Pioneers so we must take good care of it!"

As a young pioneer, wearing his red scarf, Lei Feng actively helped the school to develop new members and enthusiastically participated in publicity campaigns and recreational activities. What's more, he was exemplary in following team rules and keeping his discipline. No matter what kind of task the Young Pioneers gave him, he managed to finish it excellently. So he was praised and rewarded by the organization many times, and was elected as a member of the squadron committee of the Young Pioneers.

The next year, Lei Feng transferred to Heyeba Primary School near his home. The new school hadn't set up the Young Pioneers yet so Lei Feng took an active part in building it. He explained to students patiently the constitution of the Young Pioneers, how to be an excellent Young Pioneer, as well as the story of Liu Hulan to inspire them to join the Young Pioneers. After setting up the organization in the school, he took the initiative to assist the counselor to organize new Young Pioneers to carry out various meaningful activities such as visiting Aiwan Pavilion, the memorial for Chairman Mao's early revolutionary activities. He also organized extracurricular reading groups, participated in voluntary labor, did military training and publicized the political situation in nearby villages.

In the spring of 1955, the Agricultural Cooperative Movement was implemented all over the country. Lei Feng needed to go to school so he had to ask someone else to farm the land of 1,600 square meters that had been assigned to him. Perceiving this inconvenience in advance, he responded positively to the call for agricultural collectivization. He submitted a neatly written application to join the agricultural cooperative and an application to hand over the land to the cooperative. Some hypocritical people, who had ulterior motives, tried to prevent his participation with these words, "You have been assigned double fields, won't you lose something if you join the cooperative?"

But Lei Feng answered them firmly, "The Communist Party assigned the land to me so I must obey the party's decision."

Under the cultivation of the party, Lei Feng gradually deepened his understanding of the hard conditions he suffered in his childhood, and developed a clear class attitude of what to hate and what to love. He treated his comrades as warmly as a gust of spring breeze, and he never relented when fighting against class enemies.

Once, Lei Feng's classmate Hu fell ill, so he took the initiative to help her with the lessons that had been taught in school in his spare time. After seeing that there was too much housework for only two women in this family, Lei Feng enthusiastically helped them carry water and cut the plants that would be eaten by their pigs. Both Hu and her mother were very grateful and thanked him profusely. But Lei Feng replied, "You are welcome! As classmates, we should care about, love, and help each other. Moreover, I am a Young Pioneer so I have a responsibility to help you."

One day, Lei Feng found that his classmate Zhu wasn't focusing his attention on the class and had done his homework carelessly with crabbed handwriting. So Lei Feng persuaded him, "You should focus on the teacher's instruction in the class, do your homework carefully, and make your writing clear and neat." But Zhu didn't attach much importance to his advice so he didn't make much progress.

So Lei Feng secretly took Zhu's exercise book. He covered the crabbed words with a piece of paper, on which he traced every word. The next day, Lei Feng showed Zhu this paper and asked him if he could recognize the words on it.

Zhu stared at the words for a while, but couldn't recognize any of them. He was so anxious that he couldn't help pouting and complaining, "They are not words at all! No one can recognize them!"

Lei Feng asked him to take out his exercise book, comparing the words in his book with the words on the paper. He said, "But in fact, these words are written by you. If you can't recognize your own words, no one else can do it."

Zhu felt very ashamed, and his face turned red.

From then on, with the patient help of Lei Feng, Zhu studied more seriously and wrote more neatly, becoming a good student.

Lei Feng was not only ready to help his classmates, but also to help his neighbors.

On July 15, 1956, he graduated from Heyeba Primary School, leaving these words to show his determination:

"Dear Teachers and Classmates,

We have graduated from primary school now. We are happy that we have finished basic education. I am grateful to the Communist Party of China, Chairman Mao, and our teachers. Today is really a jubilant day. You must be happier than me because you will go to middle schools to acquire more knowledge to help construct our country for the better. As for me, I will answer the party's call to become a new-style farmer, driving my tractor to cultivate the land in our country.

In the future, if my country needs it, I will be a good worker who builds our motherland.

In the future, if my country needs it, I will join the army to be a good soldier, taking up my gun to defend our motherland with my life and blood as a human hero.

My classmates, let's compete in different positions! My teachers, please wait to see our actions! I must be a hero in the future. I wish all the teachers health and all my classmates progress!"

In the future, Lei Feng did take practical actions to fulfill his promise.

Translated by Xiao Yufei under the guidance of Liu Bai

Guo Liang's Heroic Deeds Inspired Him

There are two famous heroes in the modern history of Wangcheng County: one is Guo Liang, who served as the chairman of Hunan Federation of Trade Unions, the provisional secretary of the CPC Hunan Provincial Committee and a member of the Central Committee of the Fifth CPC National Congress during the Great Revolution. He was a loyal man with a strong mind. When confronted by the enemy's cruel knife, he died rather than surrender, sacrificing himself to the country and his Party. The other one is Lei Feng—an ordinary but great communist warrior. Once a poet in this county wrote a poem to eulogize both of them. The poem which pours out people's sincere feelings says,

"Fair Wangcheng,
a county with two heroes nurtured.
Iron-willed is Guo Liang,
ordinary but great is Lei Feng.
Like eternal stars,
they shine forever in the universe."

As a revolutionary martyr, Guo Liang's heroic deeds had a great effect on Lei Feng in his later life.

Chen Guangsheng, a writer in the military region of Shenyang who wrote *The Story of Lei Feng*, once told a story as follows:

In the winter of 1958 Lei Feng had been recruited to Anshan Iron and Steel

Company. On the train he gave a book named *Immortal Warriors to* Yang Bihua, a female worker who was also going to Anshan Iron and Steel Company, and said to her,

"Look, there is a martyr in this book, and he's from Tongguan like you."

"Who?" asked Yang Bihua.

"Guo Liang."

"Every adult and child know this name in Tongguan. Well, let me quiz you. Do you know what Guo Liang wrote to his wife in a note before he was murdered?"

Hearing this question, Lei Feng leaned back in his chair, looked up at the lights overhead with a smile and said, "Guo Liang's wife is Li Canying. His note was short and it said, 'Dear Canying, my love, I'm on the run like a vagrant with no home and country. Now I have accomplished my mission and I hope that you will bring up our son so that he can realize my unfulfilled ambition. Yours, Liang.' Right?"

"Oh, you have a really good memory..." Yang Bihua heaped praise on Lei Feng.

"Shh—" Lei Feng hastily stopped Yang Bihua lest her voice disturb others because it was late at night and most of the passengers had fallen asleep.

After Chen Guangsheng told me this story, another story came to my mind.

It also took place in 1958. The scent of osmanthus filled the air. The editorial office of *Wangcheng News* asked me to go to Tuanshan Lake Farm and give an interview about the development and production there. When I got there, it was nearly noon, and the workers came back successively from their tasks to eat. Lei Feng came to me and greeted me as soon as he saw me. He asked me what new books I had bought lately.

"I bought *The Story of Guo Liang* which was published recently and I am sure you'll like it," I said. Sure enough, he wanted to borrow it from me.

"I once visited comrade Guo Liang's grave with my classmates when I was in primary school, but I haven't read this book. I wonder if you could lend it to me," he replied.

We worked together when we were in the County Party Committee and often borrowed books from each other. Therefore, I readily agreed. Soon after, he came to the county and borrowed the book from me.

A week later, Lei Feng finished reading *The Story of Guo Liang* and returned it to me. He shared his feelings and interpretations of the book with joy. He highly praised

Guo Liang's bravery, resourcefulness, determination to fight against the enemies and his spirit of preferring death to surrender.

"The Kuomintang (Nationalist Party) sent their comrades to catch Guo Liang under the guise of buying pigs at Guo Liang's," he explained. "The enemies happened to meet Guo Liang and asked him to lead the way. Guo Liang used various stratagems to avoid their spies. After he led them to his home, he leapt at the chance to get rid of the enemies. He was so courageous and clever that the enemies were tricked and stunned. Ironically, it was just as the farmers said, 'Guo Liang led the enemies to catch Guo Liang; the one who bought a pig was a pig!'"

When it came to Guo Liang's utter devotion to the Party and his willingness to die rather than betray his Party and comrades, Lei Feng said, "This is what a communist and revolutionary should be. Guo Liang's lofty character of perseverance and integrity is always worth learning from."

Translated by Ruan Lanyin under the guidance of Ye Dong

Lei Feng on "the Spirit of the Rustless Rivet"

It was the autumn of 1957. Lei Feng and Yi Zhengchang accompanied Zhang Xingyu, secretary of the Wangcheng County Party Committee of the Communist Party of China, to Xinkang Township to inspect production recovery in the disaster area. After checking the production and work process, Lei Feng and the county party secretary rushed back to the county headquarters for a meeting. On their way to the meeting, Lei Feng saw a rivet on the road and inadvertently kicked it off the road. Zhang went over and picked up the rivet, wiped the dust off, looked at it, and put it in his own pocket. Lei Feng noticed and felt puzzled: "What did a county party secretary pick up a rivet for?"

A few days later, Lei Feng was going to a factory to deliver a letter. Zhang took out the rivet from his pocket and put the rivet in Lei's palm, patted on his shoulder, and said to him sincerely and earnestly: "Although a rivet is very small, the machine can't work without it! Isn't every one of our comrades a rivet in the machine of the revolution? For instance, you're a civil servant, and although your position is not high, we can't work without you."

At this time, it became clear to Lei Feng why the county party committee secretary had picked up the rivet. The lesson of "rivet spirit" was very profound for Lei Feng, and it would also serve as a catalyst for him to become an ordinary but great communist vanguard fighter.

As time went by, under the care and education of the CPC and the army, Lei Feng's political awareness and ideological consciousness were progressively improved, and his understanding of rivet spirit was further embedded. On February 19, 1962, Liu Sile, the former cooking squad leader of Artillery Unit 5040 of Shenyang Military Region, participated in the first Communist Youth League Congress of the Shenyang Military Region with Lei Feng. Lei Feng was awarded "Chairman Mao's Good Soldier", and Liu was conferred "A Rust-Proof Rivet". After the closing of the congress, they joined the Shenyang Military and Civil Youth Lecture Group together and made reports for the military and civilians. One night, Liu and Lei Feng were studying Chairman Mao's book *Serving the People* and discussing their outlook on life and world together. Lei Feng read Liu's forthcoming speech and said in a deliberative tone:

"It would be great if you added the word 'forever' to your title 'Be a Rust-Proof Rivet'! Not only would the title be livelier and more touching, but it would also spur you on. Being a rust-proof rivet forever is a vivid expression of the spirit of the proletariat's courage to keep forging ahead and continue advancing."

"Since 1959, I have given such speeches hundreds of times," Liu Sile said to Lei Feng. "As a result, many people forget that my name is Liu Sile, but call me a 'rivet' instead."

Lei Feng heard this and said happily: "This is a kind of political honor. The construction of China needs rivets like you desperately. Actually, I really admire you for the name of Rivet. Let us work together to be a rivet forever. A rivet that never rusts!"

"How can one be a good rivet, though?" Liu Sile asked Lei Feng.

Full of lofty revolutionary sentiments, he replied: "To be a person with a rivet-like character, the most important thing is to keep in mind our party's principle of serving the people wholeheartedly and to devote ourselves to loving the CPC and the people. We ought to be in the top rank of our posts, and make more contributions to society."

Liu Sile talked about the contrasting attitudes of some. "There are those who say I do whatever I like, not as a rivet, not as a brick, not like cattle working hard and being constrained …"

Lei Feng stopped him: "The value of the rivet lies in its silent dedication. I agree that the soldier who does not want to be a marshal is not a good soldier. There must be a goal to strive for in life, but not everyone's goal can be achieved. In the period of socialist construction, when people choose their own development path, they are always restricted and affected by various conditions at stage of social development. Our army is a military group with the appointed task of defending our motherland. Many jobs you are arranged to do are not in line with your interests. Some jobs are a little more tiring and dirtier, and you can't learn any skills from them. But if you think that the grass is greener on the other hill, if you aren't satisfied with what you've already got, and if you are not diligent and conscientious at your present job, how can the troops enhance combat effectiveness and how can we win the war against aggression?"

"If a person only focuses on his own interest regardless of objective condition," Liu Sile replied, "he will inevitably feel sorry for himself. It is better to compare us to rivets that have a place everywhere in life."

Lei Feng went on to say: "All the big and great things in the world are made up of tiny, inconspicuous things. A lot of things in society are done with ordinary jobs, and people who love ordinary jobs are also the most glorious. Workers and farmers are doing the most ordinary and arduous jobs, as well as cobblers, hairdressers, swineherds and cooks in the service industry. Without them, without the revolutionary practice of millions of people, there would be no great revolutionary cause. Greatness comes from the ordinary, and the ordinary breeds greatness. Whatever we do is closely connected with the great communist cause. In my opinion, only those who love their position can put the interests of the class and revolution above everything else. And the people who consider serving the people and dedicate their youth to the people without reservation are worthy of the name of 'rivet'. Those who are willing to be rivets belong to those who consciously struggle for communism."

Liu Sile asked Lei Feng how to ensure that the rivet never rusts.

Lei Feng said: "A revolutionary needs not only the ideology of serving the people but also the ability to do that. The party requires us to be both socialist-minded and rich in professional knowledge. If we don't study professional knowledge hard, we won't succeed in the revolution. If a gunner can't hit the target, a driver can't troubleshoot the vehicle's faults, and a cook can't make a satisfying meal, they cannot play an active role in the war against aggression."

"In our time, it is not enough to be a rivet," Liu Sile replied. "Instead, people should be inspired to strive to become stronger and work creatively in their posts. What China lacks is not just a rivet-like person who is willing to do whatever the country requires of him and has no complaints. We should encourage these rivet-like people to master more technologies so that they can make a greater contribution to their fields."

"Yes," Lei Feng agreed. "And a revolutionary must have lofty ideals of communism. He must not only have the idea of serving the people wholeheartedly but also have the ability to strive for communism. In my opinion, the 'rivet spirit' is to keep in mind the purpose of serving the people, to integrate personal ideals with our national construction, enjoy one's work, and master whatever job one takes up. Science and technology have the ability to serve the people, and only by mastering them can we, these 'rivets', exert the biggest influence. It is the science and technology which everyone masters that decides the rivet's effect."

In the end, Lei Feng said affectionately: "Even when our country reaches the period of communism, the service spirit is indispensable. The spirit of the 'rivet' is required by our generation. Moreover, it should be passed on from generation to generation. In this colorful world, there is a road to become a rivet."

When parting with Liu, Lei Feng wrote in his souvenir album: "Let us be a rivet that will never rust together."

On April 17, 1962, Lei Feng further elaborated in his diary on the role of rivets and how to make a rivet that wouldn't rust:

"The role of a person for the revolutionary cause is like a rivet in a machine. Because of the connection and fixation of many rivets, the machine becomes a solid whole and can operate freely and perform its greatest function. Although the rivet is small, its effect is immeasurable. I will be a rivet all my life.

"Rivets must be maintained and cleaned frequently to prevent from rust. It is the same for people's thoughts which must be examined frequently to avoid problems. I must continue to study hard, improve my ideological consciousness, resolutely follow the Party and Chairman Mao, conduct criticism and self-criticism frequently, correct ideological errors at any time, and be a rivet that will never rust in the great revolutionary cause."

Translated by He Xinhui under the guidance of Ye Dong

Self-Cultivation Through Voluntary Work

In the late autumn of 1957, the Wangcheng County Committee of the CPC decided to solve the deep-rooted problems raised by the Weishui River. Lei Feng felt obliged to make contributions to socialist construction in a tough circumstance to improve himself. After three applications for the "management of Weishui River" project, he was finally admitted and was deployed to the headquarters of the project as a correspondent.

No sooner had Lei Feng arrived at the construction site than he performed his job well with great enthusiasm. At that time, the tough conditions of the workplace could only provide Lei Feng with a wet, makeshift shed which was dark and draughty. Sometimes, when returning late after sending notifications and missing mealtimes, he only ate some cold rice with pickles. Seeing this, some of his comrades asked him,

"Lei, how comfortable you must have been in the County Committee! Why did you insist on staying and suffering here?"

"We must put the needs of the Party, the country and the people above our self-interests, because we work for socialism." Lei Feng answered disapprovingly.

At night, sitting in the shed and studying Chairman Mao's works, he looked up at the shabby roof and contemplated for a long time:

For the cause of the Party, for the interests of the country and people, I prefer the dark shed to tall buildings; I prefer simple food than excellent cuisines; I prefer ten-hour hard work than a leisurely and luxury life.

Thinking of this, Lei Feng wrote down some words to motivate himself:

In the name of socialist construction, we reflect on the past;

In the spirit of socialist construction, we live in the present;
With the ambition of socialist construction, we create the future.

On one occasion, he was told to go to bed early after working for a whole day at the construction site. But as soon as he returned to the headquarters, he stayed near the telephone because he knew that the headquarters were the command center for more than 20,000 workers. If everybody went to sleep, there would be no one answering the telephone and sending messages when an emergency occurred. And this strong sense of responsibility dispersed his tiredness. He urged his friends to go to rest, but he himself stayed near the telephone all night.

It kept raining for days soon after the construction work began. One afternoon, with heavy rain swelling the river, the equipment piled up on the ground was in danger of being flooded. The headquarters issued an urgent notice, calling on government officials and nearby workers to fight the flood and rescue national supplies.

At the time, leaders assigned for Lei Feng and some female comrades to stay at the headquarters. But just as other comrades set out, Lei Feng told his female comrades to take care of the communications and to record important matters. Against the wind and rain, he ran straight to the construction site. Regardless of the great personal danger caused by flooded roads, he waded to the destination with eagerness to save the supplies. As soon as he arrived at the site, he threw himself into the rescue. And he was not relieved until all the equipment had been transferred to a safe place.

After this, his comrades praised him for his bravery and his strong sense of responsibility in protecting state property. He just smiled and said: "I'm still young and I need to improve myself again and again."

In the spring of 1958, taking advantage of the completed Weishui project, Wangcheng County Committee of the CPC decided to enclose Tuanshan Lake for cultivation and start state-owned farms which would turn the wetland into rich land.

The Communist Youth League Committee of Wangcheng County called on teenagers to do a good deed for the socialist development by saving their pocket money to donate for tractor named "Youth" to the future state-owned farm.

Lei Feng responded actively and donated the 20 yuan that he had saved for a quilt and other necessities. As his donation was far more than all other teenagers', he was specially rewarded with a souvenir by the Communist Youth League Committee of Wangcheng County.

Secretary Zhang visited and praised him after hearing about Lei Feng's selfless devotion.

"Good job! I can feel your enthusiasm for the socialist construction," the Secretary exclaimed. Encouraged by his words, Lei Feng made up his mind to make more contributions to socialist construction. Zhang seemed to have read his mind and asked, "How do you feel about learning to drive a tractor?"

"Driving a tractor?" Lei was so excited that he almost leaped to his feet, "I can't wait!" He then pledged, "I'll live up to the expectations of our Party and make new contributions in my new post."

His dream of "driving a tractor to cultivate the land of his mother country" was going to come true.

On February 26th, Lei Feng began his life on the farm. As soon as he woke up, he came to examine whether the wires were insulated and kept in good condition and to inspect the fuel tanks and pipelines for leakage. And then he tightened the rivets and filled the tank. After completing all of these activities, he would wipe the oil, soil and dust from the tractor carefully until it was sparkling. During the day, he went out with his master, working as an assistant while learning to drive the tractor. After all the work had been done, he was still in the tractor, trying to grasp the key of driving by imitating his mentor. Back in the dormitory at night, he started to read books about the construction, repair, maintenance and driving of tractors. All he thought about at that period was mastering the driving skills and developing the wasteland of the motherland.

After mastering the basic knowledge and operative skills in a week, Lei Feng was permitted to have a test drive under the guidance of Mentor Chen. But as Lei sat in the driving seat, he was worried that he would not have enough strength to pull the hand brake and would not be able to brake in time. Chen perceived his concern and instructed him patiently.

"Don't be nervous, look ahead, pay attention to the coordination between the clutch and the brake, and then steer the tractor." A little relieved, Lei finally engaged the gears, operated the hand brake and slowly let the clutch out and started the tractor. But the tractor always deviated from the scheduled direction. With firm determination, Lei Feng tried hard calmly until he could control the tractor completely. When the tractor was steadily running on its road, Lei Feng decisively pressed the lever that lifted the attachment. Seeing the mud churned behind the tractor, he felt fairly happy and excited.

Lei Feng was the first tractor driver trained by Wangcheng County. A few days later, the Wangcheng County Daily published his article "I Learned to Drive a Tractor". And at the Conference of Youth Activists for Developing Socialism held by the county, Lei Feng gave an exhibition of driving a tractor for the representatives present.

In a short time, Lei Feng not only learned the driving and maintenance of the tractor, but also came to understand the structure and working principles of the whole operating mechanism, electrical equipment, fuel system, cooling system and lubrication system, as well as mastering some basic repair skills. To take advantage of the planting season, he and Chen drove the tractor in turn, running it over the vast fertile field day and night to wake up the sleeping land, regardless of heavy wind, sunshine and rain. With the efforts of all the workers, in only three months, more than 2,300 acres of wasteland were reclaimed.

When the summer came, ceaseless rainstorms caused a drastic overflow of the Baqu River. The new dam was in danger of being washed away at any moment. The ferocious flood covered most of the land and crops.

One afternoon, when Lei Feng braved the storm with his comrades to rescue items from the flood, someone suddenly shouted, "The parking lot is flooded!" Hearing this, Lei Feng was taken aback. He immediately put down his tools and rushed to the parking lot where the tractor was. When he came to the tractor, the water was up to the wheels. Rapidly, he jumped onto the seat and drove to high land. Then he rushed back to the parking lot, looking for a large tarp and covered the tractor tightly. Having done all of these, he threw himself into rescue work again.

By the evening, the rain had stopped but the flood was still rising. In case the tractor was flooded, Lei Feng ventured across the water and decided to guard the tractor. If the water kept rising, he could drive it away in time. All that night he stayed near the tractor. As dawn broke, Lei Feng jumped out from the seat and looked up at the cloudless sky.

The farm was saved! The tractor was also saved! He happily cleared the mud with the oil gauze and took out a pair of pliers and a spanner from his tool bag to check the whole machine.

By this time, the flood had receded. He refueled the tractor after his breakfast. Seeing his bloodshot eyes, the comrades said with concern, "Lei, you have stayed up all night, you must rest for a while!"

"I have already rested on the tractor last night," he replied. With that, he jumped into the tractor again and started the motor. Towards the sunlight, he began his new day of work.

When the golden autumn came to Tuanshan Lake Farm, the land which used to be covered with weeds was now filled with ears of rice. And this was the fruit of Lei Feng and all the workers' hard labor for a whole year!

After dinner, Lei Feng strolled along the field; the scene of harvest soothed his heart. The desolate Tuanshan Lake was gone forever. Lei still remembered that in the old society the Kuomintang government and landlords had raised money from people 3 times in the name of reclamation, but all the money had ended up in their own pockets. Now under the leadership of the Communist Party, the desire to reclaim Tuanshan Lake had finally come true. The immense dam was guarding the harvest and the farm. Cicadas were chirping merrily on the benches and swallows were dancing in the clear sky. Seeing this, Lei couldn't contain his pleasure and took out a pen to write a passionate poem.

> ...
> Dear swallows from the south,
> you may have seen it before:
> Tuanshan Lake in the past
> was wild and grassy,
> a sea when flooded.
> Ten years ago,
> three times there were collections but three times they were pocketed,
> the reclamation was just a dream.
> But today's Tuanshan Lake—
> fertile fields boundless and golden,
> breezes blowing, rice paddies fragrant.

The new dam is like a wall of iron,
taming floods, aggressive and rampant.
In the socialist farm red flags are planted,
grains and fish aplenty.
What a land of fish and rice in my mother country!

In autumn, the new "land of fish and rice" embraced another harvest. But Lei Feng, who devoted himself to the land, was leaving for another job. He was prepared to devote his magnificent youth to the development of socialism in China all the time.

Translated by Li Wanying under the guidance of Ye Dong

Going to Anshan Iron and Steel Company

In May 1958, the Second Session of the Eighth National Congress of the Communist Party of China (CPC) formulated the general line "to build socialism by exerting our utmost efforts and pressing ahead consistently to achieve greater, faster, better and more economical goals"[①]. Then, in "Introducing a Cooperative", Chairman Mao called on the nation to work hard, change its "poor and blank" appearance, "write the freshest and most beautiful characters", and "paint the freshest and most beautiful pictures"[②].

Lei Feng was encouraged and inspired by the Party's call. In early November of 1958, having made contributions to agricultural production, Lei Feng wanted to work on the industrial front as a steelmaker. "In order to realize the Party's general line of socialist construction, I should go to the place I am most needed and thereby make greater contributions," he thought. When Anshan Iron and Steel Company and Xiangtan Iron and Steel Company came to Wangcheng County to recruit young workers, the majority preferred the latter because the former was located in northeast China, a geographically remote place with chilly weather and tough living conditions. Lei Feng instead resolved that he would go to Anshan to play a part in the construction of this new steel city as the country was badly in need of workers.

Lei Feng made a request to the leader of the state farm: "I want to contribute more

---

① "Resolution of the Second Session of the Eighth National Congress of the Communist Party of China on the Report on the Work of the central Committee." *Second Session of the Eighth National Congress of the Communist Party of China*, Foreign Languages Press, Peking, 1958, p. 67.
② Mao, Tse-Tung. *Introducing a Cooperative. Selected Works of Mao Tse-Tung Volume VIII*, Second edition, Foreign Languages Press, Paris, 2020, p. 77.

to the great task of building socialism. Please allow me to work as a steelmaker for Anshan Iron and Steel Company."

Despite their reluctance to accept Lei Feng's departure, the leaders of the farm approved his request, out of the consideration for supporting industrial construction and meeting the needs of the development of steel production.

Lei Feng was overjoyed at the approval. He accompanied the recruitment staff from Anshan Iron and Steel Company to attend mass meetings held by communes and production teams. At the meeting, Lei Feng used his own experience to encourage the youth to work in the most difficult places and create a bright future for the country; after the meeting, he had a heart-to-heart talk with some of those present, gently persuading them to change their minds. With Lei Feng's assistance, more than 400 young men were recruited; the recruitment job was quickly finished, and he was appointed as the convoy's vice leader.

Departure was around the corner. Before leaving his hometown of Hunan Province, Lei Feng called some of his companions and requested leave from the recruitment team, and he also went to visit Chairman Mao's old house in Shaoshan Chong, where he had desired to go for a long time.

Shaoshan Chong, a flat region nestled among hills, provided lovely seclusion. In front of Chairman Mao's old house, a limpid stream meanders; behind it, the hills are covered with bamboos and pine trees. With a feeling of reverence, Lei Feng stepped into Chairman Mao's former residence, carefully paying tribute to each object, listening to the narrator's introduction and taking detailed notes. When he came to Chairman Mao's old room and stood in front of the tung oil lamp which was made of bamboo tube, the image of young Chairman Mao hungrily studying under this lamp suddenly struck him. Chairman Mao must have read a large number of books, whether from China or other lands, from ancient to modern times, in order to discover the truth about saving the country and the people. Lei Feng gazed at the tung oil lamp for a long time, as if it were a beacon guiding him forward. He resolved to struggle bravely forward under the guidance of Mao Zedong Thought. Then the narrator's introduction to Chairman Mao entered his ears. For the revolution, the future of the country and the hope of mankind, Chairman Mao had lost six relatives, including his wife and children. At hearing this,

Lei Feng was struck by the realization that the new, pleasant life he was living today had been won by revolutionary heroes who had sacrificed their blood and lives; thus, he must cherish this hard-won existence and work with others to build socialism.

After visiting the old house, Lei Feng went to the place used for sun-drying grain, where Chairman Mao had worked in his boyhood. After hearing the narrator's introduction, Lei was deeply inspired.

One day during the autumn harvest season, Chairman Mao was gathering his grain here when it suddenly began to rain heavily. However, seeing an old poor farmer named Si A Po failing to gather her grain for lack of hands, he left his grain behind without hesitation and helped Si A Po collect hers.

Lei Feng learned from this story that a revolutionary should care more about others than themselves. With a realization of cultivating the noble revolutionary sentiments, he decided to be stricter with himself in daily life and work from that day on.

Before gathering the team to set out, Lei Feng presented a statement of determination to the recruitment team in which he pledged: "...I will obey the organization's deployment. After I arrive at the factory, I will make every effort to study, work, and do research. I will not be arrogant or proud; instead, I will be humble and learn from the masses. I will overcome all the obstacles and serve as a member of the Communist Youth League! I will fight until the end for people's happiness!"

These newly recruited young people sang and laughed all the way until they arrived in Beijing to transfer to Anshan. During the short stay, Lei Feng asked several of his partners to come to Tian'anmen Square. Standing in front of the Jinshui Bridge, Lei Feng's eyes were glistening with tears of joy as he had been looking up for a long time at the national emblem and the giant portrait of Chairman Mao. To show his love for the great motherland and its capital, Beijing, he took two pictures in front of Tian'anmen. How much he wished to stay in Beijing for a few more days, but his anxious heart had already flown to Anshan Iron and Steel Company when he thought of making more steel, so he continued his journey with his partners. With the rhythmic roar of the train, his imagination started to take flight: I will become a steel worker, with canvas overalls and a powerful drill, standing beside the steel furnace and refining the red molten steel, which will be pouring like a waterfall cascading down and a fire dragon flying. I will turn the steel into rows of tractors, cars, aircraft and artillery, which will be shipped all over the country, to strengthen the construction of socialism and the defense of the motherland. How good it will be!

At noon on November 15th, the train arrived at Anshan Station. As soon as he got off the train, Lei Feng was stunned by the tall blast furnace, the mountain-like stacks of steel, and the chimneys that were as dense as bamboo shoots…How magnificent the steel of the motherland was! He loved it even more than before.

After arriving at Anshan Iron and Steel Company, the leader assigned Lei Feng to work as a bulldozer operator in the coal washing workshop of the general chemical plant, considering he had the experience of operating the tractor. Lei Feng was somewhat disappointed not to be given a role as a steelmaker. When he saw Director Yu of the coal washing workshop, he said frankly, "All I want to do is to make steel. Why do you still give me work as a bulldozer operator?"

Pleased with Lei Feng's frankness, Director Yu explained, "Comrade Lei, you may not understand the chain of large industrial production. To operate as a bulldozer is to make steel! Take our coal washing workshop for example. You know, we have to unload a large amount of coal every day. If the coal were not refined into coke, iron could not be made; if the gas were not sent to the steel mill, steel could not be produced. Big industrial production is like a big machine: it cannot operate if missing one tiny rivet."

The word "rivet" reminded him of what Secretary Zhang of the CPC County Committee had told him. "As long as it helps the construction of socialism, I'm willing to be like a rivet," he thought. Without another word, he happily went to work.

It would've been a tough test for any southerner spending their first winter in the northeast, but Lei Feng operated his bulldozer alone in the open air. Every day, dozens of trains of coal were unloaded in the open coal yard. And Lei Feng had to operate the bulldozer to push the coal to the bottom of the gantry crane, which would then transport the coal to the coke furnace to be refined and converted into gas for the iron-making and steel-making systems. Lei Feng thought it a great honor to serve in steel-making and iron-making project. With the passion for building socialism, even the chilly weather there could not beat him. The bright prospect of his motherland brought him the courage and strength to overcome any difficulties.

One day, in order to load more coal, Lei Feng operated his bulldozer too fast and damaged the small railway in the coal yard. Knowing this, his master seriously criticized him, "Lei, why weren't you more careful? How can other comrades finish their task with a damaged railway?"

Hearing this, Lei Feng's cheek burned with embarrassment. He didn't say a word and soon repaired the railway on his break. A few days later, afraid of him upset with the severe criticism, the master asked him, "Lei! Are you still angry with me for criticizing you too much the other day?"

"Your criticism is there to help me overcome my shortcomings and mistakes. Serious criticism makes me more focused. I hope you can help me more in the future," Lei Feng replied sincerely.

From then on, Lei Feng was even more modest and respectful to the master than before. He made fast progress in his technique and became more mature in mind. After only 3 months of learning, he became a skilled bulldozer operator.

The front of the "Stalin 80" bulldozer he operated was tall and big, while Lei Feng himself was short. Sitting in it to operate, he could not see the front blade, which caused much inconvenience to his work; standing to operate, he had to stoop with his head against the roof, for the space was too small. Though exhausted at the end of each day, he never said a word and climbed into the cab to work as usual the following day.

Seeing Lei Feng was suffering from operating the big bulldozer, the Director on duty suggested he change to a small one so that he could sit in the cab while operating steadily. However, Lei Feng refused firmly, and said, "A big bulldozer carries more coal than a small one, and I can rise to the challenge."

The Director on duty admired his courage to get over the obstacles. He praised him in a pre-production meeting and called on everyone to learn from him.

After the meeting, Lei Feng said to the Director on duty, "Why did you praise me, Director? I haven't done well enough."

The Director on duty thought Lei Feng was a young man of integrity and asked him in return, "Why are you willing to accept criticism while reluctant to accept praise?"

"Criticism can help me conquer my weaknesses and correct my mistakes," Lei Feng replied earnestly, "while praise may make me slack off on work and become proud and complacent."

It was easy to bring in some dirt to transport coal with a bulldozer. Lei Feng thought the dirt could not be underestimated, for once it was mixed with coal, it would reduce the quality of the coke, which, in turn, would affect the quality of steel and iron. Therefore, Lei Feng was very conscientious in the operation. Even if just a little dirt was shoveled with the coal, he would carefully pick it out from the pile of coal and throw it aside. A lot of workers were touched by his serious and responsible spirit and the bulldozer operators modeled themselves on Lei Feng.

It was common for young friends to put on neat clothes and go out to see a movie or a play together after a day's work. Seeing Lei Feng dressed simply, some of his friends advised him,

"You are a bachelor. What are you saving money for? Buy yourself some nice clothes!"

At first, Lei Feng didn't take that to heart. However, as time passed and his clothes got torn, he bought a leather jacket and a pair of woolen trousers in a second-hand shop. His friends joked, "Look! Our Lei Feng also becomes beautiful!"

Lei Feng was still a little embarrassed.

Before long, the Party and the government issued a call: We should carry out a campaign to increase production and practice thriftiness. All Party and League members at all levels were expected to carry on the Party's fine tradition of hard struggle. This evening, Lei Feng returned to the dormitory after a group meeting. When he was looking at his newly-bought clothes, the call of the Party and the league organization occurred to him. He blamed himself, "I was born poor. How can I also pay so much attention to what I wear? Isn't this a betrayal of the Party's fine tradition of hard struggle?" At night, he kept tossing and turning in bed, with scenes of the bitterness of the old society and the happiness of the new society recurring to him. He reminded himself, "I should never forget the past bitterness because of the present happiness. Being occupied with material pleasure will make one prone to forgetting the great cause of socialist construction. The Party's fine tradition of hard struggle should not be lost."

Lei Feng also grasped a truth from this small matter: no one is born to be a revolutionary. Like the rivet which will not rust if it is regularly maintained and scrubbed, people's thoughts will not go wrong if they are constantly checked and reflected.

One day in 1959, he wrote in his diary:

"When I entered the factory in 1958, I was just a hard-working worker with a grateful mind... My thinking and vision didn't become more open and broader until later, when I started to take my education from the Party. Especially under the inspiration of the Party's general line for socialist construction and the soaring energy of the whole nation, I also became more and more energetic in my work."

In his diary one day in October of the same year, he further expressed his determination:

"I am committed to carrying out all the decisions of the Party and Chairman Mao and maintaining loyalty and faithfulness to both. I will study hard, work hard, and be ready to sacrifice all I have, not in my own interest but in the interest of the Party as well as the people."

Lei Feng was such a person, one with strict determination who held himself to high standards.

Translated by Wu Yuping under the guidance of Xie Minmin

This Is Youth!

Lei Feng often said: "No wind or rain, no big trees; no striking or tempering, no strong steel. Facing difficulties and forging ahead is an essential path for all revolutionary youths to grow up. Young and promising people with ideals must be willing to bear hardships."

In August 1959, the sun was blazing like a ball of fire. Lei Feng and a group of young partners came to a coking plant, with determination to make new contributions to the socialist revolution and construction of their motherland.

The new coking plant lay at the foot of a remote mountain in Gong Chang Ridge. As trailblazers, they had to start from scratch. The workers' dormitory had not been built up, so they temporarily lived in shabby earthen houses; rainwater leaked in through the roofs and wind whistled through the cracks. The canteen was a provisional large mat shed with an open-air stove and the mountain road was rough and uneven. To make things more difficult, the water had to be collected in a village two miles away from the construction site. Compared to Angang, the working and living conditions here were very harsh.

But Lei Feng didn't care about all these problems. As soon as he arrived at the plant, he helped his partners carry their luggage and make beds. Inside and out, he was as busy as a bee. Secretary Li, the general branch secretary of the Communist Youth League at the plant, knew that Lei Feng was an outstanding worker from Anshan Iron and Steel General Chemical Plant. He was also an outstanding member of the Communist Youth League. After arriving there, he worked all day long, taking no breaks. Mr. Li thought to himself: He is the very man for our plant! Hence, he called Lei Feng to his side and said: "I can see that you are zealous, different from those comrades who are afraid of hardship.

I hope you can play a better role in the future." Lei Feng responded with determination: "Born in a poor family, I was brought up by the Communist Party of China. I can adapt myself to all circumstances wherever I am. Now I've come to the plant, so the plant is my home. The harder it is, the more it can train people. I must take roots here!"

On that night, with a resolved warm heart, Lei Feng lay in his bed, instantly thinking of how he would build a modern coking plant at the foot of this remote mountain with his partners, and make new contributions to the motherland's steel industry. He said to himself: the current difficulties are temporary, partial, and surmountable. Once these challenges are overcome, new prospects and victories will soon come to us.

They started building dormitories. When carrying stones, Lei Feng picked heavy ones; when transporting timber, he picked the biggest logs. When he had found fine people and good deeds, he made up songs, wrote them on the bulletins, and he practiced what he preached. Wherever he went, he was as energetic as burning fire. His leader enlisted him in the Youth Commando, and the Communist Youth League members elected him as a propaganda committee member of the Youth League branch.

In winter, the northeast mountain area was freezing, which brought new difficulties to the construction.

The leader allotted the most tiring and dirtiest job, mixing mud, to Lei Feng's group, the group of the Youth Commando. After two days of labor, Lei Feng found that the brick-laying and brick-transporting comrades could not begin construction immediately until the mud team had mixed up the mud, which seriously delayed the development progress. Lei Feng thought that the mud mixing group had to work ahead of time rather than prolonging the construction period of the whole group. From then on, he mobilized several Communist Youth League members of that group to mix mud at the construction site every day when it was dawn and other people were still sleeping. In this way, as soon as the brick-laying and brick-transporting comrades went to work, they would be able to begin directly. But none of them had any experience in construction in winter at the beginning, and the viscidity of the soil and mud was too weak to stick the bricks together firmly.

Mixing wormwood, sand and soil together was found to be able to solve the problem. However, given they were only using shovels and two-teeth hooks for rabblers, the progress was slow and some hard soil blocks could not be stirred completely. The comrades who built the wall complained: "What do you do with the mud? There are still so many big tough parts of the mix. This kind of cement doesn't work well at all!"

Lei Feng thought that they were right, but what could he do? He took off his shoes, rolled up his trouser legs, stepped into the muddy water, and crushed the clods with his feet. Fearing that his feet would freeze, the section leader hurriedly fetched rubber boots and told Lei Feng to put them on. But when Lei Feng put on the rubber boots and stepped into the mud, the rubber boots became stuck and couldn't be pulled out. Their effort was paying off, but the mud was still uneven. Therefore, Lei Feng flatly threw off his boots and stepped barefoot on the mud again.

Under the encouragement of Lei Feng, his partners also followed him. Although the compound was freezing, with the disordered sand, stones and wormwood hurting their feet, they stuck to doing so, and finally obtained cement of good quality.

The construction progressed rapidly, with the brick wall being built faster and faster. However, the higher it got, the more inconvenient it was to transport the mud. Right from the moment this problem had become apparent, Lei Feng was figuring out solutions while stepping barefoot in the mud. He stood in it, making invisible drawings in the air, and no one knew what he wanted to do.

Xiao Ye, who came from Hunan with him, asked curiously:

"Lei Feng, what do you want to do?"

"I have an idea, but I need some advice." Lei Feng pulled his feet out of the mud and said to Xiao Ye, "I want to make a dirt crane to transport the mud. Do you think it could work?"

After that, he called everyone together and drew a picture on the ground to explain his ideas.

"Yes, it will definitely work!" The partners all agreed with his ideas and immediately reported them to their section leader. As soon as they got the support of the leader, they set up the "cross bar bucket" on the construction site. After a test, it was completely applicable to lift mud, brick, and tile, which greatly sped up the construction progress.

The weather at the end of November was getting colder and colder, reaching freezing temperatures in the morning and at night. The foundations of the last dormitory were still being laid, and it was in urgent need of completion in this chilly winter. At that point, the stones being used to lay the foundation ran out, and those near the construction site were also used up. Waiting for the quarry to transport more stones was also impractical. Time waits for no man! Due to the situation, Lei Feng and comrades of the Youth Commando went everywhere to search for stones.

One day, Lei Feng and Xiao Ye discovered multiple stones in a ditch not far from the construction site. They got a steel hook to pull them up. As the stones were so slippery they couldn't be pulled out, the two of them took off their shoes and socks, rolled up their trousers, crushed the tiny ice hail on the bank, and forded the river for stones. Deep into the water, their knees were soaked and their legs and feet were frozen, painful and numb. Despite this, they gritted their teeth and insisted on moving the stones one by one to the shore.

After a while, Lei Feng said to Xiao Ye, "The two of us can't manage it. We should mobilize the power of the masses." Then, he ran back to the construction site and called together all the young commandos. When everyone saw that there were stones in the river, they all followed Lei Feng and jumped down to pick them up. In this way, the problem of the stones used for the foundation laying was solved.

Lei Feng's enthusiasm for selfless work and his courage to overcome difficulties had been widely praised by his comrades. Again and again, he was named the "Red-Banner Pacesetter of Production".

In the evening, many of his comrades played chess and poker in their spare time in the evenings. Sometimes Lei Feng played with them, but he spent most of his time studying. He set a rule for himself that he must squeeze out fixed time to read every day. Sometimes he would rather sleep less in order to keep on studying when he had meetings at night. Because of this, the elders often advised him: "You will spoil your eyes if you always read until midnight. Don't ruin your health!" Lei Feng really appreciated his comrades for their care and love, but he forgot their advice once he picked up his books. When comrades saw that he was always reading late at night, they put forward their suggestions from another perspective: "You always spend half the night reading, which not only wastes public electricity but also disturbs others." These words finally dawned on Lei Feng because he would never do anything detrimental to the collective. As the workshop control room had just been repaired, he often went there to read.

One night, Lei Feng was reading a book in the new dispatching room when he heard it was raining outside. He walked out of the control room, facing the wind and rain in the dark. He couldn't see a thing.

"There are still six cars of cement which haven't been unloaded on the construction site," the dispatcher who lived there said anxiously. "Once exposed to rain, they will deteriorate. We have to call for rescue as soon as possible!"

Hearing the news, Lei Feng was stunned. "Cement is national property, we must not suffer losses." Thinking about this, he immediately ran back to the dormitory in the wind and rain. He summoned more than 20 young men, and brought his clothes and quilts back to the scene to cover the cement. Then he organized people to split up to look for waterproof textile and reed mats. After a fierce battle on a rainy night, more than 7,200 bags of cement were rescued. All the while, Lei Feng's clothes and quilts were in a mess with mud and water.

Within a few days, *Liaoyang Daily* reported on the rescue event, praising Lei Feng for his sacrifices for the public. What did Lei Feng think? He wrote in his diary at that time:

"Oh, youth! It is always beautiful, but genuine youth only belongs to those who always strive for the top, who always work selflessly, and who are always modest."

One morning, in light snow, the temperature dropped to about minus 20 degrees. Xiao Ye had to catch an early bus to Anshan for work. As soon as he went out, he shivered. Snowflakes were blowing in the north wind. It's really cold, he thought. He walked up the road near the mountain, putting his hands into his sleeves and suddenly found a figure in front of him. The man was not tall, and his two cap ears were blown straight by the wind. He was holding a dung basket in one hand and a dung shovel in the other, alternately bending down and standing up for a while. Northerners are a hardy folk, Xiao Ye thought, such a chill day to get up early to pick up dung! As he approached the man, he was taken back:

"Lei Feng!" Xiao Ye shouted and rushed to him, grabbing the dung shovel and asking, "Why are you picking up dung in the morning? Do you want to do farm work?"

"I'm not farming. I was just picking up some dung to support the production team of Gusao. Isn't the branch calling on us to do better for the production team? The city needs our help. Besides, getting up early can also improve my resistance to the cold."

Xiao Ye admired Lei Feng for his response, particularly when he thought that if it weren't for the early bus, he would definitely have been lying in a warm bed now. However, in response to the party's call, Lei Feng had already got up to collect half a basket of dung. Xiao Ye thought of how Lei Feng was contributing to the production team, and how he shouldn't fall behind. He therefore dispelled the idea of going to Anshan for errands, and joined Lei Feng in picking up dung.

The two chatted while they worked. When Xiao Ye saw that Lei Feng was only wearing a sweater and was frozen to a shiver, he asked:

"Where's your cotton-padded jacket?"

"I put it on Grandpa Lu a moment ago."

Grandpa Lu was a shepherd from the production team in the city of Gusao nearby. Lei Feng sometimes went to work with the production team and learned that the old man had suffered a lot in the old society. After liberation, he finally received recognition and devoted himself to production. Lei Feng admired the old man from the bottom of his heart. This morning, when he got up to pick up dung, he happened to encounter the old man going out to work. Seeing how lightly dressed the old man was, he took off his cotton-padded clothes and gave them to the man. Having rejected them several times, the old man, at last, thankfully put them on. Xiao Ye knew that Lei Feng had a close relationship with Grandpa Lu, but he did not fully understand that this relationship was linked because of their common class destiny.

"Isn't it cold to persist in picking up dung with such scanty clothing?" Xiao Ye asked him with concern.

"We can keep warm by exercise, but we should not let the old people freeze," Lei Feng said. "I know that when you do something good for others, although you feel a little cold, you are warm inside."

This incident made Xiao Ye admire Lei Feng even more. From then on, they often picked up dung from dawn to night. Near the construction site, they dug a dung pit and transported the manure to the production team of Gusao after the pit was filled. They sent more than 2,000 catties in total. It was a bit strange for the cooperative members in Gusao when they found that there was a pile of dung on the ground, but they later learned that it was Lei Feng and his partner who had sent it secretly. Greatly moved, the members wrote to the site leaders praising Lei Feng and also expressed their desire to produce more grain to support industrial construction.

Lei Feng worked in the coking plant for only five months, which, in addition to his period in the Anshan Iron and Steel General Chemical Plant, represents a period of only one year and two months. During this period, he was rated Advanced Producer three times, Pacesetter eighteen times, and Red-Banner Pacesetter five times. He also won the title of Young Activist of Socialist Construction. His fiery youth won him many accolades. He wrote the following sentences in his diary:

"A single drop of water into the sea will never dry up. A person can only become truly powerful when he involves himself in collective work. Strength comes from unity, wisdom from labor, action from thought, and honor from the collective. I will always guard against arrogance and rashness and keep forging ahead."

Translated by Ren Jia under the guidance of Liu Bai

"I Want to Be a Soldier!"

Conscription began in 1960. As the news spread, more and more young people joyfully intended to enlist to defend the motherland.

On December 3rd, 1959, the General Party Branch Secretary of the coking plant where Lei Feng worked delivered a speech to mobilize people to join the army. After the speech, Lei Feng was very excited. He thought, "It's my duty to join the army and protect my country. This has been my wish for a long time. Previously I was too young to enroll, but now is the time. I must do what I can to grasp the opportunity!"

Registration started at 8 o'clock the next morning. Lei Feng tossed and turned the night before. In order to be the first to enroll, he got up at 3 o'clock and went to knock at the door of the General Party Branch Secretary who took charge of the conscription. Secretary Li opened the door and found that it was Lei Feng.

"What's up, Lei? Why haven't you gone to bed? It's very late now," he said, with a knowing smile.

"Secretary Li, I am here to apply to join the army!" Lei Feng replied immediately.

"Ah, get dressed first, Lei. You won't be able to carry a gun if you get sick!" Secretary Li dressed Lei Feng in a cotton-padded jacket. He took Lei Feng by the hand and led him to sit on the bed. "You are welcomed by the Party to join the army and defend our country..."

"I take it as approval." Lei Feng said eagerly, before Secretary Li could finish. Very pleased, he then went back to his dormitory.

A few days later, the list of conscripts was released. Lei Feng pricked up his ears, but didn't hear his name at all. He rushed to find Secretary Li.

"My name is not on the list. Why? Why isn't it there?!" He pleaded.

Secretary Li genially patted him on the shoulder and responded, "You need to follow your current assignment, don't you?" He gestured toward a chair and asked Lei Feng to sit down.

"I aspire to be a soldier, to defend my country and the ongoing victory of the revolution! I come from a poor family. Why don't they take it into account?"

Secretary Li smiled, but then he said with a serious face, "The leaders are considering assignments on the basis of the overall situation. There are many people signing up for the army in our plant. The enthusiasm of our comrades is overwhelming. However, not everyone can be conscripted. For one thing, the quota is limited; for another, our plant will soon begin to run, which needs a core group of workers. Don't you want to..."

"I want to be a soldier. This is my wish, and also my right! I sincerely hope that the authority can seriously take into account my request," Lei Feng said in haste.

"Participating in socialist construction is as glorious as being a soldier to protect our country."

"That's true. But my heart is already in the army," Lei Feng implored. Then he entreated again, "Please contact the authority one more time for me, Secretary Li. Just let me join the army."

Secretary Li quite understood Lei Feng's eagerness to be a soldier.

"Lei, when both our plant and the municipal People's Armed Forces Department agree, you can join the army," he promised Lei Feng.

Hearing that, Lei Feng got up early the next morning and washed his face hastily. Without having breakfast, he found Secretary Li and asked for half a day of leave. Furthermore, he asked Secretary Li to direct him to Liaoyang People's Armed Forces Department so he could talk face to face with the official in charge.

After he got there, Lei Feng found the official in charge and explained his purpose.

"My name is Lei Feng. I come from the Anshan Iron and Steel Company's coking plant. I demand to join the army and look forward to your approval."

"Your request to join the army is welcomed by us! But the quota of conscripts is limited, and not every eligible youth can be drafted into the army." the comrade explained patiently to Lei Feng.

Anxious, Lei Feng talked about his experiences and explained why he wanted to be a soldier. Eventually, he said, "When I recall the old days, recall the imperialism around our country, and Chiang Kai-shek who still controls Taiwan. Every time I think of these things, my heart urges me to pick up a gun to defend my country and the victory of the revolution!" As he spoke, he began to cry.

Seeing that Lei Feng was so eager to be a soldier, the comrade led him to the physical examination station to undergo a medical exam.

After Lei Feng reached the examination station, he found that all conscripts were taller and stronger than him. He was afraid that he couldn't reach the standard. When measuring the height, he stood on tiptoe furtively. The doctor discovered his "secret", and with a smile said,

"It's wrong to play tricks." The doctor then tapped him on the shoulder to make him stand still and measured again.

This time, Lei Feng explained to the doctor, "I am short, but I can drive a bulldozer, so I am strong and full of energy."

The doctor smiled, but said nothing.

When measuring the weight, Lei Feng stood on the scale and pressed hard on it. The doctor smiled and said, "It's of no use to press on the scales to reach 50 kilos."

"It is because I didn't have breakfast! Otherwise it would be enough," Lei Feng explained. This made the doctor laugh. "I have finished the surgical examination. Am I qualified?" He asked nervously.

"You're still several kilograms lighter than the standard. It is not enough," the doctor answered frankly.

Lei Feng stood blankly and said nothing for a long time. "Will I ever get to be a soldier?" He thought.

After the surgical examination, Lei Feng went on to have a physical examination. When he took off his shirt, the doctor found that there was a large scar on his back. He asked Lei Feng, "When did you get this scar?"

Lei Feng answered, "This is the hatred engraved on me by the old days, when the Kuomintang ruled China! I demand to be a soldier lest other people get a scar like this!"

The doctor felt sorry for him. But Lei Feng didn't reach the army's physical standards and the doctor could not bend the rules.

"You can try to have a word with the leader of the People's Armed Forces Department. Maybe it will work," the doctor advised him.

Lei Feng left the physical examination station and went to the People's Armed Forces Department again. A conscription assistant received him. He told the assistant his condition clearly and entreated, "Please allow me to be a soldier!"

The assistant made the situation clear to him.

"Our work of military service requires us to follow the rules. You do not meet the physical requirements. Don't force yourself to join the army. You can do your best to build our country. It's the same as defending her!"

"So I cannot be a soldier?" Lei Feng muttered, half to himself. "Could you please find some ways to help me?" he asked.

"It's hard," the assistant said to him, "The cadre in charge of the recruits has already arrived. He is an engineer who pays great attention to physical qualifications."

"Who is the cadre?" asked Lei Feng eagerly.

"He is Battalion Commander Jing of the engineering corps," the assistant told him.

"I'll go find him right now."

Lei Feng found Battalion Commander Jing and explained the purpose of his visit. Finally he said, "Although my physical condition is not ideal, I promise I will be a good soldier if I can join the army!"

Battalion Commander Jing also quite understood Lei Feng's eagerness to be a soldier.

"Alright. I will discuss your request with the leader of the Armed Forces Department," he said sympathetically. "And we have to take advice from the leader of your factory. You can go back now. We will let you know after we make our decision."

Translated by Ruan Lanyin under the guidance of Ye Dong

⟨⟨⟨⟨⟨⟨ The Spirit of Driving Nails

One day, a pupil with the surname Jia (called Xiao Jia) was waiting for the movie to start. Then, his attention was caught by a PLA (People's Liberation Army) soldier who was sitting in front of him and absorbed in a book.

Out of curiosity, Xiao Jia learned forward, wanting to figure out what the book was that arrested his attention so much.

It turned out to be a copy of *Selected Works of Mao Zedong*. When he glimpsed at the man, Xiao Jia exclaimed in surprise and delight, "Aha! I didn't expect to see you here, Uncle Lei Feng! The movie is about to begin and yet you still grab a chance to read in such a short period of time."

Interrupted by Xiao Jia, Lei Feng looked up at him and said, "I don't think it's a short time. I've already read several pages." He then continued, "As short a time it is, you can still finish quite a few pages. Many a little makes a mickle. Study itself relies heavily on the full use of time." Then he asked Xiao Jia, "Do you work hard on your studies?"

"No, I don't," replied Xiao Jia with embarrassment.

"That is not good," Lei Feng kindly advised Xiao Jia. "You are now studying under good conditions in school, so you should seize this time and study hard." In case Xiao Jia misunderstood, Lei Feng added, "Of course, it is also important to participate in some necessary physical exercise and recreational activities. However, you must be attentive when studying. Otherwise, time will be wasted."

Such is Lei Feng, who seized every minute to study. When in primary school, he was a good, diligent student.

When he worked as a civil servant on the Wangcheng County Committee of the CPC, Lei Feng took Chinese and arithmetic classes in a continuation school established by the government, making full use of his time to read materials about politics and moral cultivation, as well as excellent literary masterpieces and books about revolutionary heroes. Under the influence of these books, he was determined to learn from those heroic figures and to be a moral person.

When he worked as a grader man in the Anshan Iron and Steel Company, or a builder on a coking site in a mine, he seized every moment to read. After joining the army, he studied harder. Every day after dinner, apart from participating in necessary activities, he spent the rest of his time reading. After the lights went out, afraid of disturbing his roommates' sleep in the dormitory, he would study in other places, such as the garage or tool shed, the kitchen, or the quartermaster's rooms. Sometimes, he would study in the office room until midnight.

One evening, though it was already very late, Lei Feng was still reading under a lamp.

The instructor came back from battalion headquarters and said to Lei Feng with concern, "Lei, it is near midnight. Go to sleep right now!"

Lei Feng raised his head and looked at the instructor, thinking: the instructor has had a busy day and must be exhausted. So, he said, "Instructor, you go to sleep! I will go back to the dormitory in a few minutes."

The instructor got undressed, turned off the lights, and fell asleep quickly. Later, he woke up, finding that the light was still on. He felt strange, because he was quite sure that he'd already turned it off. Looking carefully around, he found that Lei Feng was still there and reading books attentively.

The instructor gently draped his coat over his shoulders, walked near Lei Feng's back, and leafed through the first volume of *Selected Works of Mao Zedong* beside Lei Feng.

At this time Lei Feng noticed that the instructor stood beside him. He stood up immediately, and said with a flushed face, "Sorry, I disturbed your rest."

"No, you didn't. It's so late. Why didn't you go to sleep?" the instructor said with concern.

"I have not finished reading this article, which haunts my mind," replied Lei Feng.

The instructor, though moved by Lei Feng's diligence, still hurried him in a caring tone, "You'd better go to sleep. We have a mission tomorrow."

Lei Feng saluted him, agreed, and then went back to his dormitory.

He was afraid that he would interrupt the instructor's sleep if he studied in the office room any longer.

So, in order not to interrupt the others, he lay under his blanket, using a flashlight to study after the lights were out.

One Sunday evening, all his comrades went to the cinema. He took advantage of this opportunity to read, with quietness and attention, as no one was in the room.

After two hours, his comrades came back one after another and went to sleep. Lei Feng was still reading.

Once, Lei Feng read an article titled "In Memory of Norman Bethune". He felt as if a warm current was coursing through his whole body when reading the paragraph that said, "We must all learn the spirit of absolute selflessness from him. With this spirit everyone can be very useful to the people. A man's ability may be great or small, but if he has this spirit, he is already noble-minded and pure, a man of moral integrity and above vulgar interests, a man who is of value to the people."

Every time he read it, he always made up his mind silently: I ought to be a person who has little self-concern. He held this book tightly in his arms, with tears dripping on the pillow in excitement.

While others were sleeping, the instructor came in to do a bed check, and found Lei Feng was still reading and writing. He was afraid that Lei Feng's staying up late would affect his performance the next day, so he whispered to him, "Xiao Lei, it is already 1 o'clock, just go to sleep!"

Lei Feng replied, "As soon as I picked up Chairman Mao's works, the more I learned, the more excited I became, and I didn't even want to sleep."

"Hurry to sleep!" the director said. He took Lei Feng's flashlight, turned it off, and put it in his bag. Then he tucked the quilt around Lei Feng and left.

Such was Lei Feng, a man who squeezed his time to read and study day and night without feeling tired.

On account of someone's problem of not making full use of their time to study, he concluded his experience and wrote down this in his journal:

"Some people said they were busy at work and therefore didn't have time to study. I think the problem is not whether you are busy or not, but whether you are willing to study and whether you can fully utilize your time. There is time for us to study, and what matters is whether we can fully utilize it and make every endeavor to study. Why can we drive a nail into a board? It is done by pressing. For this, nails have two advantages: one is squeezing, the other is drilling into a board. We also should advocate such a spirit of nails—being good at squeezing and drilling."

The spirit of driving nails that Lei Feng advocated for study is indeed a truth. He set a good example for us all.

Translated by Liu Min under the guidance of Xie Minmin

⟪⟪⟪⟪ Virtue Is Its Own Reward

One day in May 1961, Lei Feng went to Dandong on business for official affairs and set out from his company at 5 o'clock in the morning. On his way to Fushun Railway Station, he saw a middle-aged woman with a child on her back, taking a six or seven year old girl by the hand to catch a train. The rain was pattering gently, and none of them had on a raincoat. Suddenly, the girl slipped into a puddle and her clothes became covered in mud. She scrambled to her feet and continued on her way while crying. Seeing this, Lei Feng immediately thought, "The fundamental purpose of our army is to serve the people wholeheartedly, so the trouble of the masses is my business." Lei Feng hastened forward to help, taking off his raincoat and putting it on the woman and also took the little girl on his back soon and went to the railway station together with them. After Lei Feng bought the ticket for her, they got on the train together. After boarding the train, Lei Feng noticed that the girl was shivering with her clothes and hair dripping wet. Seeing this, regardless of his own wet clothes, he unbuttoned his coat quickly, took off the fleece that was still dry inside and put it on the girl. Hearing that they came out without breakfast in the morning, Lei Feng gave them his three steamed buns. The train arrived in Shenyang at 9 a.m. Lei Feng held the little girl's hand and sent the mother and children out of the station.

While transferring at Shenyang Station, Lei Feng saw a middle-aged woman there in trouble. He came up to her and asked, "What can I do for you, madam?"

The middle-aged woman answered:

"I'm from Shandong① and going to visit my relatives in Jilin②. I had a meal here while waiting for the transfer. But somehow, I lost my ticket and don't have money to buy another one. I don't know what to do."

Lei Feng tried to comfort her and said:

"Don't worry, madam. Come with me." Lei Feng took her to the ticket office and bought a new ticket for her.

At parting, the old woman gratefully asked:

"What is your name, comrade? Which unit are you in?"

Lei Feng smiled, knowing that the woman probably wanted to pay back the money, so he said:

"It doesn't matter, just get on the train quickly. I'm a soldier of the People's Liberation Army, and I live in China."

The old woman got on the train and waved goodbye to Lei Feng with tears in her eyes.

Lei Feng came back from Dandong and changed trains for Fushun in Shenyang. At about 5 o'clock in the morning, Lei Feng, carrying a backpack, checked the ticket and walked to the platform. Passing through the underpass, he saw a grey-haired old woman with a stick and a big load of baggage. Lei Feng caught up and asked, "Aunt, where are you going?"

"I'm going to visit my son in Fushun," the old woman said out of breath.

When Lei Feng heard that she was going his way, he immediately took the heaviest baggage, held the old woman with his hand, and said "I'm going that way too."

Lei Feng helped the woman onto the packed train. He was about to find a seat for the aunt when a college student stood up and let the aunt sit down. Lei Feng stood beside the aunt and when the train started, he took out the two loaves of bread he had bought on the platform from his bag and shared them with her. The old woman looked at him and said:

"Boy, I'm not hungry, keep it yourself!"

"Take it, please." He pressed the bread into the woman's hand. The old lady

---

① A coastal province of the People's Republic of China, part of the East China region.
② One of the three provinces of Northeast China.

accepted it and was so moved that she couldn't say a word. She moved inside a bit to make a space and said:

"Sit here, my child."

The call of "my child" evoked Lei Feng's memories of his mother. He felt the same warmth of his mother's voice in his childhood.

Lei Feng sat down next to the old woman. While eating the bread, he chatted with her and asked about her son.

"My son, a worker, has been out here for several years. I haven't been here yet and I don't know where he lives." The old woman took out a letter and handed it to Lei Feng and said: "Have a look, do you know where it is?"

Lei Feng didn't know the place either. But he could tell that this old lady was in badly need of help to find her son's place.

"Aunt, don't worry. I'll help you find your son."

"That would be nice," the old woman said with great pleasure.

When the train steamed into the suburb of Fushun, the old woman was so surprised by the tall factories and chimneys that she could not help looking out of the window.

"Aunt, Fushun, our capital of coal, is known for its high output of good coal. If you meet your son, let him show you around here."

"I'm old and out of date but need to broaden my horizons!" she said excitedly.

The train came into the station. Lei Feng helped the old lady off the train and deposited his backpack first. Then he lifted her luggage onto his back, held onto her arm through the bustling crowd, asked around and finally found her son's place after two hours. Instead of having a catch-up talk with her son, she said: "I may not have found you without help from this kind young man."

When Lei Feng was about to leave, they expressed their deep gratitude at parting. Holding Lei Feng's hands, they walked a long way to see him off.

Before long, Lei Feng was ordered to perform a task in Jiamusi. When he went back to Shenyang by train, he still helped the young and the old. He was so busy that he was almost an obligatory trainman without a rest.

Xiao Wang, a stewardess of the Shenjia Line, saw this young soldier was never idle even for a moment, and immediately remembered Lei Feng's deeds that she had read in the newspaper. She thought, could this soldier with thick eyebrows and big eyes be Lei Feng? She was about to ask when the train arrived at Binjiang Station. It was raining cats and dogs outside. Through the window, she could see stevedores busy covering up the goods and luggage on the platform. As soon as the train stopped, Lei Feng got off in the heavy rain and worked together with the stevedores until the bell rang.

After he got on the train, Xiao Wang saw his clothes drenched and his shoes covered with mud. She immediately handed Lei Feng a towel and asked:

"What's your name, comrade?"

"My name is..." Lei Feng paused, wiping the rain from his face with a smile. "Why do you ask?"

"If I guess correctly, you must be Comrade Lei Feng, right?"

"Lei Feng...It's not unusual." Lei Feng smiled humbly, returning the towel to her. "Thank you," he said.

Xiao Wang immediately reported to the conductor and her colleagues that Lei Feng was on the train. When they heard the name, a lofty image of a soldier serving the people arose in their minds. During the break, they all came to see him one after another. Some people shook hands and conversed with him, and some asked for a signature.

When all the passengers got off the train in Shenyang, Lei Feng cleaned the carriages together with the trainmen. After that, he said goodbye to the enthusiastic train attendants.

The story that Lei Feng did a train of good deeds when he went on a business trip of one thousand miles has been circulated in this way.

On another evening in mid-autumn, there was a bright moon in the sky, and the breeze was cool.

All the squad went to the quartermaster to get the moon cakes, and each soldier had a share. They talked and laughed while eating, and there was a happy atmosphere everywhere.

Lei Feng also received four moon cakes, but he did not eat them, instead just holding them in a daze. After a while, he quietly left the others, and came to the parking lot, scarcely restraining his tears. On this night, the silver moonlight glittered on the ground and the cool breeze blew gently. However, Lei Feng was uninterested in this enchanting scenery but sunk into the dreadful memory of the night when his mother hanged herself from a beam.

He thought of the suffering of his mother in the old society and the tragic fate of his father and brothers. He could not help saying to himself: if my parents could live to see their son had become a soldier of the people and the people had become masters of the country, how happy they would be!

Back in the dormitory, Lei Feng wrapped the moon cakes in paper and wrote a warm letter of sympathy:

> "Dear friends and comrades who got injured and sick for the socialist cause,
> These four moon cakes were sent to me by the people. The sweetness of today reminds me of the bitterness of the past. So I naturally think of you, please accept my mind of a soldier!"

The next day, he came to the Fushun West Staff Hospital and handed over the moon cakes as well as the letter of comfort to the patients who had contributed to the socialist construction.

The wounded shared his moon cakes, thanked him for his profound friendship and wrote a thank-you note, expressing their determination to leave the hospital as soon as possible and make greater achievements on the coal industry in order to repay the benevolence of their comrades.

Translated by Xia Wenyuan under the guidance of Xie Minmin

⋘ The Saving Box

Lei Feng had always lived a thrifty lifestyle and was constantly concerned about the socialist construction of the motherland, showing the virtues of diligence and frugality in all respects.

Xiao Yu, a new recruit, did a very good job in his work and study after joining the army. He had only one disadvantage—spending money without restraint. As the monthly allowance was not enough for him, he would ask for money from his family.

As Lei Feng often saw him buy snacks, he asked him, "Xiao Yu, you are not a child anymore. yet you still like eating snacks so much. Aren't you afraid of being mocked by others when you eat snacks?"

Influenced by Lei Feng's admirable frugality, Xiao Yu was actually aware of this shortcoming and wanted to get rid of it. Be that as it may, Xiao Yu would not accept criticism and always refuted it with sarcastic remarks whenever others pointed out his flaws.

"If everyone was like you, there would be no room for reporting good deeds in the newspapers." Xiao Yu retorted.

Lei Feng didn't change his frugal lifestyle despite being satirized by Xiao Yu. Despite his socks having been mended again and again, he was still unwilling to throw them away. He bought a cake of toilet soap, but he would only use it on holidays. He usually washed his face with plain soap.

Lei Feng once competed in a sports meeting on a very hot day and afterwards felt hot and thirsty. Therefore, he queued up for soda as others did. After a while, Lei Feng noticed that the free boiled water had arrived before he was ready to take out his money for a drink. He immediately slid the money back into his pocket and walked away from the line.

One of his comrades noticed him going away and asked him, "Lei Feng, why don't you buy soda?"

"I'm going to get free boiled water. It can also quench thirst," he said with a smile.

"You don't have a family to support, why do you choose to live such a hard life?" asked the comrade, perplexed by Lei Feng's actions.

"No, I don't. Life is better today than it was in the past. And I also have a family. My family is my country. All my fellow citizens are all family members. Nowadays, our country is 'poor' ('poor' means our country is underdeveloped economically) and 'blank' ('blank' means the cultural and scientific level is not high, just like a blank sheet of paper)[1]. To change this situation, we should respond to the appeal of the central government—with hard work, plain living and hence build up the country through thrift."

The comrade then asked, "What are you going to do with all your money in the bank?"

"I plan to donate it to support the construction of our country!"

"What's the use of that measly amount?"

"Comrade, many a little makes a mickle. If everyone saves one cent per day, then how much money will we save for our country? You do the math."

"I have never done the math."

"We're now the masters of our own country. We have a responsibility to think about its future."

The comrade was silenced by these words and Lei Feng walked away.

Lei Feng had always maintained such a frugal lifestyle, and inherited the honorable tradition of his predecessors. The army issued him two military uniforms, two shirts, two pants, and two pairs of shoes. Lei Feng only used one of each, and gave the others back to the army after 1961. "One suit is already enough for me," he said. "I can mend it if it is torn."

---

[1] Mao, Tse-Tung. *On the Ten Major Relationships*. First edition, Foreign Languages Press, Peking, 1977, p. 32.

Lei Feng had a lined garment brought from his hometown in Hunan. Although it was worn-out, he was still unwilling to buy a new one. He washed and mended it over and over again, but still wore it.

As for the monthly allowance, except for some necessary expenses, he would only use a small amount of money to buy some Marxist-Leninist works, those of Chairman Mao, or books on youth cultivation. The rest was all deposited in the bank. Not a penny would be wasted!

His towel, cup, and toothbrush should have been renewed long before, but he still kept using them.

All Comrades knew that Lei Feng had a "saving box" made of broken boards. It was a place to store scrap metal and waste rivets that he had collected outside. At the appropriate time, he would take some stuff from the box to sell and donate the money to the government.

When he helped transport cement on a construction site, there was always some scattered cement on the trucks. Lei Feng thought that this was government property, and should not be wasted. Therefore, he made use of his spare time to clean the trucks. In less than two months, he collected 1,700 Jin① of cement and handed it in to the construction site.

Lei Feng accumulated wealth for his country and people little by little. For example, people usually tended to throw away the tube after using up toothpaste. However, Lei Feng saw its value and found a way of make full use of it.

Once upon a time, Lei Feng sold the toothpaste tubes that he collected for 2 yuan and 60 cents. He used the money to buy a dozen notebooks and gave them to primary school students in person.

"I hope all of you can study hard and become merit students," he told the children as encouragement.

During a time of military training, soldiers and leaders were very busy with work and study. Some of them even had no time to go for a haircut. So the company bought three hairdressing kits and encouraged the soldiers to cut each other's hair. However, no

---

① Jin: a unit of measurement in China (1lb=453.6g, 1Jin=500g).

one knew how to use them. Lei Feng thought to himself, "Chairman Mao once told us that we had to participate in practice to increase our knowledge." Hence, he consulted an old master of a nearby barber shop. Under his help, Lei Feng learned the basics of how to give a haircut.

The first time Lei Feng gave his comrade Xiao Liu a haircut, Lei Feng felt it was always going poorly. The hair clipper snagged Xiao Liu's hair, causing him great pain. Less than halfway through, Xiao Liu asked him to stop.

Lei Feng didn't lose heart. He made use of his lunch break to continue learning in the barber shop. Under the guidance of old masters, and through trial and error, Lei Feng finally mastered the skill.

From then on, Lei Feng became very busy on Sundays or holidays. His comrades were all willing to come to him for a haircut. Even Xiao Liu, who refused Lei Feng's haircut before, came back and asked for another cut.

"Xiao Liu, I can just give you half a haircut!" Lei Feng teased.

Xiao Liu smiled and said, "Today you can do one half, and tomorrow the other."

Translated by Liu Min under the guidance of Xie Minmin

⟨⟨⟨⟨⟨⟨ The "Fool" of the Revolution

In the square of Fushun City, red flags were fluttering, and the beating of gongs and drums resounded through the skies. People put on new clothes to celebrate the birth of the people's commune.

It was a Sunday; Lei Feng went shopping for books. He was very happy to see the celebrations all around him. As he walked, he thought: "As a soldier of the people, what can I do for the people's commune?"

Thinking about that, he went to the savings bank and took out all the 200 yuan he had saved in the factory and army over the past two years. He went to the Party Committee Office of Heping People's Commune in Wanghua District, explained his intention, and put the money on the desk.

The comrades in the office said gratefully: "Comrade, we accept your love for the commune, but we can't accept the money. You'd better deposit it in the bank in order to support national construction, keep it for your own use, or send it home."

"Send it home" sparked his intense emotions. "Home! Where is my home?" he said. "The people's commune is my home and I am glad to give this money to my family. If my parents were still alive, I believe they would not refuse the money given by their son, so take it." Lei Feng talked earnestly about his life experience and intentions, and finally he said: "I was born in hardship, but I grew up in sweetness thanks to the party and the people who gave me everything. I want to dedicate everything to the people and the party. This money is also given to me by the party. Now let it play a role in the cause of the people!"

Lei Feng persisted in donating his money, but the commune cadres still refused to accept it. Finally, the cadres made a concession to only accept half of his donation as Lei Feng had already been on the verge of tears. Although 100 yuan was not a big amount, it became the spiritual wealth of all members of Heping People's Commune.

Not long after this, Lei Feng learned from the newspaper that Liaoyang had encountered the worst flood in a century. He quietly sent the 100 yuan that the Heping commune did not take and wrote a letter of sympathy to the Liaoyang Municipal Party Committee of the Communist Party of China. The Municipal Party wrote a letter back to express their gratitude to him and said that the Party Central Committee and Chairman Mao had sent planes to support the disaster areas, and the people there believed that they could overcome the famine brought about by the flood. At the same time, the Municipal Party Committee returned the money and hoped that he would deposit it in the bank to support national construction.

After learning of Lei Feng's moving deeds in supporting the people's commune and the disaster area, the army leaders felt deeply touched. They agreed that Lei Feng's behavior fully reflected the noble quality and lofty communist style of a PLA soldier who loved the people and they called on everyone to learn from Comrade Lei Feng. But some people said behind his back that Lei Feng was a "fool". In response to this strange remark, Lei Feng wrote in his diary:

> "Some people call me a 'fool', but this is wrong. I want to be a person who helps the people and the country. If this makes me a 'fool', I am willing to be such a "fool". Revolution needs such "fools", and economic development needs such "fools". I just have no second thoughts. I am bent on the Party, socialism, and communism."

In response to the Party's call to support agriculture, Lei Feng went to pick up manure with some comrades to support the commune on Sundays and holidays, just as he used to do in the mine.

One day, Lei Feng went to the commune office and said as soon as he entered the door:

"Comrade, we have some manure. Do you want it?"

"How much is a load of it?" one of the commune cadres asked.

"It is free," Lei Feng said, "We want to give the manure to the commune to increase production."

They told him that, at that time, the commune was busy with production, and had no time to take it. "It doesn't matter," he responded. "We will send it to you."

The next day was Sunday. Before dawn, a dozen boys formed a "manure delivery team". Under the leadership of the monitor, they picked and carried more than 400 kilograms of manure to the commune. After knowing this, the Secretary of the Commune Party Committee immediately educated the members of the commune to love their commune as a family and explained that the significance of this matter did not lie in 400 kilograms of manure but the People's Liberation Army comrades' sincere love for the people's commune. This event effectively promoted the enthusiasm of the commune members for production and further strengthened the friendship between the army and the people.

"We must run communes well to express our gratitude to the People's Liberation Army," many commune members agreed.

Translated by Deng Jiajia under the guidance of Ye Dong

«««« A Heart Loyal to the Party

Not long after Lei Feng enlisted in the army, he applied to the party branch of the company for membership. After the party branch had studied his application it was decided that the instructor would take responsibility to cultivate and educate Lei Feng. After talking with the instructor, Lei Feng asked, "Sir, what do you think I should do to meet the criteria for a party member?"

The instructor took out a copy of Constitution of the Communist Party of China from his pocket, passed it to Lei Feng, and said, "To be a party member, you must know Constitution of CPC, so you are clear about the rights and obligations of being a communist. Take this away and read it carefully."

Lei Feng took the copy away as if he had found the greatest treasure and read it over and over again. He meticulously savored every word and every sentence in it. In this way, he had a clear understanding of the party, including its principles, direction, goals and great mission. He thought that the communists were the most honorable men in the world and held noble virtues and ideals. He was determined to be such a man.

A few days later, he returned the copy to the instructor.

"Lei Feng, how much have you read?" asked the instructor.

"I have learned the obligations of a communist by heart."

"That's great. Now then, please recite the obligations of a communist," the instructor asked with a smile.

So Lei Feng recited the obligations proficiently and precisely. What's more, he expounded on the obligations point by point. The instructor praised his high level of political enthusiasm and added,

"Lei Feng, knowing and reciting Constitution of CPC is the minimum requirement for the comrade who applies for party membership. The most important step is to implement these principles in your practical actions. As a communist, you should learn Marxist-Leninism and Mao Zedong's Thought well, and consistently raise your class consciousness—as well as your understanding of ideology and politics—with the determination to fight for communism all your life. You must selflessly subordinate your personal interests to those of the party."

"I will be obedient to the party, insisting on the standard of a communist at every moment, and study Marxist-Leninism and the works of Mao Zedong seriously. I would like to devote everything I have, even my life, to the party and our people," replied Lei Feng.

The instructor gave him the copy of Constitution of CPC again and a book named *How to Be a Good Communist*, written by Liu Shaoqi. He asked Lei Feng to take these two books back and read them carefully. Finally, after studying them over and over again, Lei Feng wrote book reports on them.

Once, Lei Feng went to Shenyang on business. Disregarding the cold wind, he took some time to visit Beijing's Martyrs' Cemetery during early winter. He mourned silently in front of the martyrs' tombs, pushing himself to learn the revolutionary spirit of the martyrs well.

Beside the martyrs' tombs stood pines and cypresses. Looking at the martyrs' tombs, Lei Feng said, "Under the most difficult circumstances, just thinking of you, I become so energetic, confident and strong-willed; when performing tasks in the most complicated environments, just thinking of you, I become strict with myself and observe discipline better when taking care of and enjoying myself; and just thinking of you, I put the interest of others above those of my own, and give my benefits to others. Although you have sacrificed yourselves, I will follow in your footsteps, carry on your wishes, and achieve your aspirations."

Under the patient cultivation and education of the party, Lei Feng quickly raised his class consciousness and improved his understanding of ideology and politics, playing an exemplary role in various positions.

On November 8, 1960, Lei Feng joined the Communist Party of China with honor. He had written down his history of blood and tears and stated his wish to join the party on his application letter. And he was moved to tears on the day he had waited for so eagerly, and on which he achieved his lofty ideal.

Holding Lei Feng's hand tightly, the instructor said, "Comrade Lei Feng, as communists, we are the vanguard of the proletariat, whose ultimate goal is to realize communism. We should completely rid the people of the tribulations suffered in the old society. We should fight throughout our whole lives for the prosperity of our motherland, the happiness of our people and the complete liberation of the oppressed people all over the world; for the cause of the party, we must not be afraid of difficulties or dangers, even at the cost of our own lives."

Lei Feng was so excited that he wrote in his diary on this day:

"So excited am I that I can't calm down for a second! Great party! Dear Chairman Mao! It is to you who I owe my new life. When I was struggling in a fiery pit where I had a narrow escape from death and longed for light, it is you who saved me, feeding me, putting clothes on my back, and sending me to school. I finished my higher primary education, put on the red scarf, joined the glorious Communist Youth League, participated in the industrial construction of the motherland, and then took the position of defending the motherland. Your continuous cultivation and education finally made me, a lonely and helpless child, grow up to be a communist, possessing knowledge and conscience."

"November 8th, 1960, is the day I will never forget. Today, I joined the great Communist Party of China with honor, realizing my highest ideal."

"Today, I joined the party, which strengthened me and broadened my mind and horizon. As a member of the Communist Party and a servant of the people, for the freedom, liberation and happiness of human beings, and for the cause of the party and the people, I am willing to face up to the most challenging situations and go to the most dangerous places in the world. I will never change my loyalty to the party even at the price of my life."

After Lei Feng joined the party, he was always strict with himself and insisted on the criteria of a good communist.

As a member of the transport regiment, he was often out on duty. On some Constitution of CPC reading days, though he was far away from the organization on business, he sat alone in the cab, studying Constitution of CPC and other textbooks. And though he missed some reading activities because of the urgent tasks assigned to him, he would make up for them later. Until then, Lei Feng had been a party member for a total of 21 months and 7 days, including 91 days that were set for party organization activities, none of which he wasted.

For a period of time, Lei Feng had undertaken transport tasks everywhere. However, his membership credentials were temporarily transferred to the construction site branch. He only had to participate in the organizational life of the construction site branch, but when he returned to the company for the party days, he would participate in the activities of the party on his own initiative. Once, the leader of the construction site gave him three days, during which he should maintain his own vehicle on Friday and Saturday and then take a break on Sunday. Returning to the company, Lei Feng adjusted his time schedule in order to participate in the party day on Saturday and do the vehicle maintenance on Sunday. His comrades were concerned about him and tried to persuade him to take a break, "How tired and dirty you are now! Have a bath and rest."

Lei Feng replied with a smile, "Wouldn't it be better to take a bath of political thought on the party day?"

In his daily life, he also conscientiously carried out his duties as a party member and placed strict demands on himself.

For a time, Lei Feng often went out to give lectures to his comrades in the army, offices and schools. No matter how long the time was and how far the journey was, he always paid his party dues on time every month. Once when he was in Jilin province to give lectures, he went to the post office in his spare time to send a letter to the party branch of his company:

"At the end of this month, I may go away so the party fee will not be mailed. In case I cannot return in time, please withdraw my allowance for this month and to make sure my party dues are paid."

According to regulations, Lei Feng only had to pay five cents a month, but he always paid thirty or fifty cents. Every time he paid his party dues, he selected the newest notes, causing some comrades to laugh at him,

"You are so old-womanish. As long as it is money, the old one has no difference with the new one."

But Lei Feng said earnestly, "They are not just ordinary cents but a display of the party spirit of a communist."

Lei Feng loved the party organization as much as he cherished his own eyes. He often put forward suggestions to the party organization according to the actual situation of his work and his own views.

Once when doing work, some party members violated the discipline code. Lei Feng criticized them immediately. However, considering they had done harm to the party's prestige among the public, on the evening of his return from the mission, after reporting the situation to the party branch secretary, he said slowly, "Secretary, I have a suggestion for the party."

"If you have a suggestion, just say it! Comrades' suggestions are very welcome for the party," the secretary said with a smile.

Lei Feng looked at the secretary's friendly smiling face and said earnestly, "Given that members of our transport company often scatter on duty, the party branch should especially strengthen political and ideological work, and give full play to the exemplary role of party members."

"Comrade Lei Feng, you have come to the heart of the matter! The party branch is going to study it further! What should we do in your opinion?" the secretary asked, further seeking his counsel.

Lei Feng thought for a moment. Then gesturing with his hand, he put forward three points excitedly,

"First, to play the exemplary role of party members, it would be best to start with the party lecture education, which should be included in the branch's monthly plan. Second, improve the following system of branch members. Third, the branch should effectively arrange the staff who take on the main responsibility of ideological work to make sure that the work can be carried out wherever people and vehicles go."

The secretary nodded approvingly and said, "These suggestions are very meaningful. I will certainly submit them to the branch committee for discussion."

So, in light of the troops scattering on duty and the difficulties caused, the branch committee carefully studied Lei Feng's suggestions and formulated a practical measure. Lei Feng, for his part, was praised for his high level of responsibility in connection to the cause of the party.

Translated by Wu Wenjiao under the guidance of Liu Bai

雷锋故事翻译集

Partie II
Histoires de Lei Feng

L'enfance misérable de Lei Feng

Lei Feng est né le 18 décembre 1940, soit le 20 novembre de l'année Gengchen[①]du calendrier lunaire, d'où vient son nom de lait Gengyazi[②]. Il a été nommé plus tard Lei Zhengxing, et puis, renommé Lei Feng. Les ancêtres de Lei Feng vivaient dans une plaine parmi les collines appelées Jianjiatang, dans le canton d'Anqing, comté de Wangcheng, province du Hunan. Adossées à la colline, à la périphérie du canton, il y avait trois maisons au toit de chaume, dans lesquelles le propriétaire (dont le nom de famille était Tang à l'origine) abritait les ouvriers à long terme. Voilà la résidence de trois générations de la famille de Lei Feng. N'ayant guère été entretenus au cours des dernières années, les toits étaient en lambeaux et les murs effondrés étaient soutenus par quelques troncs d'arbres morts.

Au sud de Jianjiatang Chongkou (une plaine entre collines), il y a une route est-ouest appelée Changning Road, à côté de laquelle se trouve un petit village appelé Qiaotoupu. Depuis ce village, continuez vers l'est le long de l'autoroute sur 30 miles et traversez le fleuve Xiangjiang, c'est la ville de Changsha, le chef-lieu de la province du Hunan.

Lorsque Lei Feng est né, les envahisseurs japonais ravageaient la patrie. Les trois générations de la famille de Lei Feng souffraient de l'oppression impitoyable et de la cruelle persécution des trois principaux ennemis de classe, à savoir l'impérialisme, le féodalisme et le capitalisme bureaucratique.

Lei Xinting, le grand-père de Lei Feng, a travaillé pour le propriétaire toute sa vie.

---

① L'année Gengchen est liée aux tiges célestes et aux branches terrestres.
② « Yazi » est le dialecte du Hunan, se référant particulièrement aux garçons.

En fin de compte, il a été irrité à mort par son propriétaire qui lui forçait à rembourser le loyer et les dettes.

  Lei Mingliang, le père de Lei Feng, était autrefois capitaine de lance pendant la Révolution Nationaliste de Chine. Il était plein d'espoirs de renverser les puissances impériales et se débarrasser des seigneurs de la guerre afin que les travailleurs puissent vivre une vie heureuse. Cependant, Tchang Kaï-chek a trahi la révolution. Il a lancé « le coup d'État contre-révolutionnaire du 12 avril » et mené une purge et un massacre à grande échelle des communistes, entraînant l'échec de la Révolution Nationaliste de Chine. Ne pouvant plus subsister à la campagne, Lei Mingliang était obligé de déménager à Changsha et de gagner sa vie comme porteur pour une épicerie appelée Renhefu. En 1938, l'armée japonaise a envahi Changsha et les autorités du Kuomintang se sont retirées. Prises de panique, elles ont brûlé Changsha, provoquant ainsi le terrible incendie de Wenxi. Lei Mingliang n'était pas résigné à rester à Changsha comme « collaborateur » des envahisseurs japonais. Lorsqu'il essayait de s'enfuir de Changsha, il a été battu par des déserteurs de l'armée du Kuomintang, et cette violence l'a laissé malade d'anxiété et de colère. Il est retourné dans sa ville natale avec des blessures et a loué environ 8 acres de terre au propriétaire de la famille de Tang, soutenant à peine sa famille de cinq personnes. En 1944, le petit village de Qiaotoupu a stationné également l'armée collaborationniste chinoise. Une nuit, Lei Mingliang et ses camarades villageois ont transporté du grain dans les montagnes afin de se prémunir contre le pillage par l'armée collaborationniste chinoise, mais ont été découverts en cours de route. Après l'enlèvement de sa nourriture, Lei Mingliang a été violemment battu et s'est évanoui sur place. Lorsque l'armée collaborationniste chinoise est partie, la mère de Lei Feng et les autres villageois se sont précipités sur le lieu. Au bout d'un moment, Lei Mingliang a repris conscience. Cependant, à partir de ce moment-là, il a été affligé d'un état qui se détériorait et vomissait souvent du sang. Au printemps 1945, sans recevoir de soins médicaux par manque d'argent, Lei Mingliang est décédé, avec ces derniers mots : « Ne craignez pas ces malfaiteurs, luttez pour survivre et souvenez-vous : vengeance ! »

  Après la mort du père de Lei Feng, cette famille a perdu tout soutien. Lei Zhengde, le frère aîné de Lei Feng, a commencé à travailler dans une usine de machines à l'âge de 12 ans. Étant faible et fragile, cet enfant n'a pas pu supporter le travail épuisant, en plus du manque de nourriture et de vêtements. Il a rapidement attrapé la tuberculose. Un jour, alors qu'il travaillait, il s'est évanoui à côté d'une machine qui lui a écrasé le bras et s'est cassé un doigt. Le capitaliste a non seulement refusé de lui donner des soins médicaux, mais il l'a aussi renvoyé, parce que Lei Zhengde était handicapé et ne pouvait plus travailler. Afin de gagner la vie, il est allé travailler dans une usine d'impression et de teinture à Yingwanzhen. Cependant, sa maladie s'est aggravée de jour en jour. L'année suivant la mort de son père, il est également mort avec rancœur.

La mère de Lei Feng pleurait amèrement la perte de son mari et celle de son fils aîné. La vie de cette famille devenait plus difficile. Peu après, Jinman, le frère cadet de Lei Feng, est mort de maladie de faim dans les bras de sa mère.

La mère de Lei Feng, dont le nom de famille était Zhang, était la fille d'un forgeron. En raison des difficultés de la vie familiale, elle a été envoyée dans un orphelinat à Changsha après sa naissance. Une femme, dont le nom de famille était Yang, a ramené la mère de Lei Feng chez elle et l'a élevée jusqu'à l'âge de cinq ou six ans, avant de la donner à la famille de Lei en tant qu'enfant mariée. Après avoir épousé Lei Mingliang, elle a commencé à s'occuper de la vie familiale. Elle travaillait pour des capitalistes, emmenait des enfants mendier de la nourriture loin de chez elle et travaillait comme domestique chez un propriétaire. Des années de souffrance l'ont forgé endurante, forte et peu disposée à céder. Après la mort de son mari et de ses fils aîné et cadet, la mère de Lei Feng n'a toujours pas perdu l'espoir de vie. Elle était déterminée à élever Lei Feng, le seul enfant de la famille de Lei, même si elle devait mendier de la nourriture ou servir d'esclave aux propriétaires. Dans la première moitié de 1947, après avoir été une ouvrière dans la maison de Tang Siguzi, elle est rentrée chez elle et est soudainement devenue déprimée. Elle versait souvent des larmes ou courait sur la tombe de son mari décédé pour pleurer amèrement. C'était l'expression de sa détresse intérieure et son accusation contre la société ancienne et méchante. Mais, à quoi bon pleurer ? Son mari mort n'a pas pu répondre et offrir de l'aide ; l'herbe sur la tombe et les arbres dans les montagnes ne pouvaient pas exprimer leur sympathie pour cette femme triste.

Un soir d'août 1947, la mère de Lei Feng revint de l'extérieur, s'assit sur le lit et pleura. Lorsque Lei Feng revint et vit sa mère pleurer, il se jeta dans les bras de sa mère, se serra contre sa mère et dit :

« Maman, ma chère maman ! Ne sois pas triste. Je serai un bon garçon. Et je vais bientôt grandir. Je pourrai cultiver, travailler, et je te soutiendrai. »

Lei Feng était un enfant sensé. Il pensait que sa mère était triste des difficultés de sa vie.

Mais les mots de consolation de Lei Feng rendirent sa mère encore plus triste. Ses larmes coulaient sur le visage et le corps de Lei Feng comme des perles brisées. Elle serra son jeune fils dans ses bras et dit : « Mon enfant ! Tu es si jeune et tu ne comprends pas la misère du monde. Comment peux-tu vivre sans moi ? »

Le petit Lei Feng ne comprenait pas complètement le sens des paroles de sa mère. Il leva la tête, regarda le visage en larmes de sa mère et dit : « Maman ! Ne pleure pas. Je t'écouterai et je ne te quitterai pas ! »

Avec des yeux vides, la mère de Lei Feng regarda son fils de la tête aux pieds. Et puis, elle dit avec un long soupir : « Mon enfant ! Regarde à quel point tes petites mains et ton visage sont sales. Viens, laisse-moi te laver. »

La mère de Lei Feng alla chercher une bassine d'eau propre et lava les mains et le visage de Lei Feng. Puis, elle tira Lei Feng à ses côtés, tint sa petite main fermement et dit :

« Mon enfant ! Mon pauvre enfant ! J'espère que tu te rappelleras comment vos proches sont morts après que vous ayez grandi. »

Comment ses proches sont-ils morts ? Pourquoi maman a-t-elle encore évoqué ce triste passé ? Lei Feng se tenait à côté de sa mère dans un état second, et après une longue période d'étourdissement, il retint ses larmes et dit en baissant la tête avec une profonde tristesse :

« Maman, je me souviens de la mort de mon père et de mes frères. »

Les grosses larmes de la mère de Lei Feng coulèrent à nouveau. Elle caressa son fils. Elle ne pouvait pas supporter de se suicider en laissant son fils qui avait moins de 7 ans, le laissant sans défense, pour éprouver les difficultés du monde. Elle voulait lutter pour survivre et élever Lei Feng jusqu'à l'âge adulte. Néanmoins, elle ne pouvait pas supporter les insultes des propriétaires, de la noblesse et des méchants dans l'ancienne société où se trouvaient beaucoup de commérages envers les veuves. Le ridicule des forces anciennes du clan féodal la rendait encore plus triste. Cette réalité impitoyable la força à n'avoir aucun moyen de s'en débarrasser. Elle se tourmenta jour et nuit, et finalement prit la décision de mettre fin à sa vie. Alors elle enleva son manteau, le mit sur Lei Feng et dit : « Mon enfant ! Mets mon manteau et évite les piqûres de moustiques. À partir de maintenant, je ne t'accompagnerai plus. »

« Maman ? » Lei Feng regarda sa mère avec confusion.

La mère de Lei Feng trouva une excuse pour le laisser à l'un de ses proches. Puis elle rentra chez elle et se pendit.

La mort de la mère de Lei Feng était une accusation d'avoir été maltraitée par les propriétaires et les méchants. C'était aussi une rébellion contre l'ancienne société et les forces perverses du féodalisme.

Lorsque Lei Feng courut à la maison, il vit sa mère pendue à la poutre de la maison. Il pleura et se précipita, serrant fermement les jambes de sa mère.

« Maman ! Maman ! »

Cependant, la mère de Lei Feng ne pouvait plus entendre l'appel de son fils et elle ne pouvait plus s'occuper de son propre enfant.

À l'âge de 7 ans, Lei Feng ne comprenait pas ce qu'était à l'époque l'exploitation de classe, ni l'oppression nationale. Cependant, il avait été témoin de la mort de son père, de sa mère et de ses frères, et l'avait gravée dans son cœur.

Traduit par FEI Qiaorong

⟪⟪⟪⟪⟪ En attendant la libération

En moins de cinq ans, Lei Feng perdit cinq membres de la famille à cause de la vieille société maléfique. Il devint alors orphelin dès l'âge de sept ans.

« N'oublie jamais comment tes proches sont morts ! » lui dit sa mère avant de mourir.

Dès ce moment-là, s'infusa dans son cœur une haine envers les propriétaires fonciers, les traîtres, les espions, ainsi que les oppresseurs et les exploiteurs. En même temps, dans la vie pleine de difficultés, il commença à comprendre l'amitié parmi les pauvres et les miséreux.

Après la mort de sa mère, la tante de son père l'adopta en lui donnant de la nourriture et des vêtements. Cette femme, que Lei Feng appelait « grand-mère », s'occupa de lui comme si elle était sa propre mère. Cependant, le petit Lei savait qu'elle était également appauvrie et qu'il ne voulait pas alourdir ses charges. En tant que garçon positif et travailleur, Lei s'efforçait d'aider la famille à joindre les deux bouts par ramasser des herbes aux cochons avec un panier usé, ou par couper du bois de chauffage en attachant une corde autour de sa taille et avec une serpe à la main. Il faisait tout cela secrètement sans en informer sa grand-mère. Malheureusement, à cette époque-là, toutes les montagnes étaient occupées par des propriétaires terriens qui interdisaient toutes les ressources aux pauvres. Mais il fallait que les pauvres vivent ! N'ayant pas peur des gens méchants, le petit Lei essaya par tous les moyens de couper du bois dans ces montagnes.

Une fois, alors que Lei Feng coupait du bois de chauffage sur la montagne Serpentine à l'est du village, la femme du propriétaire Xu le prit, pointa du doigt le petit Lei, fulmina d'une voix vicieuse : « Petit imbécile, comment oses-tu couper du bois sur ma montagne ! » Avec ces mots, elle lui arracha le bois et s'empara de sa serpe. Lei se précipita vers l'avant, résista avec toute son énergie. La femme vicieuse du propriétaire, malmena le corps jeune et faible de Lei. Elle saisit sa petite main, leva la serpe et lui asséna trois coups sur la main gauche. Enfin, elle jeta la lame dans l'étang de Jane.

Le petit Lei retint sa douleur et ses larmes. Couvrant de sa main les blessures sanglantes, il regarda la propriétaire avec haine, et la percuta de toutes ses forces. La faisant tomber par terre, il s'enfuit en se jurant : « Un jour, je me vengerai ! »

N'ayant pas réussi à couper du bois, sa serpe ayant été arrachée par la propriétaire, le petit Lei était triste, il craignait également que cette femme vicieuse ne cause des ennuis à sa grand-mère. En raison de cela, il n'osa pas rentrer chez sa grand-mère, mais s'enfonça dans la forêt profonde de Niujiaowan. Le jour, il cueillait des fruits sauvages pour se nourrir ; la nuit, il dormait dans un temple délabré. Ainsi vécut-il une vie difficile.

N'ayant pas retrouvé le petit Lei à la tombée de la nuit, sa grand-mère était inquiète, elle le chercha partout, et demanda à son fils ainsi qu'à ses voisins de l'aider, mais en vain. La femme du propriétaire Xu entendit parler de cet incident et craignit d'être impliquée dans la disparition du petit Lei, elle n'osa plus chercher des problèmes.

Peng Demao, vieil ami du père de Lei Feng et membre clandestin du Parti communiste à An Qing, entendit la nouvelle. Il estima qu'il était de son devoir d'aider ce pauvre enfant. Après avoir appris que Lei Feng se trouvait dans les forêts profondes de Niujiaowan, il décida de le retrouver en personne.

Dans le temple miteux de Niujiaowan, Peng trouva le pauvre enfant. Il lui caressa doucement la tête et vérifia les cicatrices sur le dos de sa main. Puis, il dit gentiment comme un père :

« Mon fils, rentre avec moi ! J'ai entendu dire que l'Armée populaire de libération (APL) est sur le point de traverser le fleuve Yangtzé. Il est temps pour nous, les pauvres, de prendre notre destin en main. »

Surpris et heureux, le petit Lei regarda Peng, les yeux grands ouverts. Auparavant, il eut entendu dire que l'Armée rouge, dirigée par le Parti communiste et le président Mao, fut une équipe chargée de libérer les pauvres. Il sauta de joie et demanda :

« L'APL est-elle l'Armée rouge ? Elle arrive ?! C'est génial ! »

« Oncle Peng, c'est vrai ? L'APL arrive ? Dites-moi, quand notre misère prendra fin ? » supplia le petit Lei en plongeant dans les bras de Peng.

Peng caressa de nouveau la tête du petit Lei :

« C'est vrai, mon garçon ! Les temps difficiles touchent à leur fin. Rentre avec moi ! »

Peng Demao ramena le petit Lei à la maison, lui donna des vêtements propres et le traitait comme son propre fils.

Quelques jours plus tard, Peng fit venir Lei à ses côtés, et lui dit :

« L'APL est sur le point d'arriver, nous devons faire quelques choses pour la libération. Nous ne pouvons pas simplement attendre, n'est-ce pas ? »

Étant un garçon intelligent, le petit Lei comprit tout de suite. Il répondit joyeusement :

« Peng, que pourrais-je faire pour accueillir l'APL ? Dites-moi ! »

Percevant le potentiel du petit Lei, Peng décida de le former en lui donnant des tâches qu'il pouvait accomplir. Alors il lui chuchota : « Quand le soleil se couche, attends sous le grand arbre à l'est de la ville de Yingwan. Deux hommes portant des palanches te chercheront. Fais ce qu'ils te demandent. »

Au coucher de soleil, le petit Lei suivit les instructions de Peng et alla attendre sous le grand arbre à l'est de la ville de Yingwan. Un instant plus tard, deux hommes arrivèrent. L'homme à l'avant regarda le petit garçon de haut en bas, puis lui demanda :

« C'est Peng qui t'a envoyé ? »

Lei hocha la tête : « Oui ! »

L'homme derrière déposa les charges, observa la rue pendant quelques minutes. En ces jours de bouleversements provoqués par la guerre, la rue était déjà désertée avant le coucher de soleil.

Les deux hommes chuchotèrent l'un à l'autre :

« Commençons tout de suite ! »

L'homme à l'avant sortit rapidement un seau de colle de pâte et un pinceau du panier qu'il transportait. Il entra dans la rue et commença à appliquer de la colle sur les murs.

L'homme derrière prit deux rouleaux de papier rouge et vert avec des slogans écrits dessus, les tendit au petit Lei en lui disant :

« Vas-y ! Suis cet homme-là ! Colle rapidement et fermement ces slogans l'un après l'autre sur là où il a appliqué la colle de pâte. Je reste ici pour monter la garde. »

Le petit Lei prit les slogans, excité et heureux. C'était la première fois qu'il avait l'occasion de faire quelque chose pour la libération. Il suivit rapidement l'homme qui brossait la colle, prit un slogan, le colla fermement sur le mur où de la colle avait été appliquée.

Bientôt, ils accomplirent leur tâche avec succès. Ils quittèrent rapidement la ville de Yingwan, et rentrèrent chez eux.

Lorsque Lei retourna chez lui, Peng le félicita :

« Bravo ! Mon petit ! Tu as bien fait ton travail ! »

En réalité, les slogans affichés cette fois-ci avaient pour but d'accueillir chaleureusement l'APL qui s'efforcerait dans le sud-ouest de la Chine. Les slogans étaient comme suit : « Vive le Parti communiste chinois ! », « Vive le président Mao ! », « Pas de nouvelle Chine sans le Parti communiste ! », « Unissons-nous ! Prolétaires du monde ! », « Abattre Chiang Kai-Shek, libérer toute la Chine ! » etc.

Ces slogans montrèrent le désir sincère des organisations clandestines pour l'arrivée de l'APL.

Quelques jours plus tard, Lei Feng retourna chez sa grand-mère. Ce matin-là, lorsqu'il se leva et s'apprêta à aller couper du bois dans la montagne, il entendit des cris au loin. « Que se passe-t-il ? » Sans réfléchir, il courut aussi vite qu'une bourrasque jusqu'à une haute pente du village. Il vit les troupes de Jiang stationnées dans la région allant de Qiaotou Pu à Huanghuatang, fuir précipitamment en désordre vers l'ouest le long de la route, traînant leurs fusils et leurs chevaux, avec des objets pillés sur leurs épaules.

Lei Feng les regarda avec surprise.

« Des jours avant, ils se sont échappés de Changsha et ils ont proclamé de défendre l'ouest de la rivière de Xiang en livrant un combat à mort contre le Parti communiste. Pourquoi s'enfuient-ils aujourd'hui dans la panique, sans tirer un seul coup de feu ? Est-ce que l'APL arrive ? Mais pourquoi n'avons-nous pas entendu des coups de feu ? »

Sous un grand arbre près du village, un groupe de villageois étaient en train de lire une annonce affichée sur le tronc, au bas de laquelle un grand cachet rouge. Cette annonce devait être apposée pendant la nuit. Lorsque Lei Feng s'apprêta d'avancer pour s'informer ce qui se passait, il aperçut que le pseudo chef de canton s'approchait, deux propriétaires en robe longue derrière lui. Certains gens voulurent les éviter, tandis qu'un homme barbu dit dédaigneusement :« Même ceux qui sont armés ont fui, alors pourquoi devrions-nous avoir peur de lui ? »

Il eut raison. Le pseudo chef de canton, qui avait été toujours rude et tyrannique, salua ce jour-là les villageois en faisant des courbettes.

Dès qu'ils partirent, l'homme barbu cracha sur leurs dos distants, dit en riant :

« Bah ! Ils sont déjà des sauterelles en automne, incapables de sauter ! »

A ce moment-là, Lei Feng se précipita, demanda en indiquant l'affiche : « Monsieur Zhou, que dit-il, cet avis ? »

« C'est un bulletin publié par le Parti communiste et l'APL ! »

Le Parti communiste ! L'APL ! Le petit Lei était bien excité. Monsieur Peng avait dit depuis longtemps que l'APL arriverait et que les pauvres se relèveraient et mèneraient une vie heureuse.

« C'est vrai ? Le Parti communiste et l'APL vont arriver ?! » demanda le petit Lei avec impatience.

« Oui ! Ils vont bientôt arriver ! » une voix répondit.

« Donc, pour l'instant, ils ne sont pas encore arrivés. Mais pourquoi toutes ces troupes se sont-elles enfuies ? » demanda le petit Lei en désignant les soldats du Kuomintang qui avaient perdu la raison.

« C'est parce que les annonces passent en premier, alors ils sont tous effrayés. »

« Eh bien, comme le Parti communiste chinois est génial ! Avant leur arrivée, quelques simples annonces peuvent faire fuir tant d'hommes armés en jaune, et même ces propriétaires en robe longue ne sont plus arrogants ! »

Le petit Lei fredonna joyeusement une chanson folklorique et se dirigea vers la Montagne Serpentine. En route, il vit plusieurs annonces et slogans semblables à ceux qu'il avait affichés l'autre soir dans la ville de Yingwan. Il s'arrêta et regarda ces affiches et ces slogans. Il se demanda en clignant des yeux :

« L'APL n'est pas encore arrivée, alors qui a fait les affiches ? »

Plongé dans sa méditation, Lei entendit soudain quelqu'un parler derrière lui. Il se retourna et vit messieurs Peng et Zhou approcher. Lei saisit la main de Peng et demanda : « Pourquoi ces avis ont-ils été affichés avant l'arrivée du Parti communiste ? »

Les deux hommes rirent de bon cœur. Zhou répondit : « Qui t'a dit qu'ils ne sont pas venus ? »

Monsieur Peng tapota l'épaule de Lei : « L'APL est déjà arrivée ! Nous, les pauvres, nous allons mener une vie meilleure ! »

« Ils sont déjà venus ? » demanda le petit Lei.

« Oui, la nuit dernière, ils sont entrés dans la ville de Changsha. Demain ou après-demain, ils vont traverser la rivière pour nous rejoindre. Prépare-toi à accueillir l'APL ! »

« Préparons-nous à accueillir l'APL ! » Le petit Lei sauta en l'air avec une joie débordante. Il se précipita sur le flanc de la colline, d'où il regarda vers l'est. « A l'autre côté de la montagne, la ville de Changsha est déjà libérée, et l'APL va bientôt arriver à Jianjiatang. Une fois qu'ils arrivent, il fera jour. La nuit immense et les temps de misères toucheront à leur fin ! Le Parti communiste et l'APL, s'il vous plaît, venez vite ! » pensa le petit Lei. Comme il espérait que l'APL viendrait bientôt !

Traduit par CAO Xue

«‹‹‹‹‹ Levez-vous et soyez maître de votre propre destin

Le 1ᵉʳ octobre 1949, le président Mao Zedong, debout à la tribune de la place Tian'anmen, a solennellement déclaré au monde entier :

« Aujourd'hui, la République populaire de Chine et le Gouvernement populaire central sont fondés. »

À cette occasion où tout le peuple chinois le célébrait et s'en réjouissait, plein de fierté, agitant une lance à gland rouge, le petit Lei Feng, dirigeait le régiment d'enfants pour se préparer activement aux nouveaux combats.

D'humeur joyeuse, le petit Lei Feng a célébré la première fête du printemps après la victoire de la révolution en 1950. Avec l'avènement du premier printemps après l'émancipation du peuple chinois, les groupes de travail sur la réforme agraire sont entrés dans les zones rurales. Dès leur arrivée, ils ont rendu visite aux pauvres et se sont enracinés dans les masses pour renforcer leur cohésion. Ils ont mangé, vécu et travaillé avec les paysans pauvres et les ouvriers agricoles, en diffusant largement les politiques rurales du Parti et le programme de la loi de réforme agraire. Les larges masses de paysans pauvres, qui ont éprouvé toutes sortes d'oppressions et d'exploitations de la part des trois grandes montagnes (l'impérialisme, le féodalisme et le capitalisme bureaucratique), ont vu leur souffrance et leur haine de classe accumulées dans leurs cœurs pendant tant d'années jaillir d'un seul coup, comme s'allume un feu de bois sec, se transformant en flammes ardentes en un rien de temps. Lors des séances de plaintes, se plaignant de l'oppression qu'ils avaient subie sous les trois grandes montagnes avec des larmes dans les yeux et une indignation vertueuse, tous les pauvres paysans et les ouvriers agricoles persécutés ont décidé de demander aux riches propriétaires fonciers de

payer leurs dettes sanglantes !

Lei Feng a participé à diverses séances de plaintes, a écouté des histoires familiales pleines de larmes et de sang, et s'est rappelé ses propres souffrances et haines profondes pendant son enfance. Il a alors compris que tous les pauvres du monde étaient les melons amers accrochés sur la même vigne, et que tous les propriétaires fonciers du monde étaient des chacals affamés qui se nourrissaient de la chair et du sang humains.

Au cours des séances de lutte contre les propriétaires fonciers tyranniques, les démons qui s'étaient arrogé des droits sur les paysans pauvres et de la classe moyenne inférieure ont été traduits devant le tribunal historique un par un. Les paysans pauvres et les ouvriers agricoles se précipitaient sur la scène l'un après l'autre pour accuser les propriétaires fonciers et les tyrans de leurs crimes odieux. La flamme de la vengeance a éclaté comme un volcan en éruption.

Lorsque la propriétaire foncière de la vieille famille XU a été conduite sous escorte sur la scène, Lei Feng, en la voyant, s'est immédiatement enflammé de colère. Il s'est précipité sur la scène et, avec sa main blessée, a pointé du doigt le nez de la propriétaire foncière et a crié : « Ce sont les pauvres qui ont cultivé la montagne, ce sont les pauvres qui ont planté les arbres. Pourquoi nous as-tu empêchés de couper juste quelques branches pour faire des fagots dans la montagne ? Pourquoi m'as-tu frappé avec un couteau ?! Aujourd'hui, je dois régler ce compte de sang et de larmes avec toi ! »

Rempli de colère, le petit Lei Feng a versé des larmes en parlant. Il a déversé toute l'amertume qui s'était accumulée dans son cœur depuis des années. Avec sa haine de classe et ses larmes amères, son expérience tragique a suscité la sympathie de tous et a fait ressurgir toute la douleur et la haine de ses frères et sœurs de la même classe devant la scène. Ses paroles ont rendu tout le monde triste et rempli d'indignation vertueuse.

« À bas les propriétaires fonciers despotiques ! » ont-ils crié à plusieurs reprises en levant les bras.

« Les dettes de sang doivent être payées en sang ! » ont-ils affirmé.

Les accusations de tristesse et d'indignation sur la scène et les rugissements tonitruants en bas ont effrayé ces propriétaires fonciers tyranniques, tombant à genoux et tremblant.

Après la première séance de lutte, l'autorité des propriétaires fonciers tyranniques a été renversée. Les larges masses de paysans pauvres et de la classe moyenne inférieure ont levé la tête et le désir de vengeance de Lei Feng a été réalisé.

Au point culminant de la réforme agraire, conformément à l'organisation des groupes de travail sur la réforme agraire, Lei Feng et les membres de son régiment d'enfants ont surveillé jour et nuit les activités des propriétaires fonciers, leur interdisant de parler ou de bouger, ne leur permettant que d'être honnêtes. Lei Feng a également placé des sentinelles aux entrées et sorties des villages afin d'interdire absolument aux riches propriétaires fonciers de s'échapper, de transférer leurs biens ou de mener des actes de sabotage.

Dans une nuit sombre, Lei Feng et quelques membres du régiment d'enfants, armés de lances à gland rouge, ont patrouillé séparément devant et derrière les maisons de chaque village. Arrivés à la montagne de Yangjiawan, ils ont soudain entendu un grincement de la porte arrière de la maison d'un riche propriétaire. Lei Feng a fait un signe de la main et quelques membres vigilants du régiment se sont cachés immédiatement derrière des buissons. Ils se sont couchés sur le sol et ont observé un moment, mais n'ont rien entendu de nouveau. Lorsqu'ils en ont eu assez d'attendre et se sont apprêtés à se lever, ils ont vu une silhouette sombre sortir de la petite porte, regarder furtivement autour de lui pendant un moment et tousser délibérément deux fois. Rien n'a bougé. Il est alors rapidement retourné dans la maison et a pris une valise. Puis la porte s'est refermée avec un grincement. Dans la panique, portant la valise sur son épaule, la silhouette s'est empressée de courir vers le sentier.

À peine avait-il fait quelques pas qu'il a soudain trébuché sur quelque chose et est tombé avec un bruit sourd. Avant qu'il n'ait pu comprendre ce qui se passait, il a vu un faisceau lumineux de la lampe de poche le cibler, et les pointes de plusieurs lances à gland rouge se rapprocher vite de sa poitrine. Il était tellement terrifié qu'il s'est effondré sur le sol et a tremblé.

Lei Feng s'est avancé et l'a interrogé d'un ton sec :

« Chen Sichanzi, que veux-tu faire ? »

« Je... je, je veux sortir visiter mes proches... »

« Sortir visiter tes proches, as-tu demandé un congé ? Pourquoi ne pas y aller pendant la journée ? Pourquoi ne pas prendre la route principale ? »

Chen Sichanzi a été pris de court par les questions et est resté bouche bée. Mais ce type était rusé. Il s'est calmé et a jeté un coup d'œil autour de lui. Après s'être assuré qu'il n'y avait que quelques enfants, il a pris son courage à deux mains et dit : « C'est ma faute, je ne devrais pas enfreindre l'interdiction de l'association paysanne ! S'il vous plaît, soyez gentils et épargnez-moi cette fois-ci ! »

« Non ! » Lei Feng a fait un pas en avant. « Portez la valise et suivez-moi jusqu'à l'association paysanne ! » a-t-il ordonné.

« Nous sommes tous voisins et avons des liens de sang ou des amis en commun. S'il vous plaît, ayez pitié de moi. Je vous récompenserai généreusement à l'avenir. » Chen Sichanzi a dit en sortant quelques dollars d'argent blanc de sa poche pour les donner à Lei Feng.

Lei Feng a fait tomber l'argent par terre d'un coup de main et a crié d'une voix forte : « Tout cela est gagné par du sang et de la sueur des paysans exploités. Ramassez-le vite et remettez-le à l'association paysanne ! »

Voyant que Lei Feng n'était ni tenté par la carotte ni intimidé par le bâton, il a profité d'un moment d'inattention de tout le monde pour s'enfuir à grandes enjambées en prenant sa valise. Mais il n'a pas fait plus de quelques pas avant que quelques lances à gland rouge ne surgissent des buissons, bloquant son chemin.

Chen Sichanzi, observant cette situation, a su qu'il ne pouvait pas s'échapper. Comme un ballon dégonflé, il a dû obéir et laisser les membres du régiment d'enfants l'escorter à l'association paysanne.

Après l'interrogatoire de l'association paysanne, il a confessé son crime d'avoir transféré ses biens à des membres de sa famille habitant à Huangniling.

L'arbre de fer millénaire a fleuri, et les terres des pauvres sont retournées entre leurs propres mains. Ce jour-là, avec une grande joie, tous les paysans pauvres et de la classe moyenne inférieure se sont rassemblés dans la grande place devant l'association paysanne du village. Sur le mur était affichée une grande liste rouge, densément écrite avec les noms des chefs de famille, les variétés et quantités de terres, de maisons, de bœufs, d'outils agricoles, de grains et d'autres objets qui devaient être distribués. Les gens se pressaient autour de la liste et en discutaient avec enthousiasme.

Lei Feng était orphelin, donc, l'association paysanne a particulièrement pris soin de lui en lui attribuant deux fois plus de terres, une maison, des vêtements et des nécessités quotidiennes, entre autres choses.

Lei Feng, comme tous les paysans pauvres, a eu pour la première fois sa propre terre et son logement. Il était libéré ! Cela le rendait fier d'être réellement le maître de la nouvelle société.

Traduit par YANG Yi

«‹‹‹‹‹ Un excellent jeune pionnier

En été 1950, à l'âge de 10 ans, Lei Feng s'est habillé de vêtements neufs, a pris son nouveau sac à dos et est allé à l'école d'un pas léger.

Dans l'ancienne société, il ne pouvait qu'envier les enfants de la famille des propriétaires fonciers qui allaient à l'école, tandis qu'il n'avait que la tâche de couper du bois et de garder le bétail. Mais à ce moment-là, il pouvait lui-même fièrement aller à l'école. Qu'il était heureux !

Le premier jour d'école, l'école lui a remis deux livres et un cahier. Il n'avait pas d'argent pour payer les frais de scolarité et de livres. L'enseignant a dit : « Tu es un orphelin, exempté des frais de scolarité. »

Lorsqu'il a ouvert la première page de son nouveau livre, le visage bienveillant du président Mao est apparu devant lui. Il a pris soigneusement son nouveau livre dans ses mains, et son cœur était agité depuis longtemps. Il a silencieusement pris la résolution suivante :

« Je vais faire de mon mieux pour apprendre des connaissances et des compétences afin de pouvoir défendre et construire notre nouveau pays quand je serai grand. »

Les paroles de la capitaine sans nom ont germé dans le cœur de jeune Lei Feng comme une graine.

Lorsque Lei Feng a commencé à apprendre et à écrire, il a utilisé le stylo qu'il avait reçu du capitaine. Il a écrit sérieusement « Vive le président Mao ! » sur son cahier d'exercices. Il l'a écrit encore et encore jusqu'à ce qu'il devienne compétent pour écrire ces mots. Puis, il a écrit « Vive le Parti communiste chinois ! » et ensuite « Vive la République populaire de Chine ! ».

À cette époque, ces trois slogans étaient souvent criés par les Chinois et se trouvaient au début des manuels de langue chinoise. Mais lorsque Lei Feng a sérieusement écrit ces trois slogans, il a pleinement montré son amour infini pour le parti et la patrie.

Lei Feng étudiait très dur. Quand il était à l'école primaire de Shangchemiao, il venait à l'école tôt chaque matin, puis nettoyait les bureaux, les chaises et le tableau noir dans la salle de classe. Après avoir terminé ces tâches, il s'asseyait pour lire ou écrire. Qu'il vente ou qu'il pleuve, il n'était jamais en retard ni absent. Il prêtait une attention particulière à chaque cours et faisait de son mieux pour résoudre chaque question. Ses devoirs étaient écrits proprement et terminés à temps, conformément aux instructions et aux exigences de l'enseignant. Il chérissait tellement son temps d'apprentissage que lorsqu'il coupait du bois ou cultivait la terre, il portait toujours des livres dans sa poche pour pouvoir les lire pendant les pauses.

Comme Lei Feng étudiait dur, il a obtenu d'excellents résultats dans toutes les matières, mais il n'était jamais satisfait. Un jour après la classe, Lei Feng était toujours assis, réfléchissant à la copie d'examen rendue. Ses camarades de classe pensaient qu'il avait mal travaillé, l'un d'entre eux a pris sa copie et l'a regardé, et il s'est exclamé : « Eh bien ! Tu as obtenu plus de 90 points et tu n'es pas satisfait ? »

Un autre camarade de classe a regardé la copie et a dit : « Je pensais que tu aurais fait beaucoup d'erreurs ! Mais tu n'as fait qu'une petite erreur. Quel est le problème ? »

Lei Feng a dit : « Je ne peux pas me pardonner pour avoir fait une petite erreur, si je ne tire pas les leçons de mes erreurs, je ne pourrai pas m'améliorer à l'avenir ! » Alors, il s'est assis et réfléchissait longuement, il a insisté pour répondre correctement à la question et l'a renvoyée à l'enseignant pour la vérifier. L'enseignant était très heureux et l'a félicité pour son attitude sérieuse envers ses études.

Lei Feng a sérieusement réfléchi sur lui-même et a déclaré : « Maître, je n'ai pas étudié assez sérieusement par le passé, donc j'ai commis une erreur à l'examen. Je vais corriger cela sérieusement à l'avenir. »

Après avoir passé quatre années à l'école primaire, Lei Feng a été admis à l'école primaire de Qingshuitang. À ce moment-là, le Comité de la Ligue de la jeunesse communiste chinoise expérimentait la mise en place des Jeunes Pionniers de Chine dans cette école. Ils ont sélectionné des élèves excellents et les ont développés en tant que premiers « pionniers des semences » de l'école.

Toute l'école était immédiatement en ébullition. Le Comité de la Ligue de la Jeunesse du District a envoyé continuellement des personnes à l'école pour coopérer avec les enseignants. Ils ont expliqué la signification de la fondation des Jeunes Pionniers, l'origine du drapeau de l'équipe et du foulard rouge, les conditions pour être un jeune pionnier, ont raconté des histoires de héros révolutionnaires. Ils ont appelé chaque élève à s'efforcer de devenir un jeune pionnier par leurs actions concrètes.

Lei Feng a posé sa candidature pour rejoindre les Jeunes Pionniers et est devenu le premier à être approuvé dans son école. À l'assemblée où s'est déroulée la cérémonie de fondation des Jeunes Pionniers et de prestation de serment, lorsque le conseiller a mis le foulard rouge autour du cou de Lei Feng, son cœur battait fort d'excitation. Il a caressé le foulard rouge avec excitation et a dit : « Je dois devenir un bon jeune pionnier qui peut rendre le foulard rouge plus brillant avec des actions pratiques ! »

Après avoir rejoint l'équipe, il portait son écharpe rouge à l'école tous les jours et la mettait soigneusement pliée dans son cartable lorsqu'il rentrait à la maison le soir. Le foulard rouge qu'il portait était toujours propre, sans jamais prendre la moindre poussière. Il disait souvent à ses amis :

« Le foulard rouge est le symbole de nos jeunes pionniers, nous devons en prendre soin ! »

En portant son foulard rouge, Lei Feng a activement aidé l'école à recruter de nouveaux membres pour l'équipe, a participé avec enthousiasme à la propagande et aux activités culturelles et sportives. De plus, il a exemplairement respecté les règles de l'équipe et s'est conformé à la discipline. Quelle que soit la tâche confiée par Jeunes Pionniers, il trouvait toujours le moyen de l'accomplir avec brio. Il a été loué et récompensé plusieurs fois par l'organisation des Jeunes Pionniers et a été élu membre de l'escadron des Jeunes Pionniers.

L'année suivante, Lei Feng a été transféré à l'école primaire de Heyeba près de chez lui. La nouvelle école n'avait pas encore mis en place les Jeunes Pionniers, alors Lei Feng a pris une part active à sa fondation. Il a expliqué patiemment aux camarades les règles de l'équipe, et comment être un excellent jeune pionnier, ainsi que l'histoire de

Liu Hulan pour les inspirer à rejoindre les Jeunes Pionniers.

Après la fondation de l'organisation des Jeunes Pionniers, il a pris l'initiative d'aider le conseiller à organiser diverses activités significatives pour les membres. Par exemple, ils ont visité le Pavillon Aiwan, lieu commémoratif des premières activités révolutionnaires du président Mao ; ils ont organisé des groupes de lecture parascolaires ; ils ont participé à des travaux bénévoles ; ils ont mené des entraînements physiques militaires ; ils ont propagé la situation politique dans les villages voisins, et ainsi de suite. De plus, chaque fois que ces activités ont été menées, il était toujours un membre clé de l'équipe.

Au printemps de 1955, le mouvement de coopération agricole a été mis en œuvre dans tout le pays. Lei Feng devait aller à l'école, il demandait à quelqu'un d'autre de cultiver les terres de 1600 mètres carrés qui lui avaient été assignées. Conscient de cet inconvénient à l'avance, il a répondu positivement à l'appel à la collectivisation agricole. Il a soumis une demande soigneusement écrite pour rejoindre la coopérative agricole et il a retrouvé son précieux certificat de gestion des terres pour les terres de 1600 mètres carrés, et en les remettant à la coopérative. Certaines personnes « bien intentionnées » ont même conseillé à Lei Feng : « Tu as obtenu une double part de terres tout seul, ne serais-tu pas perdant en adhérant à la coopérative ? »

Mais Lei Feng leur a répondu fermement : « Le Parti communiste m'a assigné cette terre, donc je suis déterminé à écouter le Parti communiste et à suivre la voie de la coopération. »

Sous la formation du Parti, Lei Feng a progressivement approfondi sa compréhension de sa propre vie difficile pendant son enfance. Il a développé une attitude de classe claire quant à ce qu'il fallait haïr et aimer, traitant ses frères et sœurs de classe aussi chaleureusement que la brise de printemps, et traitant ses ennemis de classe par une lutte courageuse et ne soyez jamais miséricordieux.

Une fois, Hu, une camarade de Lei Feng, est tombée malade, alors Lei Feng a utilisé son temps libre pour aller chez elle et l'aider à rattraper son retard scolaire. Voyant que la famille de Hu manquait de main-d'œuvre pour les travaux ménagers, Lei Feng l'a aidée avec enthousiasme à porter de l'eau et à couper les plantes qui seraient mangées par leurs cochons. Hu et sa mère étaient très reconnaissantes et remerciaient constamment Lei

Feng. Mais Lei Feng a répondu : « De rien ! Nous sommes camarades de classe, nous devons nous soucier, nous aimer et nous aider mutuellement. De plus, je suis un jeune pionnier et je devrais le faire encore plus. »

Un jour, Lei Feng a remarqué que son camarade de classe Zhu n'écoutait pas attentivement en classe et avait fait ses devoirs négligemment avec une écriture tordue. Lei Feng l'a conseillé : « Tu devrais écouter attentivement en classe, faire tes devoirs avec soin et écrire des caractères clairs et nets. » Mais Zhu n'a pas accordé d'importance à ces conseils, donc il ne faisait pas beaucoup de progrès.

Une fois, Lei Feng a pris secrètement le cahier d'exercices de Zhu. Lei Feng a couvert les caractères tordus avec du papier, puis a tracé chaque caractère un par un. Le lendemain, Lei Feng a montré à Zhu ces caractères qu'il avait tracés et lui a demandé s'il les reconnaissait.

Les yeux écarquillés, Zhu a regardé les caractères pendant longtemps, mais n'a pu en reconnaître aucun. Il était si anxieux qu'il a fait la moue et a dit : « Ce ne sont pas des mots du tout ! C'est une mauvaise écriture ! »

Lei Feng lui a demandé de sortir son cahier d'exercices et de comparer les mots dans son cahier avec les mots sur le papier. Il a dit : « Ce ne sont pas les mots que tu as écrits ? Tu n'es même pas capable de reconnaître ta propre écriture, alors comment peux-tu demander aux autres de la lire ? »

Zhu se sentait très honteux et son visage rougissait.

Dès lors, avec l'aide patiente de Lei Feng, Zhu a étudié sérieusement et a écrit proprement, devenant un bon élève.

Lei Feng non seulement aidait ses camarades de classe avec enthousiasme, mais il aidait aussi ses voisins.

Le 15 juillet 1956, il a obtenu son diplôme de l'école primaire Heyeba. Il a laissé cette lettre de détermination à son école :

> Chers professeurs et camarades de classe :
>
> Nous avons terminé l'école primaire. Nous sommes heureux d'avoir terminé notre éducation de base. Nous remercions le Parti, le président Mao et nos enseignants. Aujourd'hui, nous sommes très heureux. Vous devez être plus heureux que moi, car vous allez aller dans des collèges pour apprendre plus de connaissances afin de mieux construire notre pays. Quant

à moi, je répondrai à l'appel du Parti pour devenir un agriculteur de nouvelle génération, conduisant un tracteur pour cultiver les terres de notre pays.

À l'avenir, si mon pays en a besoin, je serai un bon travailleur qui construit notre patrie.

À l'avenir, si mon pays en a besoin, je m'engagerai dans l'armée pour être un bon soldat, en prenant mon arme pour défendre notre patrie avec ma vie et mon sang, devenant un héros humain.

Mes camarades de classe, concourons dans différentes positions ! Mes enseignants, veuillez attendre de voir nos actions ! Je dois devenir un héros à l'avenir. Je souhaite une bonne santé aux enseignants et des progrès à mes camarades de classe !

Plus tard, Lei Feng a vraiment tenu sa promesse en prenant des mesures concrètes.

Traduit par XIAO Xi

⟪⟪⟪ Les actes héroïques de Guo Liang ont inspiré Lei Feng

L'histoire moderne du comté de Wangcheng compte deux héros célèbres : Guo Liang, qui a été président de la Fédération des syndicats du Hunan pendant la Grande Révolution, secrétaire provisoire du comité provincial du Parti communiste chinois (PCC) du Hunan et membre du comité central du cinquième congrès national du PCC. C'est un homme loyal doté d'un esprit fort. Face au couteau cruel de l'ennemi, il préfère mourir plutôt que de se rendre, se sacrifiant pour le pays et son parti. L'autre est Lei Feng, un guerrier communiste ordinaire mais extraordinaire. Il y a un poème intitulé Merveilleux Jiangnan (c'est-à-dire le sud du Yangtsé) qui fait vibrer le cœur des gens du comté de Wangcheng, dit ceci : « Wangcheng, tel beau comté, qui a vu naître deux héros. Guo Liang a une volonté de fer, Lei Feng est ordinaire mais grand. Comme des étoiles éternelles, ils brillent pour toujours dans l'univers. »

Les actes héroïques du martyr révolutionnaire Guo Liang ont eu un grand effet sur la vie de Lei Feng.

Chen Guangsheng, un écrivain de la région militaire de Shenyang qui a écrit L'histoire de Lei Feng et Lei Feng, m'a un jour raconté l'histoire suivante.

En hiver 1958, Lei Feng avait été recruté par la société du groupe de sidérurgie d'Anshan. Dans le train, il donna un livre intitulé Guerriers immortels à Yang Bihua, une ouvrière qui allait également travailler à la société d'Anshan, et lui dit :

« Regarde, il y a un martyr dans ce livre, et il vient de Tongguan comme toi. »

« Qui ? » demanda Yang Bihua.

« Guo Liang. »

« Tous les adultes et les enfants connaissent ce nom à Tongguan. »

« Laissez-moi vous poser une question. Savez-vous ce que Guo Liang a écrit à sa femme avant qu'il ne soit assassiné ? »

Lei Feng entendit cette question, sourit, appuya sa tête sur le dossier de la chaise, regarda les lumières des phares et dit :

« La femme de Guo Liang s'appelle Li Canying. Sa lettre était courte : " Chère Canying, mon amour, je suis en fuite comme un vagabond sans maison ni pays. J'ai accompli ma mission et j'espère que tu élèveras notre fils pour qu'il puisse réaliser mon ambition inachevée. Bien à toi, Liang. " C'est ça, non ? »

Yang Bihua fit l'éloge de Lei Feng :

« Oh, t'as une très bonne mémoire... »

« Chut... »

Lei Feng s'empressa d'interrompre Yang Bihua de peur que sa voix forte ne dérange les autres, puisqu'il était déjà minuit et la plupart des voyageurs s'étaient endormis.

Après que Chen Guangsheng m'a raconté cette histoire, une autre m'est venue à l'esprit.

Elle se déroula également en 1958. C'était au temps où le parfum de l'osmanthus embaumait l'air que la rédaction de Wangcheng News me demanda de me rendre à la ferme du lac Tuanshan pour y donner une interview sur le développement et la production. Lorsque je fus arrivé à la ferme, il était presque midi et les travailleurs revenaient successivement de leurs tâches pour manger. Lei Feng vint vers moi et me salua dès qu'il m'avait vu. Il me demanda quels nouveaux livres j'avais achetés récemment. « J'ai acheté L'histoire de Guo Liang qui a été publié récemment et je suis sûr qu'il te plaira, » dis-je. Comme prévu, l'homme voulut me l'emprunter et me répondit : « J'ai visité la tombe du camarade Guo Liang avec mes camarades de classe lorsque j'étais à l'école primaire, mais je n'ai pas lu ce livre. Je me demande si vous pourriez me le prêter. » À cette époque-là, lorsque nous étions au comité du parti du comté, nous travaillions ensemble et nous nous empruntions souvent des livres l'un à l'autre. Je l'acceptai donc sans hésiter. Peu après, il vint au comté et m'emprunta le livre.

Une semaine plus tard, Lei Feng finit la lecture de L'histoire de Guo Liang et me le rendit. Il me fit part de ses sentiments et de ses interprétations du livre avec joie, en faisant l'éloge de la bravoure de Guo Liang, de son ingéniosité, de sa détermination à lutter contre les ennemis et de son esprit qui préférait la mort à la reddition. Il expliqua : « Les réactionnaires du Kuomintang (le parti nationaliste) ont envoyé des espions pour attraper Guo Liang sous prétexte d'acheter des cochons chez lui, les ennemis ont rencontré par hasard Guo et lui ont demandé d'ouvrir la voie. Or, l'homme a recouru à toutes sortes d'astuces ingénieuses pour tromper les espions. Après les avoir conduits chez lui, Guo a saisi l'occasion de s'en débarrasser. Il était si courageux et si intelligent que les ennemis ont été complètement dupés et assommés par lui. C'est exactement comme l'ironie faite par des paysans : Guo Liang a conduit les ennemis à attraper Guo Liang ; celui qui a acheté un cochon était un cochon ! »

En ce qui concerne le dévouement de Guo Liang au Parti et sa volonté de mourir plutôt que de trahir son Parti et ses camarades, Lei Feng déclara : « Voilà ce que devrait être un communiste et un révolutionnaire. Le noble caractère de persévérance et d'intégrité chez Guo Liang mérite toujours d'être étudié ! »

Traduit par PENG Ruixue

⟪⟪⟪⟪⟪ Lei Feng sur « l'esprit des vis »

C'était l'automne 1957. Lei Feng et Yi Zhengchang ont accompagné Zhang Xingyu, secrétaire du Comité du Parti communiste chinois du comté de Wangcheng, dans le canton de Xinkang pour inspecter la reprise de la production dans la zone sinistrée. Après avoir vérifié le processus de production et de travail, Lei Feng et le secrétaire du parti du comté se sont précipités au siège du comté pour une réunion. En marchant, Lei Feng a vu une vis sur la route et l'a frappée sur le côté de la route par inadvertance. Zhang est allé ramasser la vis, l'a essuyée, l'a regardée et l'a mise dans sa poche. Lei Feng l'a remarquée et s'est senti perplexe : « Pourquoi un secrétaire du parti du comté a-t-il ramassé une vis ? »

Quelques jours plus tard, Lei Feng allait livrer une lettre à une usine. Zhang a sorti la vis de sa poche et l'a mise dans la paume de Lei, lui a tapé sur l'épaule et lui a dit sincèrement et sérieusement : « Bien qu'une vis soit très petite, une machine ne peut pas fonctionner sans elle ! Chacun de nos camarades n'est-il pas une vis dans la machine de la révolution ? Par exemple, vous êtes fonctionnaire, et bien que votre position ne soit pas élevée, nous ne pouvons pas travailler sans vous. »

À ce moment-là, il est devenu clair pour Lei Feng pourquoi le secrétaire du comité du parti du comté avait ramassé la vis. L'éducation d'illumination de « l'esprit de vis » était très profonde pour Lei Feng, et cela servirait également de catalyseur pour qu'il devienne un combattant d'avant-garde communiste ordinaire mais grand.

Au fil du temps, sous l'éducation du PCC et de l'armée, la conscience politique et idéologique de Lei Feng s'est constamment améliorée, et sa compréhension de l'esprit de vis s'est davantage sublimée. Le 19 février 1962, Liu Sile, l'ancien chef d'équipe de cuisine de l'unité d'artillerie 5040 de la région militaire de Shenyang, a participé au premier congrès de la Ligue de la jeunesse communiste de la région militaire de Shenyang avec Lei Feng. Lei Feng est conféré le titre du « bon soldat du président Mao » et Liu est conféré celui de la « vis antirouille ». Après la clôture du congrès, ils ont rejoint le groupe de conférence de la jeunesse militaire et civile de Shenyang et ont fait des rapports pour les militaires et les civils. Un soir, Liu et Lei Feng étudiaient le livre du président Mao Servir le peuple et discutaient ensemble de leur vision de la valeur de la vie. Lei Feng a lu le prochain discours de Liu et a dit sur un ton consultatif : « Comme il serait génial si vous ajoutiez le mot "pour toujours" à votre titre "Soyez une vis antirouille" ! Non seulement le titre serait plus vivant et plus touchant, mais il vous stimulerait également. "Être une vis antirouille pour toujours" est une expression vivante de l'esprit courageux du prolétariat de continuer à aller de l'avant. »

« Depuis 1959, j'ai prononcé de tels discours des centaines de fois », a déclaré Liu Sile à Lei Feng, « En conséquence, beaucoup de gens oublient que je m'appelle Liu Sile, mais m'appellent une "vis". »

Lei Feng a entendu cela et a dit joyeusement : « C'est une sorte d'honneur politique. La construction de la Chine a désespérément besoin de vis comme vous. En fait, je vous admire vraiment pour le nom de vis. Travaillons ensemble pour être une vis pour toujours. Une vis qui ne rouille jamais ! »

« Cependant, comment être une bonne vis ? » Liu Sile a demandé à Lei Feng.

Plein de sentiments d'une fierté révolutionnaire, il a répondu : « Pour être une personne avec un caractère de vis, la chose la plus importante est de garder à l'esprit le principe de notre parti de servir le peuple de tout cœur et de nous consacrer à aimer le PCC et le peuple. Nous devrions être au premier rang dans nos postes et apporter plus de contributions à la société. »

Liu Sile a parlé des attitudes contrastées de certains : « Il y a ceux qui disent que je fais ce que je veux, pas comme une vis, pas comme une brique, pas comme du bétail qui travaille dur et qui est contraint... »

Lei Feng l'a arrêté : « La valeur de la vis réside dans son dévouement silencieux. Je conviens que le soldat qui ne veut pas être maréchal n'est pas un bon soldat. Il doit y avoir un objectif élevé à atteindre dans la vie, mais l'objectif de tout le monde ne peut pas être atteint. Dans la période de construction socialiste, lorsque les gens choisissent leur propre voie de développement, ils sont toujours limités et affectés par diverses conditions au stade du développement social. Notre armée est un groupe militaire dont la tâche est de défendre notre patrie. De nombreux travaux pour lesquels vous êtes organisé ne correspondent pas à vos intérêts. Certains emplois sont un peu plus fatigants et sales, et vous ne pouvez en tirer aucune technique. Mais si vous pensez que l'herbe est plus verte sur l'autre colline, si vous n'êtes pas satisfait de ce que vous avez déjà, et si vous n'êtes pas diligent et consciencieux dans votre travail actuel, comment les troupes peuvent-elles améliorer l'efficacité au combat et comment pouvons-nous gagner la guerre contre l'agression ? »

« Si une personne se concentre uniquement sur son propre intérêt, indépendamment de sa condition objective, », a répondu Liu Sile, « elle se sentira inévitablement désolée pour elle-même. Il vaut mieux nous considérer comme des vis qui ont leur place partout dans la vie. »

Lei Feng a poursuivi en disant : « Toutes les grandes et bonnes choses du monde sont composées de choses minuscules et discrètes. Beaucoup de choses dans la société sont faites avec des emplois ordinaires, et les gens qui aiment les emplois ordinaires sont aussi les plus glorieux. Les travailleurs et les agriculteurs effectuent les travaux les plus ordinaires et les plus pénibles, ainsi que les cordonniers, les coiffeurs, les porchers et les cuisiniers du secteur des services. Sans eux, sans la pratique révolutionnaire de millions de personnes, il n'y aurait pas de grande cause révolutionnaire. La grandeur vient de l'ordinaire, et l'ordinaire engendre la grandeur. Tout ce que nous faisons est étroitement lié à la grande cause communiste. À mon avis, seuls ceux qui aiment leurs positions peuvent placer les intérêts de la classe et de la révolution au-dessus de tout le reste. Et les gens qui considèrent le service du peuple comme leur plus grand bonheur et consacrent leur jeunesse au peuple sans réserve sont dignes du nom de la "vis". Ceux qui sont prêts à devenir des vis sont ceux qui luttent consciemment pour le communisme. »

Liu Sile a demandé à Lei Feng comment s'assurer que la vis ne rouille jamais.

Lei Feng a dit : « Un révolutionnaire a besoin non seulement de l'idéologie de servir le peuple, mais aussi de la capacité de le faire. Le parti exige que nous soyons à la fois socialistes et riches en connaissances professionnelles. Si nous n'étudions pas sérieusement les connaissances professionnelles, nous ne réussirons pas la révolution. Si un tireur ne peut pas atteindre la cible, un conducteur ne peut pas résoudre les défauts du véhicule ou un cuisinier ne peut pas préparer un repas satisfaisant, ils ne peuvent pas jouer un rôle actif dans la guerre contre l'agression.

« À notre époque, il ne suffit pas d'être une vis », a répondu Liu Sile, « Au lieu de cela, les gens devraient être inspirés à s'efforcer de devenir plus forts et à travailler de manière créative dans leurs postes. Ce qui manque à la Chine, ce n'est pas seulement une personne qui est prête à faire tout ce que le pays exige de lui et qui ne se plaint pas. Nous devrions encourager ces gens à maîtriser davantage de technologies afin qu'ils puissent contribuer davantage à leur travail. »

« Oui », Lei Feng était d'accord avec Liu, « Et un révolutionnaire doit avoir de nobles idéaux communistes. Il doit non seulement avoir l'idée de servir le peuple de tout cœur, mais aussi avoir la capacité de lutter pour le communisme. À mon avis, "l'esprit de vis" est de retenir par cœur le but de servir le peuple, d'intégrer les idéaux personnels à notre construction nationale, d'apprécier nos postes et de maîtriser n'importe quel travail que nous faisons. La science et la technologie ont la capacité de servir les gens, et ce n'est qu'en les maîtrisant que nous, ces "vis", exerçons la plus grande influence. C'est la science et la technologie que tout le monde maîtrise qui décident de l'effet de la vis. »

En fin de compte, Lei Feng a dit affectueusement : « Même lorsque notre pays atteint la période du communisme, l'industrie des services est indispensable. L'esprit de la "vis" est requis par notre génération. En outre, il devrait être transmis de génération en génération. Dans ce monde coloré, il y a une route pour devenir une vis. »

En se séparant de Liu, Lei Feng a écrit dans son album-souvenir : « Soyons une vis qui ne rouillera jamais ensemble. »

Le 17 avril 1962, Lei Feng a développé plus en détail dans son journal le rôle des vis et comment fabriquer une vis qui ne rouillerait pas :

> Le rôle d'une personne pour la cause révolutionnaire est comme une vis dans une machine. Grâce à la connexion et à la fixation de nombreuses vis, la machine devient un ensemble solide et peut fonctionner librement et exercer sa plus grande fonction. Bien que la vis soit petite, son effet est incommensurable. Je serai une vis toute ma vie.
>
> Les vis doivent être entretenues et nettoyées fréquemment pour éviter la rouille. Il en

est de même pour les pensées des gens qui doivent être examinées fréquemment pour éviter les problèmes. Je dois continuer à étudier dur, améliorer ma conscience idéologique, suivre résolument le Parti et le président Mao, procéder fréquemment à la critique et à l'autocritique, corriger les erreurs idéologiques à tout moment et être une vis qui ne rouillera jamais dans la grande cause révolutionnaire.

Traduit par JIN Xiaotong

⟨⟨⟨⟨⟨ Enseignement de soi-même par le travail bénévole

À la fin de l'automne 1957, le Comité du PCC du comté de Wangcheng a décidé de résoudre de manière radicale les problèmes causés par la rivière Weishui. En âge de jeunesse, Lei Feng s'est senti obligé de contribuer à l'édification socialiste dans des circonstances difficiles pour s'aguerrir. Après trois sollicitations pour le projet de « l'Aménagement de la rivière Weishui », il a été finalement admis et affecté au siège du projet en tant que correspondant.

Dès que Lei Feng est arrivé sur le chantier de construction, il s'est engagé à son travail activement et passionnément. À cette époque, les conditions de chantier étaient bien dures. On ne pouvait fournir à Lei Feng qu'un hangar humide, sombre et sans abri du vent. Parfois, en raison de ses déplacements pour envoyer des informations, il rentrait trop tard pour le repas et il se contentait de prendre du riz froid trempé dans l'eau chaude avec des légumes salés. Voyant cela, certains de ses copains lui ont demandé :

« Lei, comme tu as dû être à l'aise au sein de l'administration du comité! Pourquoi as-tu insisté pour l'enrôlement de souffrir ici ? »

« Parce que celui qui travaille pour le socialisme doit placer les besoins du Parti, du pays et du peuple au-dessus de ses propres intérêts », a répondu Lei Feng d'un air désapprobateur.

La nuit, assis dans le hangar et étudiant les œuvres de Président Mao, il levait les yeux vers le toit miteux et contemplait longuement. Les idées associatives ont surgi dans son esprit :

« Pour la cause du Parti, pour l'intérêt du pays et du peuple, je préfère le cabanon obscur aux immeubles élevés ; Je préfère les aliments simples aux mets exquis ; Je préfère travailler acharnement que vivre une vie tranquille et luxueuse. »

En pensant à cela, Lei Feng a écrit quelques mots pour se motiver :

> Au nom de la construction socialiste, nous réfléchissons sur le passé ;
> Dans l'esprit de la construction socialiste, nous vivons dans le présent ;
> Avec l'ambition de la construction socialiste, nous créons l'avenir.

Une fois, on lui a dit d'aller se coucher tôt après avoir travaillé sur le chantier toute la journée. Mais dès qu'il est revenu au quartier général, il est resté auprès du téléphone. Parce qu'il considérait qu'il n'y aurait personne pour répondre au téléphone et envoyer des messages en cas d'urgence si tout le monde allait dormir, surtout se trouvée dans le centre de commandement de plus de 20 000 ouvriers. Et ce fort sentiment des responsabilités a dissipé sa fatigue. Il a exhorté ses amis à aller se reposer, mais lui-même est resté près du téléphone toute la nuit.

Il a plu pendant des jours peu de temps après le début de la construction. Un après-midi, alors que la rivière était gonflée, le matériel entassé au sol risquait d'être inondé. Le quartier général a émis un avis urgent pour assembler les responsables gouvernementaux et les travailleurs à proximité à lutter contre les inondations et à sauver les approvisionnements nationaux.

À ce moment-là, le dirigeant du commandement a demandé à Lei Feng et à quelques camarades féminines de rester à la direction. Mais dès que les autres sont partis, Lei Feng a demandé à ces camarades féminines de répondre au téléphone et de noter les informations importantes. Contre le vent et la pluie, il a couru directement vers le chantier où l'équipement était entreposé. Indépendamment du grand danger personnel causé par les routes inondées, il a pataugé vers la destination avec empressement à sauver les fournitures. Dès son arrivée sur le site, il s'est lancé à la rescousse. Et il n'a pas été soulagé jusqu'à ce que tout l'équipement ait été transféré dans un endroit sûr.

Après cet événement, ses camarades l'ont félicité pour sa bravoure et son sentiment des responsabilités pour la protection des biens de l'État. Il a simplement souri et a dit : « Je suis encore jeune et j'ai besoin de me forger dans la tempête continûment. »

Au printemps 1958, profitant de l'achèvement du projet Weishui, le Comité du PCC du comté de Wangcheng a décidé d'enfermer le lac Tuanshan pour la cultiver et de créer des fermes appartenant à l'État qui transformeraient le marais en terre d'abondance.

Le Comité de la Ligue de la jeunesse communiste du comté de Wangcheng a appelé les adolescents à faire une bonne action pour le développement socialiste en économisant leur argent de poche pour faire don d'un tracteur nommé « Jeunesse » à la future ferme d'État.

Lei Feng a répondu activement et a fait don des 20 yuans qu'il avait économisés pour une couverture et d'autres nécessités.

Comme son don était bien supérieur à celui de tous les autres adolescents, il a été spécialement récompensé d'un souvenir du Comité de la Ligue de la jeunesse communiste du comté de Wangcheng.

Le secrétaire Zhang lui a rendu visite et l'a félicité après avoir entendu parler de l'acte de la dévotion désintéressée de Lei Feng.

« Bon travail! Je sens votre enthousiasme pour l'édification socialiste », s'est exclamé le secrétaire. Encouragé par ses paroles, Lei Feng a décidé de contribuer davantage à l'édification socialiste. Zhang a semblé percevoir son aspiration et a demandé : « Que diriez-vous d'apprendre à conduire un tracteur ? »

« Conduire un tracteur? » Lei était tellement excité qu'il faillit sauter, « Je ne peux pas attendre! » Il a ensuite promis : « Je serai à la hauteur des attentes de notre Parti et apporterai de nouvelles contributions dans mon nouveau poste. »

Son rêve de « conduire un tracteur pour cultiver la terre de sa patrie » allait se réaliser.

Le 26 février, Lei Feng a commencé sa vie dans la ferme. Dès son réveil, il vérifiait si les câbles étaient isolés et en bon état, inspectait les réservoirs de carburant et les conduites pour détecter les fuites. Et puis il serrait les vis et remplissait le réservoir. Après avoir fait tout cela, il essuyait soigneusement l'huile, la boue et la poussière sur le tracteur jusqu'à ce qu'il soit brillant. Le jour, il sortait avec son maître, travaillait comme assistant tout en apprenant à conduire le tracteur. Après que tout le travail a été fait, il était toujours dans le tracteur, essayant de saisir les clés de la conduite en imitant son mentor. De retour au dortoir le soir, il se mettait à lire des livres sur la structure, la réparation, l'entretien et la conduite de tracteurs. À cette époque, il ne pensait qu'à maîtriser la conduite automobile et qu'à développer les friches de la terre de l'État.

Après avoir maîtrisé les connaissances de base et les compétences opérationnelles en une semaine, Lei Feng a été autorisé à faire un essai routier sous la direction de son mentor Chen. Mais alors que Lei était assis sur le siège du conducteur, il craignait de ne pas avoir assez de force pour tourner le volant et de ne pas pouvoir freiner à temps. Chen a perçu son inquiétude et l'a instruit patiemment.

« N'aie pas peur, braque devant toi. Fais attention à la coordination entre l'embrayage et le frein, puis dirige le tracteur. » Un peu soulagé, Lei engagea finalement les vitesses, actionna la poignée de commande du moteur, relâcha lentement l'embrayage et démarra le tracteur. Mais le tracteur déviait toujours de la direction prévue. Avec une ferme détermination, Lei Feng essayait de se calmer jusqu'à ce qu'il puisse complètement contrôler le tracteur. Lorsque le tracteur roulait régulièrement sur sa trajectoire, Lei Feng fermement appuyait sur le levier qui soulevait l'accessoire. En voyant la boue remuer derrière le tracteur, il se sentait assez heureux et excité.

Lei Feng a été le premier conducteur de tracteur afférent au comté de Wangcheng. Quelques jours plus tard, le journal du comté de Wangcheng a publié son article intitulé J'ai appris à conduire un tracteur. Et lors de la Conférence des jeunes militants pour le développement du socialisme organisée par le comté, Lei Feng a donné une démonstration de conduite de tracteur devant les représentants présents.

En peu de temps, Lei Feng a non seulement appris la conduite et l'entretien du tracteur, mais il a également compris les principes du fonctionnement de l'ensemble, y compris le mécanisme de fonctionnement, l'équipement électrique, le système de carburant, de refroidissement et de lubrification. Il a maîtrisé aussi quelques compétences de base en réparation. Pour profiter de la saison des semailles, Chen et Lei Feng, ils ont conduit le tracteur à tour, le faisant rouler jour et nuit sur le vaste champ fertile pour réveiller la terre endormie, malgré les vents violents, le soleil ardent et les orages. Grâce aux efforts de tous les travailleurs, en seulement trois mois, plus de 2 300 acres de friches ont été mises en culture.

Lorsque l'été est arrivé, des orages incessants ont provoqué un débordement drastique de la rivière Baqu. Le nouveau barrage risquait d'être emporté à tout moment. L'inondation féroce a couvert la plupart des terres et des récoltes.

Un après-midi, lorsque Lei Feng était en train de sauver des objets de l'inondation en bravant la tempête avec ses camarades, quelqu'un a soudainement crié : « Le parking est inondé ! » En entendant cela, Lei Feng a été choqué. Il a immédiatement posé ses outils et s'est précipité vers le parking où se trouvait le tracteur. Quand il est arrivé, l'eau atteignait déjà les roues du tracteur. Rapidement, il sauta sur le siège et le conduisit vers les terres plus élevées. Puis il retourna dans le parking, à la recherche d'une grande bâche et couvrit le tracteur. Après avoir fait tout cela, il se jeta à nouveau dans le sauvetage.

Le soir, la pluie s'était arrêtée, mais le déluge continuait. Par crainte que le tracteur ne soit submergé, Lei Feng s'est aventuré sur les eaux et a décidé de garder le tracteur. Si l'eau continuait à monter, il pourrait intervenir à temps. Toute la nuit, il était resté près du tracteur. À l'aube, Lei Feng a descendu du siège et a levé les yeux vers le ciel sans nuages. La ferme a été sauvée ! Le tracteur a également été sauvé ! Il a joyeusement nettoyé la boue avec la gaze huilée et a sorti une paire de pinces et une clé de son sac à outils pour vérifier la machine dans l'ensemble.

À ce moment-là, l'inondation avait reculé. Il a fait le plein du tracteur après son petit déjeuner. Voyant ses yeux rougis, ses camarades lui ont dit avec inquiétude: « Lei, tu es resté éveillé toute la nuit et tu devrais te reposer un peu! »

« Je me suis déjà reposé sur le tracteur la nuit dernière », répondit-il. Sur cela, il sauta à nouveau dans le tracteur et démarra le moteur. Vers la lumière du soleil, il commença sa nouvelle journée de travail.

Lorsque l'automne doré est arrivé à la ferme du lac Tuanshan, les terres autrefois couvertes de mauvaises herbes étaient maintenant remplies d'épis de riz. Et c'était le fruit du dur labeur de tous les ouvriers et de Lei Feng pendant toute l'année !

Après le dîner, Lei Feng s'est promené le long du champ. La scène de la moisson a apaisé son cœur. Le lac désolé de Tuanshan avait disparu pour toujours. Lei se souvenait encore que dans l'ancienne société, le gouvernement et les propriétaires du Kuomintang avaient collecté 3 fois de l'argent auprès des gens au nom de la récupération, mais tout cet argent avait fini dans leurs propres portefeuilles. Maintenant sous la direction du Parti communiste, le désir de récupérer le lac Tuanshan était enfin devenu réalité. L'immense barrage protégeait la moisson et la ferme. Les cigales stridulaient joyeusement sur les bancs et les hirondelles dansaient dans le ciel clair. Voyant cela, Lei ne put contenir sa joie et sortit un stylo pour écrire un poème enthousiaste.

......
Chères hirondelles du sud,
vous l'avez peut-être déjà vu :
le lac Tuanshan dans le passé
était sauvage et herbeux,
une mer lorsqu'il était inondé.
Il y a dix ans, trois fois d'encaissements
mais trois fois d'empochage,
le défrichage n'était qu'un rêve.
Mais le lac Tuanshan d'aujourd'hui—
des champs fertiles illimités et dorés,
des brises soufflant, des rizières parfumées.
Le nouveau barrage est comme un mur de fer,
domptant les crues, agressives et rampantes.
Dans la ferme socialiste,
des drapeaux rouges sont plantés,
des céréales et du poisson sont à profusion.
Quel pays de poisson et de riz dans ma patrie !
......

En automne, la nouvelle « terre de poisson et de riz » a embrassé une autre récolte.

Mais Lei Feng, dévoué à la terre, partit pour une autre tâche. Il était prêt à consacrer sa belle jeunesse au développement du socialisme en Chine pour toujours.

Traduit par ZHOU Junhui

# Arrivé à la Société Sidérurgique Anshan

En mai 1958, lors de la 2ᵉ session de la 8ᵉ Assemblée populaire nationale, a été établie la ligne générale de l'édification du socialisme « construire le socialisme en déployant tous nos efforts et en allant toujours de l'avant pour obtenir des résultats plus importants, plus rapides, de meilleure qualité et de manière plus économique ». Puis, dans son article intitulé Introduction d'une coopérative, le président Mao a appelé toute la nation à mobiliser toutes ses énergies, à changer l'apparence « pauvre et vide », à « écrire les mots les plus nouveaux et les plus beaux » et à « dessiner les tableaux les plus nouveaux et les plus beaux ».

Lei Feng a été encouragé et inspiré par l'appel du Parti. Au début de novembre 1958, après avoir contribué à la production agricole, Lei Feng voulait travailler sur le front industriel en tant que sidérurgiste. « Afin de réaliser la ligne générale de construction socialiste du Parti, je dois aller à l'endroit le plus critique et y apporter une plus grandes contributions », pensait-il. Lorsque la Société Sidérurgique Anshan et la Société Sidérurgique Xiangtan sont venus dans le district de Wangcheng pour recruter de jeunes travailleurs, la majorité des jeunes a préféré la Société Sidérurgique Xiangtan, parce que l'autre est située dans le nord-est de la Chine, un endroit géographiquement éloigné et pauvre où le climat était froid et les conditions étaient difficiles. Lei Feng a décidé fermement qu'il irait à Anshan pour jouer un rôle dans la construction de cette nouvelle ville sidérurgique, car le pays avait cruellement besoin de travailleurs.

Lei Feng a fait une demande au chef de la ferme d'État : « Je veux contribuer davantage à la grande tâche de construire le socialisme. Permettez-moi de travailler comme sidérurgiste pour la Société Sidérurgique Anshan, s'il vous plaît. »

Bien que les chefs aient regretté d'accepter le départ de Lei Feng, ils ont approuvé sa demande, par souci de soutenir la construction industrielle et de répondre aux besoins du développement de la production sidérurgique.

Lei Feng était ravi de l'approbation. Il a accompagné le personnel de recrutement de la Société Sidérurgique Anshan pour assister à des réunions de masse, qui étaient organisées par les communes et les équipes de production. Lors de la réunion, Lei Feng a utilisé son expérience personnelle pour encourager les jeunes à travailler dans les endroits les plus difficiles et à créer un avenir brillant pour le pays. Après la réunion, il a eu une conversation sincère avec certaines personnes, les persuadant gentiment pour changer leurs avis. Grâce à l'aide de Lei Feng, plus de 400 jeunes hommes ont été recrutés, la tâche de recrutement a été rapidement achevée et il a été nommé vice-chef du convoi.

Le départ était sur le point d'arriver. Avant de quitter sa ville natale, la province du Hunan, Lei Feng a invité certains de ses compagnons et a demandé un congé auprès du groupe de recrutement pour aller à l'ancienne résidence du président Mao à Shaoshan Chong, car il avait envie de la visiter depuis longtemps.

Shaoshan Chong se situe dans une région entourée de collines. Un ruisseau limpide serpentait devant l'ancienne résidence du président Mao, derrière laquelle des pins et des bambous étaient luxuriants sur les collines. Avec un sentiment de révérence, Lei Feng est entré dans l'ancienne résidence du président Mao, rendant soigneusement hommage à chaque objet, écoutant l'introduction du narrateur et prenant des notes détaillées. Lorsqu'il est arrivé dans l'ancienne chambre du président Mao et s'est tenu devant la lampe à huile de tung en bambou, l'image de l'étude avide du président Mao dans sa jeunesse sous cette lampe l'a soudainement frappé. Afin de trouver la vérité pour sauver le pays et le peuple, le président Mao avait lu une grande quantité de livres de toutes les époques et de tous les pays. Lei Feng regardait longuement la lampe à huile de tung, comme s'il y avait un phare éclairant son chemin. Il a décidé d'avancer courageusement dans la direction de la pensée de Mao Zedong. Ensuite, le commentateur du président Mao a introduit que pour la révolution et l'avenir du pays et l'espoir de l'humanité, le président Mao avait perdu six proches, dont sa femme et ses enfants. En entendant cela, Lei Feng a vivement ressenti que la vie heureuse et nouvelle d'aujourd'hui avait été réalisée par du sang et des vies des martyrs révolutionnaires, et qu'il devait chérir cette vie heureuse, que lui et d'autres devaient se consacrer à la construction du socialisme.

Après avoir visité l'ancienne résidence du président Mao, Lei Feng s'est rendu à l'endroit où est utilisé pour le séchage au soleil du grain. Le président Mao y avait travaillé dans sa jeunesse. Grâce à l'introduction du commentateur, Lei Feng a été profondément inspiré par cette histoire.

Un jour pendant la moisson d'automne, quand le jeune Mao était en train de ramasser des grains, il s'est mis à pleuvoir abondamment. Voyant une vieille paysanne pauvre nommée Si A Po échouer à ramasser des grains du fait du manque d'aide, le jeune Mao a abandonné ses grains sans hésitation et a aidé Si A Po à ramasser des grains.

Lei Feng a appris de cette histoire qu'un révolutionnaire devait se soucier plus des autres que de lui-même. Avec une prise de conscience de cultiver les nobles sentiments révolutionnaires, il a décidé d'être plus exigeant envers lui-même dans la vie quotidienne et dans le travail régulier à partir de ce jour.

Avant le rassemblement de la troupe pour partir, Lei Feng a présenté une déclaration de détermination au groupe de recrutement, s'engageant ainsi : « ... J'obéirai au déploiement de l'organisation. Après mon arrivée à l'usine, je n'épargnerai aucun effort pour étudier, travailler et mener des recherches. Je ne serai ni arrogant ni fier, mais modeste et j'apprendrai des masses populaires. Je surmonterai toutes les difficultés et jouerai un rôle en tant que membre de la Ligue de la jeunesse communiste ! Je me battrai jusqu'au bout pour la vie heureuse du peuple ! »

Ces jeunes nouvellement recrutés ont chanté et ri jusqu'à leur arrivée à Pékin pour changer de train. Pendant leur court séjour, Lei Feing a invité plusieurs de ses partenaires à se rendre à la place Tian'anmen. Debout devant le pont Jinshui, les yeux de Lei Feng étaient pleins de larmes de bonheur, lorsqu'il regardait depuis longtemps l'emblème national et le portrait géant du président Mao. Pour montrer son amour pour la grande patrie et sa capitale Pékin, il a pris deux photos devant Tian'anmen. Combien il souhaitait rester à Pékin quelques jours de plus, mais son cœur ardent s'était déjà envolé pour la Société Sidérurgique Anshan lorsqu'il a pensé à affiner plus de l'acier. Ainsi, il a poursuivi son voyage avec ses camarades. Avec le rugissement rythmique du train, son imagination a commencé à s'emballer : je deviendrai un ouvrier de l'acier, portant une salopette en toile et tenant un long foret, debout à côté du four sidérurgique et affinant l'acier en fusion rouge, qui se déversera comme une cascade et une danse d'un dragon de feu. Je transformerai l'acier en rangées de tracteurs, de voitures, d'avions et d'artillerie, qui seront expédiés dans tout le pays pour renforcer la construction du socialisme et la défense de la patrie. Qu'est ce que ce sera bon !

Le 15 novembre à midi, le train est arrivé à la gare d'Anshan. Dès qu'il est descendu du train, Lei Feng a été stupéfait par les cheminées qui étaient aussi denses que des pousses de bambou et le haut fourneau et les piles d'acier qui étaient aussi hautes que des collines ... Comme l'acier de la patrie était magnifique ! Il l'aimait encore plus qu'avant.

Après son arrivée à la Société Sidérurgique Anshan, le chef a affecté Lei Feng à travailler comme opérateur de bulldozer dans l'atelier de lavage du charbon de l'usine chimique générale, considérant qu'il avait l'expérience de la conduite du tracteur. Lei Feng était quelque peu déçu de ne pas devenir sidérurgiste. Quand il a vu le directeur Yu de l'atelier de lavage du charbon, il a dit franchement : « Tout ce que je veux, c'est affiner de l'acier. Pourquoi me donnez-vous encore un travail comme opérateur de bulldozer ? »

Plu par la franchise de Lei Feng, le directeur Yu lui a expliqué : « Camarade Lei, peut-être ne comprenez-vous pas la chaîne de la grande production industrielle. Nous vous faisons conduire des bulldozers juste pour affiner de l'acier ! Prenons l'exemple de notre atelier de lavage de charbon, nous devons décharger une grande quantité de charbon tous les jours. Si le charbon n'était pas transformé en coke, le fer ne pourrait pas être affiné ; Si le gaz n'était pas envoyé à l'aciérie, l'acier ne pourrait pas être affiné. La grande production industrielle est comme une grosse machine : elle ne peut pas fonctionner sans vis. »

Le mot « vis » lui rappelait ce que le secrétaire Zhang du Comité du comté du PCC lui avait dit. Lei Feng a pensé : « Tant que c'est bénéfique à la construction du socialisme, je suis prêt à être une vis ». Sans dire un autre mot, il s'est joyeusement mis au travail.

En tant que chinois du sud, le premier hiver dans le nord-est de Chine était en effet une épreuve pour Lei Feng, sans compter qu'il a conduit le bulldozer en plein air.

Chaque jour, des dizaines de trains de charbon étaient déchargés dans la charbonnerie à ciel ouvert. Et Lei Feng devait conduire le bulldozer pour pousser le charbon au fond du portique, qui transportait ensuite le charbon vers le four à coke pour raffiner le charbon et produire du gaz pour les systèmes d'affinage du fer et de l'acier. Lei Feng pensait que c'était un grand honneur de servir l'affinage de l'acier et du fer. Avec la passion pour la construction du socialisme, même le temps froid ne pouvait pas le battre. La perspective brillante de sa patrie lui a apporté le courage et la force de surmonter ses difficultés.

Un jour, afin de déplacer plus de charbon, Lei Feng a conduit son bulldozer trop vite et a endommagé le petit chemin de fer dans le dépôt de charbonnerie. Après que le maître l'ait découvert, il a sévèrement critiqué Lei Feng : « Lei, pourquoi ne fais-tu pas plus attention ? Comment d'autres camarades poussant les chariots peuvent-ils accomplir leur tâche avec un chemin de fer endommagé ? »

En entendant cela, Lei Feng a rougi d'embarras. Il n'a pas dit un mot et a rapidement réparé le petit chemin de fer pendant sa pause. Quelques jours plus tard, craignant que Lei Feng ne soit contrarié par les critiques sévères, le maître lui a demandé : « Lei ! Es-tu toujours en colère contre moi pour t'avoir critiqué aussi sévèrement ce jour-là ? »

« Votre critique est destinée à m'aider à surmonter mes lacunes et à rectifier mes erreurs. Les critiques sérieuses me rendent plus concentré. J'espère que vous pourrez m'aider davantage à l'avenir », a répondu sincèrement Lei Feng.

Dès lors, Lei Feng était plus modeste et respectueux envers le maître. Il a fait des progrès rapides dans sa technique et est devenu plus mature dans son esprit. Après seulement 3 mois d'apprentissage, il est devenu un opérateur qualifié de bulldozer.

L'avant du bulldozer « Staline 80 » qu'il utilisait était haut et grand, tandis que Lei Feng lui-même était petit. Assis dedans pour conduire, il ne pouvait pas voir la lame du bulldozer, ce qui a causé beaucoup d'inconvénients à son travail ; Debout dedans pour conduire, il a dû se baisser la tête contre le toit, car l'espace était trop petit. Il était si fatigué que son dos lui faisait mal à la fin de chaque journée, mais il ne se plaignait jamais et montait dans la cabine pour aller travailler comme d'habitude le lendemain.

Voyant que Lei Feng souffrait de la conduite du grand bulldozer, le directeur de service lui a suggéré de changer de bulldozer plus petit afin qu'il puisse s'asseoir dans la cabine tout en conduisant régulièrement. Cependant, Lei Feng a refusé fermement cette suggestion et a déclaré : « Un grand bulldozer déplace plus de charbon qu'un petit, et je peux relever le défi. »

Le directeur en service admirait son courage pour surmonter les obstacles. Il a loué Lei Feng lors d'une réunion préparatoire et a appelé tout le monde à apprendre de lui.

Après la réunion, Lei Feng a dit au directeur de service : « Pourquoi m'avez-vous loué, directeur ? Je n'ai pas assez bien performé. »

Le directeur de service pensait que Lei Feng était un jeune homme intègre et lui a demandé en retour : « Pourquoi es-tu prêt à accepter les critiques alors que tu es réticent à accepter les éloges ? »

« Les critiques peuvent m'aider à vaincre mes faiblesses et à corriger mes erreurs, alors que les éloges peuvent me faire relâcher dans mon travail et nourrir la fierté et l'orgueil », a répondu sincèrement Lei Feng.

Déplacer du charbon avec un bulldozer pouvait apporter de la terre. Lei Feng pensait que la terre dans le charbone ne devait pas être négligée, car une fois que la terre est mélangée au charbon, elle dégraderait la qualité du coke, ce qui affecterait à son tour la qualité de l'acier et du fer. Par conséquent, Lei Feng était très consciencieux dans la conduite. Même s'il y a juste un peu de terre dans le charbon, il les triait soigneusement du tas de charbon et le jetait de côté. Beaucoup d'ouvriers ont été touchés par son esprit sérieux et en sont inspirés.

Il était courant pour les jeunes amis de mettre des vêtements propres et de sortir ensemble pour voir un film ou une pièce de théâtre après une journée de travail. Voyant Lei Feng s'habiller simplement, certains de ses camarades lui ont conseillé :

« Vous êtes célibataire. Pourquoi économisez-vous de l'argent ? Achetez-vous de beaux vêtements ! »

Au début, Lei Feng n'a pas pris cela à cœur. Cependant, le temps passant et ses vêtements se déchirant, il a acheté une veste en cuir et un pantalon en laine dans une friperie. Ses camarades ont plaisanté : « Regardez ! Notre Lei Feng devient aussi magnifique ! »

Lei Feng était encore un peu gêné.

Bientôt, le Parti et le gouvernement ont lancé un appel : nous devrions mener une campagne pour augmenter la production et épargner des ressources. Tous les membres du Parti et de la Ligue à tous les niveaux devraient tenir de perpétuer la belle tradition de lutte difficile du Parti. Ce soir-là, Lei Feng est retourné au dortoir après une réunion de groupe. Alors qu'il regardait ses vêtements nouvellement achetés, l'appel du Parti et de l'organisation de la ligue lui est venu à son esprit. Il s'est reproché : « Je suis né pauvre. Comment puis-je faire autant attention à ce que je porte ? N'est-ce pas là une trahison de la belle tradition de lutte difficile du Parti ? » Dans la nuit, il se tournait et se retournait dans son lit avec des scènes de l'amertume de l'ancienne société et du bonheur de la nouvelle société dans sa tête. Il s'est rappelé : « Je ne dois jamais oublier l'amertume passée du fait de la bonheur présent. Se contenter des plaisirs matérialistes me rend plus enclin à oublier l'édification socialiste. La belle tradition de lutte difficile du Parti ne doit pas être perdue. »

Lei Feng a également saisi une vérité de cette petite affaire : personne n'est né pour être un révolutionnaire. Comme la vis qui ne rouillera pas si elle est fréquemment entretenue et frottée, les pensées des gens ne se tromperont pas si elles sont constamment vérifiées et reformées.

Un jour de 1959, il a écrit dans son journal :

« Quand je suis entré dans l'usine en 1958, j'étais juste un travailleur acharné avec un esprit reconnaissant... Plus tard, sous l'éducation du parti, particulièrement inspirée par la ligne générale du parti pour la construction socialiste et la vigueur de tout la nation, ma pensée et ma vision sont devenues plus larges et plus profondes, je suis aussi devenu de plus en plus énergique dans le travail. »

Dans son journal d'un jour d'octobre de la même année, il a en outre exprimé sa détermination :

« Je m'engage à exécuter toutes les décisions du Parti et du président Mao, et à maintenir loyauté et fidélité envers les deux. Je vais étudier dur, travailler dur et être prêt à sacrifier tout ce que j'ai, non pas dans mon propre intérêt, mais dans l'intérêt du Parti ainsi que du peuple. »

Lei Feng est une telle personne, une personne avec des exigences strictes qui se tient à des standards élevés.

Traduite par LI Yi

« C'est la jeunesse !

Lei Feng disait souvent : « Pas de vent ni de pluie, pas de grands arbres ; pas de frappe ni de trempe, pas d'acier solide. Affronter les difficultés et aller de l'avant est la voie à suivre pour que toute jeunesse révolutionnaire grandisse. Les jeunes prometteurs avec des idéaux doivent être prêts à supporter les épreuves. »

En août 1959, le soleil ressemblait à une boule de feu. Lei Feng et un groupe de jeunes camarades sont allés dans une cokerie, déterminés à apporter de nouvelles contributions à la révolution socialiste et à l'édification de leur patrie.

Le nouveau chantier de la cokerie se trouvait au pied d'une montagne isolée à Gongchang Colline. En tant que pionniers, ils ont dû repartir de zéro. Le dortoir des travailleurs n'avait pas été construit, ils ont dû se loger temporairement dans des maisons en terre bien misérables où la pluie s'infiltrait par les toits et le vent sifflait par les fissures. La cantine était un grand hangar à nattes provisoire avec une cuisinière en plein air. Les sentiers étaient accidentés et inégaux. L'eau devait être collectée dans un village situé à plus d'un kilomètre du chantier. Les conditions de travail et de vie ici étaient très rudimentaires par rapport aux celles de l'usine chimique Ansteel.

Mais Lei Feng ne s'est pas préoccupé de tout cela. Dès son arrivée au chantier, il a aidé ses camarades à porter leurs bagages et à faire les lits. À l'intérieur comme à l'extérieur, il était aussi occupé qu'une abeille. Monsieur Li, le secrétaire général de branche de la Ligue de la jeunesse communiste au chantier, savait que Lei Feng était un travailleur excellent d'Ansteel. Il avait participé à la conférence des jeunes militants socialistes de la construction dans la ville d'Anshan et était un membre exceptionnel de la Ligue de la jeunesse communiste. Après son arrivée ici, il a travaillé toute la journée, ne prenant aucune pause. Monsieur Li s'est demandé : « Pour faire un bon travail dans le chantier de construction et mener à bien le travail de la Ligue de la jeunesse communiste, il est nécessaire que des membres aussi remarquables comme Lei Feng jouent un rôle exemplaire. » Par conséquent, il a appelé Lei Feng à son côté et a dit : « On dit que vous êtes différent de ces camarades qui craignent des difficultés et qui ne sont pas rassurés. J'espère que vous pourrez jouer un meilleur rôle à l'avenir. » Lei Feng a répondu avec détermination : « Je suis issu d'une famille pauvre. C'était le Parti communiste chinois qui m'a nourri. Je peux m'adapter aux circonstances où que je sois. Me voilà au chantier, il est donc ma maison. Plus c'est difficile, plus on peut former des gens. Je dois m'enraciner ici ! »

Cette nuit-là, avec un cœur chaleureux et résolu, Lei Feng s'est allongé dans son lit, pensant instantanément à la façon dont il construirait une cokerie moderne au pied de cette montagne isolée avec ses camarades, et apporterait de nouvelles contributions à l'industrie sidérurgique de la patrie. Il se disait : « Les difficultés actuelles sont temporaires, partielles et surmontables. Une fois ces défis surmontés, de nouvelles perspectives et victoires s'offriront bientôt à nous. »

Ils ont commencé à construire des dortoirs. Lors du transport des pierres, Lei Feng portait les plus lourdes; lors du transport du bois, il chargeait les plus gros. Lorsqu'il découvrait des personnes bienveillantes et des actions louables, il composait des allegros, écrivait les journaux muraux et les prêchait. Partout où il allait, il était aussi énergique qu'un feu: brûlant. Son chef l'a enrôlé dans les commandos de la jeunesse et les membres de la Ligue de la jeunesse communiste l'ont élu membre du comité de propagande de la branche de la Ligue de la jeunesse.

En hiver, la zone montagneuse du nord-est était glaciale, ce qui a apporté de nouvelles difficultés à la construction.

Le chef a attribué la tâche la plus fatigante et la plus sale, à savoir mélanger la boue, au groupe de Lei Feng. Après deux jours de travail, Lei Feng a constaté que les camarades de maçonnerie et de transporteurs de briques ne pouvaient pas commencer la construction immédiatement tant que l'équipe de boue n'avait pas terminé leur travail, ce qui a sérieusement retardé la progression des travaux. Lei Feng pensait que le groupe de mélange de boue devait travailler à l'avance plutôt que de prolonger la période de construction de l'ensemble du groupe. Dès lors, il a mobilisé plusieurs membres de la Ligue de la jeunesse communiste du groupe pour mélanger de la boue sur le chantier tous les jours alors que c'était encore l'aube et que d'autres dormaient encore. Ainsi, dès que les camarades de maçonnerie et de transporteurs de briques se seraient mis au travail, ils pourraient commencer tout de suite. Mais aucun d'eux n'avait d'expérience dans la construction en hiver au début, et la viscosité du sol et de la boue était trop faible pour coller solidement les briques.

Après des recherches, le mélange d'absinthe, de sable et de terre a permis de résoudre le problème. Cependant, étant donné qu'ils n'utilisaient que des pelles et des crochets à deux dents pour le malaxage, l'avancement était lent et certains blocs de sol dur ne pouvaient pas être complètement remués. Les camarades du maçonnage du mur se sont plaints : « Que faites-vous de la boue ? Il y a encore tellement de gros éléments durs dans le mélange. Ce genre de ciment ne marche pas bien du tout ! »

Lei Feng pensait qu'ils avaient raison, mais que pouvait-il faire? Il ôta ses chaussures, retroussa les jambes de son pantalon, entra dans l'eau boueuse et écrasa les mottes avec ses pieds. Craignant que ses pieds ne gèlent, le chef de section prit rapidement des bottes en caoutchouc et demanda à Lei Feng de les mettre. Mais lorsqu'il a plongé dans la boue en portant les bottes en caoutchouc, elles se sont coincées et il n'a pas pu les retirer. La boue était toujours inégale malgré bien des efforts. Par conséquent, Lei Feng a catégoriquement jeté ses bottes et a de nouveau marché pieds nus dans la boue.

Sous la mobilisation de Lei Feng, ses partenaires l'ont également suivi. Bien que l'enduit soit glacial, le sable, les cailloux et l'absinthe désordonnés leur faisant mal aux pieds, ils s'y tenaient et obtenait finalement un ciment de bonne qualité.

Les travaux ont avancé vite, le mur en briques étant construit de plus en plus vite. Cependant, plus il s'élevait, plus il était difficile de transporter la boue. Dès le moment où ce problème est devenu apparent, Lei Feng cherchait des solutions tout en marchant pieds nus dans la boue. Il gesticulait dans la boue, et personne ne savait ce qu'il voulait faire.

Ye, venu du Hunan avec lui, lui a demandé curieusement :

« Lei Feng, que veux-tu faire avec ces gestes? »

« J'ai une idée, mais j'ai besoin de conseils. » Lei Feng a sorti ses pieds de la boue et a dit à Ye : « Je veux fabriquer une grue pour transporter la boue. Qu'est-ce que tu en penses ? »

Ensuite, il a rassemblé tout le monde et a dessiné un schéma sur le sol pour expliquer ses idées. « Oui, ça marchera certainement! » Tous les partenaires ont accepté ses idées et les ont immédiatement signalées à leur chef de section. Dès qu'ils ont obtenu son soutien, ils ont installé le « seau à barre transversale » sur le chantier de construction. Après le test, il s'est avéré totalement applicable pour soulever de la boue, des briques et des tuiles, ce qui a considérablement accéléré le progrès de la construction.

Il était déjà fin novembre, le temps devenait de plus en plus froid et il a commencé à geler le matin et le soir. Les fondations du dernier dortoir étaient encore en train d'être posées, et il était urgent de les terminer en cette froide saison d'hiver. À ce moment-là, les pierres servant à poser les fondations ont été épuisées, et celles près du chantier de construction ont également été utilisées. En attendant que la carrière apporte les pierres, on ne sait pas jusqu'à quel jour il faudra attendre. Le temps n'attend personne! Lei Feng et ses camarades de l'équipe de jeunes militants sont alors allés chercher des pierres partout.

Un jour, Lei Feng et Ye ont découvert de nombreuses pierres dans un fossé non loin du chantier. Ils ont pris un crochet en acier pour les soulever. Comme les pierres étaient très glissantes et qu'il était impossible de les retirer, tous deux ont enlevé leurs chaussures et leurs chaussettes, retroussé leurs pantalons, écrasé les fragments de glace sur la rive et ont traversé à gué pour les récupérer. Au fond de l'eau, leurs genoux sont trempés, les jambes et les pieds sont gelés, douloureux et engourdis. Malgré cela, ils ont serré les dents et ont insisté pour déplacer les pierres une à une jusqu'à la rive.

Au bout d'un moment, Lei Feng a dit à Ye : « Nous ne pouvons pas y arriver à deux. Nous devrions mobiliser tout le monde pour avoir plus de force. » Il a couru alors vers le site de construction et a appelé tous les jeunes commandos. Voyant les pierres dans la rivière, ils ont suivi tous Lei Feng et ont sauté pour les ramasser. Ainsi, le problème des pierres utilisées pour la pose des fondations ont été résolu.

L'enthousiasme de Lei Feng pour le travail d'abnégation et son courage pour surmonter les difficultés ont été largement salués par ses camarades. Il a été maintes fois désigné « pionnier de la production de la bannière rouge ».

Le soir, beaucoup de ses camarades jouaient aux échecs et au poker pendant leur temps libre. Parfois, Lei Feng jouait avec les autres, mais il passait la plupart de son temps à étudier. Il s'était fixé une règle qu'il devait consacrer un temps fixe à la lecture chaque jour. Parfois, il préférait dormir moins pour continuer ses études lorsqu'il avait des réunions le soir. C'est pour cette raison que le vieux maître lui a souvent conseillé : « Tu vas abîmer tes yeux si tu lis toujours jusqu'à minuit. Ne ruine pas ta santé ! »

Lei Feng appréciait vraiment ses camarades pour leur attention et leur amour, mais il oubliait souvent leurs conseils une fois qu'il se plongeait dans les livres. Voyant qu'il lisait toujours tard dans la nuit, ses camarades ont proposé une autre perspective: « Tu lis toujours en pleine nuit, ce qui gaspille non seulement l'électricité publique mais dérange aussi les autres. » Ces mots ont finalement attiré l'attention de Lei Feng, car il ne ferait jamais quoi que ce soit de préjudiciable au collectif. Comme la salle de contrôle de l'atelier venait d'être réparée, il s'y rendait souvent pour lire.

Une nuit, Lei Feng lisait un livre dans la nouvelle salle de répartition lorsqu'il entendit la pluie tomber à l'extérieur. Il sortait de la salle de contrôle, affrontant le vent et la pluie dans l'obscurité. Il ne voyait rien.

« Il y a encore six wagons de ciment qui n'ont pas été déchargés sur le chantier », dit anxieusement le dispatcheur qui y habitait, « Une fois exposés à la pluie, ils vont se détériorer. Il faut appeler les secours au plus vite ! »

En entendant la nouvelle, Lei Feng a été stupéfait. « Le ciment est une propriété nationale, nous ne devons pas subir de pertes », a pensé-t-il, il a immédiatement couru vers le dortoir sous le vent et la pluie. Il a rassemblé plus de 20 jeunes hommes et a ramené ses vêtements et ses couettes sur place pour recouvrir le ciment. Il a ensuite organisé les gens pour chercher de textiles imperméables et de nattes en roseau. Après une bataille acharnée par une nuit pluvieuse, plus de 7 200 sacs de ciment ont été sauvés. Pendant ce temps, les vêtements et les couettes de Lei Feng étaient en désordre, mouillés de boue et d'eau.

Quelques jours plus tard, le Quotidien du Liaoyang a publié un article sur l'événement de sauvetage, louant Lei Feng pour ses sacrifices en faveur du bien public. Que pensait Lei Feng ? Il a écrit dans son journal à l'époque :

« Ah, la jeunesse ! Elle est toujours belle, mais la vraie jeunesse n'appartient qu'à ceux qui vont toujours de l'avant, qui travaillent toujours avec abnégation et qui sont toujours modestes. »

Un matin, sous une neige légère, la température s'est abaissé à moins 20 degrés. Ye devait prendre un bus tôt pour se rendre à Anshan pour son travail. Dès qu'il est sorti, il a frissonné. Les flocons de neige flottaient dans le vent du nord. Il faisait vraiment froid, pensait-t-il. Il a marché sur la route près de la montagne, enfonçant ses mains dans ses manches et il a découvert soudain une silhouette devant lui. L'homme n'était pas grand, et ses deux oreillettes étaient soufflées droit par le vent. Il tenait un panier à fumier dans une main et une pelle à fumier dans l'autre, se baissant et se relevant alternativement pendant un moment. Les gens du nord sont des gens robustes, pensait Ye, un jour aussi froid pour se lever tôt afin de ramasser du fumier ! En s'approchant de l'homme, il était frappé d'une grande stupeur :

« Lei Feng ! » Ye a crié et s'est précipité vers lui, attrapant la pelle à fumier, « Pourquoi ramasses-tu du fumier le matin ? Tu veux faire du travail agricole ? »

« Je ne fais pas de l'agriculture. Je ramassais juste du fumier pour soutenir l'équipe de production de Gusao. La branche ne nous appelle-t-elle pas de faire mieux pour l'équipe de production ? La ville a besoin de notre aide. De plus, se lever tôt peut aussi améliorer ma résistance au froid. » a répondu Lei Feng.

Ye admirait Lei Feng pour sa réponse, en particulier lorsqu'il pensait que s'il n'avait pas pris le bus tôt, il serait sûrement en train de dormir dans un lit chaud maintenant. Cependant, en réponse à l'appel du groupe, Lei Feng s'était déjà levé pour ramasser un demi-panier de fumier. Ye pensait à la contribution de Lei Feng à l'équipe de production et se dit qu'il ne devrait pas se laisser distancer. Il a abandonné donc l'idée d'aller faire son affaire à Anshan et a rejoint Lei Feng pour ramasser du fumier.

Les deux bavardaient en travaillant. Lorsque Ye vit que Lei Feng ne portait qu'un pull et qu'il était gelé, il lui a demandé:

« Où est ton mandeau ? »

« Je l'ai mis sur grand-père Lü il y a un instant. »

Grand-père Lü était un berger qui habitait près du siège de l'équipe de production de la ville de Gusao. Lei Feng allait parfois travailler avec l'équipe de production et a appris que le vieil homme avait beaucoup souffert dans l'ancienne société. Après la libération, il avait enfin été reconnu et s'était consacré à la production. Lei Feng admirait le vieil homme du fond du cœur. Ce matin, alors qu'il se levait pour ramasser du fumier, il rencontra par hasard le vieil homme en train de travailler. Voyant qu'il était peu couvert, il a enlevé son manteau et le lui a offert. Après avoir refusé plusieurs fois, grand-père Lü l'a finalement accepté avec gratitude. Ye savait que Lei Feng avait une relation étroite avec Grand-père Lü, mais il ne comprenait pas vraiment la relation liée à leur destin de classe commune.

« Tu portes si peu de vêtements et tu continues à ramasser du fumier, tu n'as pas froid? » lui a demandé Ye avec inquiétude.

« Nous pouvons nous réchauffer en faisant des exercices du sport, mais nous ne devrions pas laisser les personnes âgées souffrir du froid », dit Lei Feng. « Il m'arrive de ressentir cela, lorsqu'on fait quelque chose de bien pour les autres, bien qu'on ressente le froid, on est réchauffé au coeur. »

Cet incident a rendu Ye encore plus admiratif de Lei Feng. Dès lors, ils ramassaient souvent du fumier de l'aube à la nuit. Près du site de construction, ils ont creusé une fosse à purin et ont transporté le fumier à l'équipe de production de Gusao une fois la fosse remplie. Au total, ils en ont envoyé plus de 1000 kilos. Les membres de la coopérative de Gusao ont été surpris de voir un tas de fumier sur le sol, mais ils ont appris par la suite que c'était Lei Feng et son partenaire qui l'avaient envoyé en secret. Très émus, les membres ont écrit au dirigeant du site pour faire l'éloge de Lei Feng et ont également exprimé leur vocation de produire davantage de céréales pour soutenir la construction industrielle.

Lei Feng n'a travaillé dans la cokerie que pendant cinq mois, ce qui avec son temps dans l'usine chimique générale d'Ansteel, représente seulement un an et deux mois au total. Au cours de cette période, il a été élu trois fois producteur avancé, dix-huit fois porte-étendard et cinq fois travailleur d'avant-garde à bannière rouge. Il a également remporté le titre de jeune militant de la construction socialiste. Sa jeunesse fervente lui a valu de nombreux d'honneurs. Il a écrit les phrases suivantes dans son journal :

« Une seule goutte d'eau dans la mer ne se tarira jamais. Une personne ne peut devenir vraiment puissante que lorsqu'elle s'implique dans un travail collectif. La force vient de l'unité, la sagesse du travail, l'action de la pensée et l'honneur du collectif. Je me garderai toujours de l'arrogance et de la témérité et je continuerai à aller de l'avant. »

Traduit par ZHENG Yuwen

⟨⟨⟨⟨⟨⟨ « Je veux rejoindre l'armée ! »

Le recrutement de 1960 commença. À l'annonce de cette nouvelle, les jeunes sautèrent de joie, en proclamant : « Nous allons nous engager dans l'armée pour défendre notre patrie ! »

Le 3 décembre 1959, Monsieur Li, secrétaire général du Parti de la Section des Mines et de la Cokerie présenta un rapport sur le recrutement. Après avoir écouté le rapport, Lei Feng était très enthousiasmé. Il se dit : « Protéger mon pays en servant dans l'armée est non seulement mon devoir, mais aussi un souhait que j'ai depuis longtemps. On m'avait dit que je ne pouvais pas être admis car j'étais trop jeune, mais maintenant c'est une opportunité ! Je dois faire tout mon possible pour y parvenir ! »

Selon la date d'inscription, il fallait attendre jusqu'à 8 heures le lendemain. Lei Feng ne parvint pas à dormir cette nuit-là, tant il était excité. Pour être le premier à s'inscrire, il se leva à 3 heures du matin et se précipita vers le bureau du secrétaire. Il frappa à la porte à plusieurs reprises, et lorsque le secrétaire Monsieur Li ouvrit la porte, il vit que c'était Lei Feng qui était là. « Qu'y a-t-il de nouveau, Lei Feng ? Pourquoi n'es-tu pas en train de dormir ? » sourit Monsieur Li.

« Il est urgent, Monsieur Li. Je suis venu pour m'engager dans l'armée ! »

« Toi... Vas vite t'habiller ! Si tu attrapes froid, tu ne pourras pas porter d'armes à feu sur ton épaule ! » s'exclama Monsieur Li en prenant un grand manteau de son lit pour couvrir Lei Feng. Il le fit s'asseoir à ses côtés et lui serra la main en disant : « Félicitations pour ton engagement dans l'armée et pour la défense de la patrie... »

Sans attendre que le secrétaire Li finisse de parler, Lei Feng ajouta rapidement : « Monsieur, le secrétaire Li, vous êtes d'accord ! Youpi, j'ai réussi ! » Et sans plus attendre, il retourna joyeusement dans sa chambre.

Quelques jours plus tard, la liste fut annoncée publiquement. Lei Feng écouta attentivement mais ne put pas entendre son nom. Il alla alors trouver Monsieur Li pour lui demander la raison : « Pourquoi mon nom n'est-il pas sur la liste ? Pourquoi ? »

Monsieur Li posa affectueusement sa main sur l'épaule de Lei Feng et dit : « Tu as oublié de choisir d'obéir à la désignation ? » Puis, il lui montra une chaise pour qu'il s'y assoit.

« Ma demande était de devenir soldat, de défendre la patrie et de protéger les fruits de la révolution. En tant qu'enfant pauvre, je ne comprends pas pourquoi vous ne me considérez pas ? »

Le secrétaire Li sourit, et dit sérieusement : « Les dirigeants prennent en compte l'ensemble de la situation lorsqu'ils examinent les demandes. Bien que nous soyons heureux de voir dans notre usine un grand nombre de camarades souhaitant rejoindre l'armée, ce n'est pas possible pour tout le monde d'être admis. D'une part, les quotas sont limités, et d'autre part, notre usine a besoin de conserver une partie importante de personnels pour s'engager dans la production. Et toi... »

Mais Lei Feng l'interrompit rapidement en disant : « Je veux rejoindre l'armée, c'est mon souhait et mon droit ! J'espère que les supérieurs prendront ma demande au sérieux ».

« C'est vrai que défendre la patrie en servant dans l'armée est une grande gloire, mais participer à la construction du socialisme est également une grande fierté. »

Lei Feng répondit : « Je suis d'accord avec vous, c'est également une grande fierté. Mais mon cœur est déjà décidé à rejoindre l'armée. » Puis, il se résigna et ajouta : « Monsieur Li, pourriez-vous m'aider à trouver un contact et me laisser partir s'il vous plaît ? »

Monsieur Li comprit l'émotion de Lei Feng, qui était déterminé à rejoindre l'armée. Il promit de l'aider en disant : « Lei, ce n'est pas suffisant d'être admis par l'usine, il faut également faire une demande auprès du bureau de recrutement de l'APL. »

Prenant à cœur ce message, Lei Feng se leva très tôt le lendemain matin. À peine se fut-il lavé, il se mit en route, sans prendre le petit déjeuner, à la recherche de Monsieur Li pour lui demander une demi-journée de congé et une lettre de présentation pour communiquer avec le bureau de recrutement de l'APL de Liaoning.

Lorsqu'il arriva à la destination, Lei Feng exprima son intention. Quand il trouva le responsable du département militaire, Lei Feng lui dit :

« Je m'appelle Lei Feng et je viens de l'Usine de Cokéfaction d'ANSHAN. Je viens ici pour rejoindre l'armée et j'espère que ma demande sera acceptée, s'il vous plaît. »

« Nous sommes heureux de voir que vous êtes intéressé à vous engager dans l'armée. Cependant, il y a un quota pour le recrutement et tous les jeunes en âge de servir ne peuvent pas être admis », expliqua patiemment le camarade du département militaire.

Lei Feng était tellement stressé qu'il commença à parler de son expérience et à expliquer pourquoi il voulait rejoindre l'armée. Finalement, il dit : « Quand je pense au passé et que je réalise que l'impérialisme entoure toujours notre pays et que Chiang Kai-shek est en train de se cacher à Taiwan... Tout cela me pousse à prendre les armes pour défendre ma patrie et protéger les fruits de la victoire révolutionnaire ! » En prononçant ces mots, il fut submergé par l'émotion et se mit à pleurer.

Le camarade responsable du département militaire remarqua la détermination indéniable de ce jeune homme, il décida donc de l'emmener au poste de santé pour un examen médical.

Quand Lei Feng arriva au poste de santé pour l'examen médical, il vit que les autres jeunes candidats étaient plus grands et plus robustes que lui, ce qui le rendit inquiet. Pour la mensuration, il se leva discrètement sur la pointe des pieds pour paraître un peu plus grand. Le médecin remarqua sa petite astuce et sourit en disant : « Tricher ne te mènera nulle part ! » Il tapota ensuite l'épaule de Lei Feng et lui demanda de se tenir droit pour refaire la mesure.

Lorsque le médecin demanda à Lei Feng de se mesurer à nouveau, ce dernier expliqua : « Ne vous fiez pas à ma petite taille, je suis un conducteur de bulldozer et j'ai beaucoup d'énergie dans tout mon corps. »

Lorsque le médecin pesa Lei Feng, le jeune essaya de se concentrer et d'appuyer fortement vers le bas. Cependant, le médecin sourit en disant : « Même si tu pousses fort, tu ne pèses que 50 kilos. »

Lei Feng expliqua précipitamment : « C'est parce que je n'ai pas pris de petit déjeuner, sinon j'aurais un peu plus. »

Le médecin sourit face à cette réponse ingénieuse.

Puis Lei Feng, toujours avide de connaître les résultats, demanda : « Maintenant, l'examen chirurgical est terminé, suis-je qualifié ? »

Le médecin répondit directement : « Il vous manque encore quelques kilos ! Votre état ne répond pas aux critères d'éligibilité. »

En entendant cela, Lei Feng fut étonné. Se demandant s'il pourrait devenir soldat malgré ses craintes concernant sa taille et son poids, il resta silencieux.

Après l'examen chirurgical, Lei Feng subit ensuite un examen général. Lorsqu'il retira son chemisier, le médecin constata une cicatrice sur son dos et demanda : « Quand as-tu eu cette blessure ? »

Lei Feng répondit avec conviction : « Cette cicatrice est un rappel de la souffrance infligée par l'ancienne société ! C'est pour empêcher les gens de porter de telles blessures que j'ai demandé à rejoindre l'armée ! »

Le médecin éprouva une sympathie, mais il n'était pas physiquement qualifié et le médecin ne pouvait pas prendre de décision, alors il lui dit : « Va parler au camarade dirigeant du département des forces armées populaires, ça pourrait marcher ! »

Suivant le conseil du médecin, Lei Feng se rendit immédiatement au bureau général de recrutement de l'APL. À son arrivée, il fut reçu par un assistant chargé des dossiers de recrutement. Lei Feng lui expliqua humblement sa situation en suppliant : « Permettez-moi de m'engager dans l'armée, s'il vous plaît. »

L'assistant expliqua : « Le processus de recrutement est soumis à la législation en vigueur, donc si vous ne remplissez pas les conditions de santé requises, malheureusement, cela ne sera pas possible. La construction et la défense de la patrie sont des responsabilités qui incombent à tous, peu importe leur rôle. »

« Selon vous, je n'ai donc aucune chance de devenir soldat ?! » murmura Lei Feng en ajoutant, « pourriez-vous, s'il vous plaît, me donner quelques idées ? »

L'assistant de recrutement déclara : « Le cadre de réception est la personne qui supervise les examens médicaux et physiques des candidats à l'engagement dans l'armée. En étant du génie militaire, il comprend l'importance de la condition physique et sait ce qu'il faut pour réussir les examens de recrutement. »

Lei Feng écouta attentivement et demanda avec empressement : « Pourriez-vous me dire comment je pourrais entrer en contact avec le cadre de réception ? J'aimerais lui demander des conseils. »

« C'est Monsieur Xing qui est chef de bataillon », rectifia l'assistant.

« Je vais le chercher. »

Lei Feng réussit à trouver le domicile de Monsieur Jing, il lui expliqua sa situation et son désir de rejoindre l'armée. Il lui dit : « Même si ma condition physique n'est pas optimale, je promets d'être un excellent soldat si j'ai la chance d'être admis. »

Monsieur Xing comprit l'urgence et le désir de Lei Feng de rejoindre l'armée. Avec empathie, il lui expliqua :

« Nous devons examiner ta demande avec d'autres camarades dans le bureau de recrutement et nous avons également besoin d'une lettre de recommandation de ton directeur d'usine. Tu pourrais donc rentrer chez toi et nous te tiendrons informé de la décision qui sera prise. »

Traduit par YUAN Yuchen

《《《《《 L'esprit d'enfoncement des clous

Un jour, un élève du nom de famille Jia (appelé Petit Jia) attendait que le film commence. Ensuite, son attention a été attirée par un soldat de l'APL (l'Armée populaire de Libération de Chine) qui était assis devant lui et absorbé par un livre.

Par curiosité, Jia s'est avancé, voulant savoir quel était le livre qui intéressait tant le soldat. Il s'agissait d'un extrait des Œuvres choisies de Mao Tsé-Toung. Quand il a aperçu cet homme, Petit Jia s'est exclamé avec surprise et plaisir :

« Aha ! Je ne m'attendais pas à vous voir ici, oncle Lei Feng ! Le film est sur le point de commencer et pourtant vous saisissez toujours une chance de lire en si peu de temps. »

Interrompu par Jia, Lei Feng le regarda et lui a dit : « Je ne pense pas que ce soit un court laps de temps. J'ai déjà lu plusieurs pages. » Il a ensuite poursuivi : « Même si le temps est court, vous pouvez toujours terminer pas mal de pages. Les petits ruisseaux font les grandes rivières. L'apprentissage s'appuie fortement sur la pleine utilisation du temps. » Puis il a demandé au jeune :

« Travaillez-vous dur sur vos études ? »

« Non, je ne le fais pas », a répondu Jia avec embarras.

« Ce n'est pas bon », a gentiment conseillé Lei Feng à Xiao Jia, « Vous étudiez maintenant dans de bonnes conditions à l'école, vous devriez donc saisir cette chance et étudier dur. » Au cas où Xiao Jia aurait mal compris, Lei Feng ajouta : « Bien sûr, il est également important de participer à certaines activités physiques et récréatives nécessaires. Cependant, vous devez être attentif lorsque vous étudiez. Sinon, le temps sera perdu. »

Tel est Lei Feng, qui a saisi chaque minute pour étudier. En école primaire, il était un bon élève diligent.

Lorsqu'il a travaillé comme fonctionnaire au comité du PCC de l'arrondissement de Wangcheng, Lei Feng a suivi des cours de chinois et d'arithmétiques dans une école de continuation établie par le gouvernement, profitant pleinement de son temps pour lire des ouvrages sur la politique et la culture morale, ainsi que d'excellents chefs-d'œuvre littéraires et des livres sur les héros révolutionnaires. Sous l'influence de ces livres, il était déterminé à s'inspirer de ces figures héroïques et à devenir une personne vertueuse.

Lorsqu'il a travaillé en tant que niveleur dans le groupe Anshan Iron, ou un constructeur sur un site de coke dans une mine, il a saisi chaque instant pour lire. Après avoir rejoint l'armée, il a étudié davantage. Chaque jour après le dîner, en plus de participer aux activités nécessaires, il a passé le reste de son temps à lire. Après l'extinction des feux, de peur de déranger le sommeil de ses colocataires dans le dortoir, il étudiait dans d'autres endroits, comme le garage ou le hangar à outils, la cuisine ou les chambres du quartier-maître. Parfois, à l'époque où il était dans l'armée, il étudiait dans la chambre de l'ordonnance jusqu'à minuit.

Un soir, bien qu'il soit déjà très tard, Lei Feng lisait encore sous une lampe.

L'instructeur est revenu du siège du bataillon et a dit à Lei Feng avec préoccupation : « Lei, il est presque minuit. Allez dormir maintenant ! »

Lei Feng levait la tête et regardait l'instructeur, pensant : l'instructeur a eu une journée bien remplie et doit être épuisé. Alors, il a dit : « Instructeur, allez dormir ! Je retournerai au dortoir dans un instant. »

L'instructeur s'est déshabillé, a éteint les lumières et s'est endormi rapidement. Plus tard, il s'est réveillé, constatant que la lumière était toujours allumée. Il trouvait cela bizarre, certain qu'il avait déjà éteint la lumière. En regardant attentivement, il a découvert que Lei Feng était toujours là et lisait attentivement des livres.

L'instructeur drapait doucement son manteau sur ses épaules, s'approchait du dos de Lei Feng et feuilletait le premier volume des Œuvres choisies de Mao Tsé-Toung à côté de Lei Feng.

C'est alors que Lei Feng a remarqué que l'instructeur se tenait à côté de lui. Il s'est levé immédiatement et dit, le visage rouge et embarrassé : « Désolé, directeur, j'ai dérangé votre repos. »

« Non, pas du tout. Il est si tard. Pourquoi vous n'allez pas dormir ? » L'instructeur a dit avec inquiétude.

« Je n'ai pas fini de lire cet article, ce qui hante mon esprit », a répondu Lei Feng.

L'instructeur, bien qu'ému par la diligence de Lei Feng, le pressa tout de même d'un ton bienveillant, « vous feriez mieux de dormir. Nous avons des missions demain. »

Lei Feng le saluait, disait d'accord, puis retournait dans son dortoir.

Il avait peur d'interrompre le sommeil de l'instructeur s'il étudiait plus longtemps dans la chambre de l'ordonnance. Aussi, pour ne pas déranger les autres, il s'allongeait sous sa couverture et s'éclaira à l'aide d'une lampe de poche pour étudier après l'extinction des feux.

Un dimanche soir, tous ses camarades sont allés au cinéma. Il a profité de cette occasion de lire, avec calme et attention, car personne n'était dans la pièce.

Après deux heures, ses camarades sont revenus les uns après les autres et se sont endormis. Lei Feng lisait toujours.

Une fois, Lei Feng lisait un article intitulé En mémoire de Norman Bethune. Il avait l'impression qu'un courant chaleureux traversait tout son corps lors de la lecture du paragraphe qui disait : « Nous devons tous apprendre l'esprit d'altruisme absolu chez lui. Avec cet esprit, chacun peut être très utile au peuple. Un homme pourrait être puissant ou moins puissant, néanmoins, une fois qu'il possède cet esprit, il est déjà noble d'esprit et pur, soit un homme qui est d'intégrité morale et au-dessus des intérêts vulgaires, ayant de la valeur pour le peuple. » Chaque fois qu'il le lisait, il se décidait toujours secrètement : « Je dois être une personne peu soucieuse d'elle-même, jamais un égoïste. » Il tenait ce livre étroitement dans ses bras, avec des larmes d'émotion coulant sur l'oreiller.

Pendant que d'autres dormaient, l'instructeur est venu vérifier des lits et a trouvé que Lei Feng lisait et écrivait toujours. Il craignait que Lei Feng ne se couche tard et que son assiduité n'affecte ses performances le lendemain, alors il lui a chuchoté : « Lei, il est déjà 1 heure du matin, allez-y ! »

Lei Feng a répondu : « Dès que j'ai pris les œuvres du président Mao, plus j'en apprenais, plus je suis devenu enthousiaste, et je ne voulais même pas dormir. »

« Dépêchez-vous de dormir ! » Le directeur a déclaré. Il a pris la lampe de poche de

Lei Feng, l'a éteint et l'a mis dans son sac. Puis il a glissé la courtepointe autour de Lei Feng et est parti.

Tel était Lei Feng, un homme qui appréciait toujours son temps pour lire et étudier, jour et nuit, sans se sentir fatigué.

Lei Feng, en réponse à certaines personnes qui ont le problème de ne pas avoir le temps d'étudier, a résumé son expérience en matière de manque de temps pour étudier, et a écrit un tel journal :

« Certaines personnes disent qu'elles sont occupées au travail et qu'elles n'ont pas le temps d'étudier. Je pense que le problème n'est pas d'être occupé au travail, mais de savoir si l'on est prêt à apprendre, si l'on a le temps. Pour apprendre, le temps est là, la question est de savoir si nous sommes bons pour presser le temps, si nous sommes prêts à forer. Une bonne planche, il n'y a pas d'œil dessus, mais pourquoi le clou est-il capable de la percer ? Il s'agit de s'appuyer sur la pression pour pénétrer dans la planche. De ce point de vue, le clou a deux forces : l'une est de presser, l'autre de percer. Dans nos études, nous devrions également promouvoir cet esprit de clous, bon pour presser et bon pour percer. »

L'esprit d'enfoncement des clous que Lei Feng a préconisé pour les études est en effet une vérité. Il a donné un bon exemple à nous tous.

Traduit par YI Weijie

《《《《《 Prendre du plaisir à aider les autres

    Un jour de mai 1961, Lei Feng se rendait à Dandong pour des affaires officielles et quittait sa compagnie à 5 heures du matin. Sur le chemin de la gare de Fushun, il vit une femme d'âge moyen avec un enfant sur le dos, menant une fillette de six ou sept ans par la main pour prendre le train. La pluie tombait doucement et aucun d'entre eux ne portait d'imperméable. Soudain, la fillette glissa dans une flaque d'eau et ses vêtements se fut couverts de boue. Elle se remit debout et continua son chemin en pleurant. Voyant cela, Lei Feng pensait immédiatement : « Le but fondamental de notre armée est de servir le peuple de tout cœur, alors les problèmes des masses sont mon affaire. » Lei Feng s'empressa d'aller aider la femme, enlevant son imperméable et le mettant sur elle, puis il prit la petite fille sur son dos et se rendit à la gare avec eux. Après que Lei Feng ait acheté le billet pour elle, ils montèrent ensemble dans le train. Après être monté dans le train, Lei Feng remarqua que la petite fille frissonnait et que ses vêtements et ses cheveux étaient encore mouillés. Sans se soucier de ses propres vêtements mouillés, il déboutonna donc rapidement son manteau, enleva la laine polaire qui était encore sèche à l'intérieur et la mit sur la jeune fille. Entendant que les trois étaient sortis sans petit-déjeuner le matin, Lei Feng leur donna ses trois brioches à la vapeur. Le train arriva à Shenyang à 9 heures. Lei Feng tint la main de la petite fille et fit sortir la mère et les enfants de la gare.

    Lors d'une correspondance à la gare de Shenyang, Lei Feng vit une autre femme d'âge moyen en difficulté. Il s'approcha d'elle et lui demanda : « Que puis-je faire pour vous, madame ? »

    Cette femme répondit :

« Je viens du Shandong① et je vais rendre visite à ma famille à Jilin②. J'ai pris un repas ici en attendant le transfert. Mais j'ai perdu mon billet et je n'ai pas d'argent pour en acheter un autre. Je ne sais pas quoi faire. »

Lei Feng essaya de la réconforter et lui dit :

« Ne vous inquiétez pas, madame. Venez avec moi. » Lei Feng l'emmena au guichet et lui acheta un nouveau billet.

Lors de leur séparation, la vieille femme demanda avec gratitude :

« Quel est votre nom, camarade ? Dans quelle compagnie es-tu ? »

Lei Feng sourit, pensant que cette femme était vraiment bonne et qu'elle voulait probablement rembourser l'argent :

« Ce n'est pas grave, il est temps de monter rapidement dans le train. Je suis un soldat de l'Armée populaire de libération, vivant en Chine. »

La vieille femme monta dans le train et salua Lei Feng, les larmes aux yeux.

Lei Feng revint de Dandong et changea de train pour Fushun à Shenyang. Vers 5 heures du matin, Lei Feng, portant un sac à dos, contrôla le billet et se rendit sur le quai. En passant par le passage souterrain, il vit une vieille femme aux cheveux blancs, munie d'un bâton et d'un gros chargement de bagages. Lei Feng la rattrapa et demanda : « Madame, où allez-vous ? »

« Je vais rendre visite à mon fils à Fushun », dit la vieille femme à bout de souffle.

Lorsque Lei Feng apprit qu'elle allait dans sa direction, il prit immédiatement le bagage le plus lourd, tint la vieille femme par la main et dit : « Je vais aussi dans cette direction. »

Lei Feng aida la dame à monter dans le train bondé. Au moment où il s'apprêtait à trouver un siège pour la dame, un étudiant se leva et laissa la dame s'asseoir. Lei Feng se tint à côté d'elle et, lorsque le train démarra, il sortit de son sac les deux pains qu'il avait achetés sur le quai et les partagea avec elle. La vieille femme le regarda et dit :

« Je n'ai pas faim, allez-y ! »

« Prenez-le, s'il vous plaît. » Il pressa le pain dans la main de la femme. La vieille dame l'accepta et fut si émue qu'elle ne pouvait pas dire un mot. Elle se déplaça un peu

---

① Province côtière de la République populaire de Chine, faisant partie de la région de la Chine orientale.
② L'une des trois provinces du nord-est de la Chine.

à l'intérieur pour faire de la place et dit :

« Asseyez-vous ici, mon enfant. »

L'appel de « mon enfant » rappelait à Lei Feng les souvenirs de sa mère. Il ressentit la même chaleur que la voix de sa mère lorsqu'elle l'appelait par son nom lorsqu'il était enfant.

Lei Feng s'assit à côté de la vieille dame. Tout en mangeant du pain, il bavardait avec elle et apprenait quelque chose sur son fils.

« Mon fils, un ouvrier, est ici depuis plusieurs années. Je ne suis pas encore venue ici et je ne sais pas où il vit », La vieille dame sortit une lettre et la tendit à Lei Feng, « Regardez, vous savez où est-il ? »

Lei Feng ne connaissait pas non plus l'endroit. Mais il pouvait comprendre que cette vieille dame avait besoin d'aide pour retrouver son fils.

« Madame, ne vous inquiétez pas. Je vous aiderai à retrouver votre fils. »

« Ce serait bien », dit la vieille dame avec grand plaisir.

Lorsque le train entrait dans la banlieue de Fushun, la vieille dame fut tellement surprise par les hautes usines et les cheminées qu'elle ne put pas s'empêcher de regarder par la fenêtre.

« Madame, Fushun, notre capitale du charbon, est connue pour sa production élevée de bon charbon. Si vous rencontrez votre fils, qu'il vous fasse visiter les lieux. »

« Je suis vieille et dépassée, mais j'ai besoin d'élargir mes horizons. », dit-elle avec enthousiasme.

Le train entra en gare. Lei Feng aida la vieille dame à descendre du train et déposa d'abord son sac à dos. Il ensuite souleva les bagages de la vieille dame sur son dos, s'accrocha à son bras à travers la foule, demanda autour de lui et finalement trouva l'appartement de son fils après avoir cherché laborieusement pendant près de deux heures. Au lieu d'avoir une conversation avec son fils, elle lui dit : « Je ne t'aurais peut-être pas trouvé sans l'aide de ce gentil jeune homme. »

Lorsque Lei Feng était sur le point de partir, ils exprimaient leur regret de se séparer. Tenant les mains de Lei Feng, ils marchaient longtemps pour le voir partir.

Peu de temps après, Lei Feng reçut l'ordre d'effectuer une mission à Jiamusi. Lorsqu'il retourna à Shenyang en train, il continua à aider les jeunes et les personnes âgées. Il était tellement occupé qu'il était presque un agent de train obligatoire sans repos.

Xiao Wang, une agente de train de la ligne Shenjia, vit ce jeune soldat qui ne se reposait pas pendant un moment, et immédiatement se souvint des exploits de Lei Feng qu'elle avait lus dans le journal. Elle se demanda si ce soldat aux sourcils épais et aux grands yeux pourrait être Lei Feng. Elle s'apprêtait à lui demander lorsque le train arriva à la gare de Binjiang. Dehors, il pleuvait à verse. Par la fenêtre, elle pouvait voir les manutentionnaires s'affairer à recouvrir les marchandises et les bagages sur le quai. Dès que le train s'arrêta, Lei Feng descendit sous la pluie battante et travailla avec les manutentionnaires jusqu'à ce que la cloche sonna.

Lei monta sur le train. Une fois que Xiao Wang vit ses vêtements trempés et ses chaussures couvertes de boue, elle immédiatement tendit une serviette à Lei Feng et lui demanda :

« Quel est votre nom, camarade ? »

« Je m'appelle... » Lei Feng s'interrompit, essuyant la pluie sur son visage avec un sourire, « Pourquoi cette question ? »

« Si je devine bien, vous devez être le camarade Lei Feng, n'est-ce pas ? »

« Lei Feng... C'est un nom ordinaire », Lei Feng sourit humblement et lui rendit la serviette et dit, « Merci ! ».

Xiao Wang signala immédiatement au chef de train et à ses collègues que Lei Feng était dans le train. En entendant son nom, l'image d'un soldat au service du peuple leur venait à l'esprit. Pendant la pause, ils tous vinrent le voir l'un après l'autre. Certains lui serraient la main et discutaient avec lui, d'autres lui demandaient une autographie en souvenir.

Lorsque tous les passagers descendirent du train à Shenyang, Lei Feng nettoyaient les wagons avec les agents de train. Après cela, il fit ses adieux aux agents enthousiastes.

L'histoire que Lei Feng a fait un grand nombre de bonnes actions lors d'un voyage d'affaires de mille kilomètres fut diffusée de cette manière.

Un soir de la mi-automne, la lune brillait dans le ciel et la brise était fraîche.

Toute l'escouade alla chercher les gâteaux de lune chez l'intendant, et chaque soldat en eu sa part. Ils parlaient et riaient en mangeant, et il y avait une atmosphère joyeuse partout.

Lei Feng reçut également quatre gâteaux de lune, mais il ne les mangea pas, se contentant de les tenir, hébété. Au bout d'un moment, il quitta tranquillement les autres et se dirigea vers le parking, retenant difficilement ses larmes. Cette nuit-là, le clair de lune argenté scintillait sur le sol et la brise fraîche soufflait doucement. Cependant, Lei Feng ne s'intéressait pas à ce paysage enchanteur, mais sombrait dans le terrible souvenir de la nuit où sa mère s'était pendue à une poutre.

Il pensait aux souffrances de sa mère dans l'ancienne société et au destin tragique de son père et de ses frères. Il ne pouvait s'empêcher de se dire : « Si mes parents pouvaient vivre pour voir que leur fils était devenu un soldat du peuple et que le peuple était devenu le maître du pays, comme ils seraient heureux ! »

De retour au dortoir, Lei Feng enveloppa les gâteaux de lune dans du papier et écrivit une lettre de sympathie chaleureuse :

« Chers amis et camarades qui ont été blessés et malades pour la cause socialiste, ces quatre gâteaux de lune m'ont été envoyés par le peuple. La douceur d'aujourd'hui me rappelle l'amertume du passé. Je pense donc naturellement à vous, veuillez accepter mon affection de soldat ! »

Le lendemain, il se rendit à l'hôpital du personnel de l'ouest de Fushun et remit les gâteaux de lune ainsi que la lettre de sympathie aux patients qui avaient contribué à l'édification du socialisme.

Les blessés partagèrent ses gâteaux de lune, le remercièrent pour sa profonde amitié et écrivirent une note de remerciement, exprimant leur détermination à quitter l'hôpital dès que possible et à accomplir de plus grandes réalisations sur le front de la production de charbon afin de remercier leur camarade pour les soins qu'il leur avait donnés.

Traduit par YANG Kun

 La boîte d'épargne

Lei Feng conservait toujours des habitudes de vie très frugales, se préoccupait toujours de l'édification socialiste de la patrie, montrant la vertu de la diligence et de l'économie à tous les égards.

Xiao Yu, une nouvelle recrue, a bien réussi son travail et ses études après avoir rejoint l'armée. Il n'avait qu'un seul défaut : dépenser de l'argent sans modération. Quand l'allocation mensuelle ne lui suffisait pas, il demandait aussi de l'argent en écrivant à sa famille.

Comme Lei Feng l'a souvent vu acheter des collations à manger, il lui a demandé :

« Xiao Yu, vous n'êtes plus un enfant, mais vous aimez toujours autant manger des collations. N'avez-vous pas peur d'être ridiculisé par les autres ? »

Influencé par l'admirable frugalité de Lei Feng, Xiao Yu était réellement conscient de ce défaut et voulait s'en débarrasser. Quoi qu'il en soit, Xiao Yu ne tolérait pas les critiques et ne pouvait s'empêcher de répondre par des remarques sarcastiques chaque fois que d'autres soulignaient ses défauts.

« Si tout le monde était comme vous, il n'y aurait pas de place pour rapporter de bonnes actions dans les journaux », a répliqué Xiao Yu.

Lei Feng n'a pas changé son style de vie frugal en dépit d'être satirisé par Xiao Yu. Bien que ses chaussettes aient été réparées encore et encore, il ne voulait toujours pas les jeter. Il a acheté un pain de savon de toilette, mais il l'utilisait pendant les jours des fêtes. D'habitude, il se lavait également le visage avec du savon ordinaire.

Lei Feng a participé une fois à une réunion sportive par une journée très chaude et s'est ensuite senti chaud et assoiffé. Par conséquent, il a fait la queue pour le soda comme d'autres l'ont fait. Au bout d'un moment, Lei Feng a remarqué que la station d'eau avait apporté de l'eau bouillie gratuite alors qu'il préparait son argent pour un verre. Il a immédiatement glissé l'argent dans sa poche et s'est éloigné de la ligne.

Un de ses camarades a remarqué son départ et lui a demandé :

« Lei Feng, pourquoi n'achètes-tu pas du soda ? »

« Je vais avoir de l'eau bouillie gratuite. Cela peut aussi étancher la soif », a-t-il déclaré avec un sourire.

« Vous n'avez pas de famille à soutenir, pourquoi choisissez-vous de vivre une vie aussi dure ? » a-t-il demandé le camarade, perplexe par les actions de Lei Feng.

« Je ne vis pas des jours misérables. La vie est meilleure aujourd'hui que dans le passé. Et j'ai aussi une famille. Ma famille est mon pays. Tous mes concitoyens sont des membres de ma famille. Pour changer le visage de la pauvreté et de la pâleur de notre pays, nous devons répondre à l'appel du gouvernement central : travailler dur, vivre en toute simplicité et construire le pays grâce à l'épargne. »

Le camarade a demandé alors :

« Qu'allez-vous faire de tout votre argent à la banque ? »

« Je compte en faire un don pour soutenir la construction de notre pays ! »

« À quoi sert ce maigre montant ? »

« Camarade, les petits ruisseaux font les grandes rivières. Si tout le monde économise un centime par jour, alors combien d'argent allons-nous économiser pour notre pays ? Faites le calcul ! »

« Je n'ai jamais fait le calcul. »

« Nous sommes maintenant les maîtres de notre propre pays. Nous avons la responsabilité de penser à son avenir. »

Le camarade a été réduit au silence par ces mots, et Lei Feng s'est éloigné.

Lei Feng avait toujours maintenu un style de vie aussi frugal et hérité de la tradition honorable de ses prédécesseurs. L'armée lui a donné deux uniformes militaires, deux chemises, deux pantalons et deux paires de chaussures. Lei Feng n'en a utilisé qu'un de chaque, et a rendu les autres à l'armée après 1961. « Un seul costume me suffit déjà », a-t-il déclaré, « Je peux le réparer s'il se casse. »

Lei Feng avait une veste qu'il a apportée de sa ville natale du Hunan. Bien qu'elle soit vieille et usée, il ne voulait pas en acheter une nouvelle. Il l'a lavé et réparé encore et encore, mais il l'a quand même porté.

En ce qui concerne l'allocation mensuelle, à l'exception de quelques dépenses nécessaires, il n'utilisait qu'une petite partie de l'argent pour acheter des ouvrages marxistes-léninistes, ceux du président Mao, ou des livres sur la culture de la jeunesse. Le reste était déposé à la banque. Pas un centime ne serait gaspillé !

Sa serviette, son gobelet et sa brosse à dents auraient dû être renouvelés depuis longtemps, mais il a continué à les utiliser.

Tous les camarades savaient que Lei Feng avait une « boîte d'épargne » faite de planches cassées. C'était un endroit pour amasser de la ferraille et des vis de déchets qu'il avait ramassées à l'extérieur. Au moment opportun, il prenait certaines choses de la boîte pour vendre et faire don de l'argent au gouvernement.

Quand il aidait à transporter du ciment sur un chantier, il y avait toujours du ciment dispersé sur les camions. Lei Feng pensait que c'était la propriété du gouvernement et qu'il ne devait pas être gaspillé. Par conséquent, il a utilisé son temps libre pour nettoyer les camions. En moins de deux mois, il a collecté 1700 Jin[①] de ciment et l'a remis sur le chantier.

Petit à petit, Lei Feng a accumulé la richesse pour son pays et son peuple. Par exemple, les gens avaient généralement tendance à jeter le tube après avoir utilisé du dentifrice. Cependant, Lei Feng a vu sa valeur et a trouvé un moyen de la maximiser.

Il était une fois, Lei Feng vendait les tubes de dentifrice qu'il récoltait pour 2 yuans et 60 cents. Il a utilisé cet argent pour acheter une douzaine de cahiers et les a remis en mains propres à des élèves de l'école primaire en personne.

« J'espère que vous étudierez tous dur et que vous deviendrez des élèves méritants », a-t-il dit aux enfants en guise d'encouragement.

Pendant la période de formation militaire, les soldats et les chefs étaient très occupés par le travail et les études. Certains d'entre eux n'avaient même pas le temps d'aller chez le coiffeur. La compagnie a donc acheté trois kits de coiffure et a encouragé les soldats à se couper les cheveux les uns les autres. Cependant, personne ne savait

---

[①] Jin : une unité de mesure en Chine (1lb = 453.6g, 1Jin = 500g).

comment les utiliser. Lei Feng a pensé alors : « Le président Mao nous a dit que pour étendre nos connaissances, il faut participer à des pratiques qui changent la réalité. » Il a donc consulté le vieux maître d'un salon de coiffure à proximité. Avec son aide, Lei Feng a appris les bases de la coupe de cheveux.

Lors de sa première tentative de couper les cheveux de son camarade d'armes, Xiao Liu, il avait du mal à manier les ciseaux et les pinces, pinçant et coupant les cheveux avec difficulté, faisant grimacer Xiao Liu de douleur. Il n'avait même pas terminé la coupe que Xiao Liu avait déjà abandonnée.

Lei Feng n'a pas perdu courage. Il a profité de sa pause de déjeuner pour continuer à apprendre dans le salon de coiffure. Sous la direction de vieux maître, et à force d'essais et d'erreurs, Lei Feng a finalement maîtrisé la compétence.

Dès lors, Lei Feng est devenu très occupé les dimanches et les jours fériés. Ses camarades étaient tous prêts à venir chez lui pour se faire couper les cheveux. Même Xiao Liu, qui avait refusé la coupe de Lei Feng auparavant, est revenu et demandé une autre coupe.

« Xiao Liu, je peux juste te faire une demi-coupe de cheveux ! » Lei Feng le taquinait.

Xiao Liu a souri en disant : « Aujourd'hui tu peux faire une moitié, et demain l'autre. »

Traduit par ZHOU Qing

Le « Fou » de la Révolution

Sur la place de la ville de Fushun, les drapeaux rouges flottaient, les gongs et les tambours résonnaient dans le ciel. Les gens ont revêtu de nouveaux vêtements pour célébrer la naissance de la commune populaire.

C'était un dimanche, Lei Feng est allé acheter des livres. Il était très heureux de voir les célébrations autour de lui. Tout en marchant, il pensait : « En tant que soldat du peuple, que puis-je faire pour la commune populaire ? »

Plongé dans ses pensées, il est allé à la caisse d'épargne et a retiré tous les 200 yuans qu'il avait économisés à l'usine et à l'armée au cours des deux dernières années. Il s'est rendu au bureau du Comité du Parti de la Commune Populaire de Heping, dans le district de Wanghua. Il a expliqué son intention et a posé l'argent sur le bureau.

Les camarades du bureau lui ont dit avec gratitude : « Camarade, nous acceptons votre amour pour la commune, mais nous ne pouvons pas accepter l'argent. Il vaut mieux le déposer à la banque pour soutenir la construction nationale, le garder pour votre usage personnel ou le renvoyer chez vous. »

L'expression « le renvoyer chez lui » a suscité chez lui des émotions intenses. « Chez moi ! Où est ma maison ? » dit-il. « La commune populaire est ma maison et je suis heureux de donner cet argent à ma famille. Si mes parents étaient encore vivants, je crois qu'ils ne refuseraient pas l'argent donné par leur fils, alors prenez-le. » Lei Feng a parlé sincèrement de son expérience de vie et de ses intentions, et finalement il a dit : « Je suis né dans la misère, mais j'ai grandi dans la douceur grâce au parti et aux gens qui m'ont tout donné. Je veux tout dédier au peuple et au parti. Cet argent m'a également été donné par le parti. Maintenant, qu'il joue un rôle dans la cause du peuple ! »

Lei Feng a persisté à faire don de son argent, mais les cadres de la commune ont toujours refusé de l'accepter. Finalement, les cadres ont fait une concession en n'acceptant que la moitié de son don, car Lei Feng était déjà au bord des larmes. Bien que 100 yuans ne soient pas une grosse somme, ils sont devenus la richesse spirituelle de tous les membres de la commune populaire de Heping.

Peu de temps après, Lei Feng a appris par le journal que Liaoyang avait connu l'inondation la plus dévastatrice depuis un siècle. Il a envoyé discrètement les 100 yuans que la commune de Heping n'avait pas pris et a écrit une lettre de sympathie au Comité du Parti Communiste Chinois de la Municipalité de Liaoyang. Le Parti Municipal lui a répondu par écrit pour lui exprimer sa gratitude et lui a dit que le Comité Central du Parti et le président Mao avaient envoyé des avions pour soutenir les zones sinistrées et que les habitants de ces régions pensaient pouvoir surmonter la famine provoquée par les inondations. Dans le même temps, le Comité Municipal du Parti lui a rapporté l'argent en espérant qu'il le déposerait à la banque pour soutenir la construction nationale.

Après avoir pris connaissance des actions émouvantes de Lei Feng en faveur de la commune populaire et de la zone sinistrée, les chefs de l'armée sont profondément touchés. Ils ont reconnu que le comportement de Lei Feng reflétait parfaitement la noble qualité et le style communiste élevé d'un soldat de l'APL qui aimait le peuple et ont appelé tout le monde à apprendre du camarade Lei Feng. Mais certaines personnes ont dit derrière son dos que Lei Feng était un « fou ». En réponse à cette étrange remarque, Lei Feng a écrit dans son journal :

> Certains me traitent de fou, mais c'est faux. Je veux être une personne qui profite au peuple et au pays. S'il s'agit d'un fou, je suis prêt à l'être. La révolution a besoin de tels fous, et la construction a besoin de tels fous. Je n'ai pas d'arrière-pensée. Je me consacre au Parti, au socialisme et au communisme.

En réponse à l'appel du Parti à soutenir l'agriculture, Lei Feng est allé ramasser du fumier avec quelques compagnons d'armes pour soutenir la commune les dimanches et les jours fériés, comme il avait l'habitude de le faire dans la mine.

Un jour, Lei Feng s'est rendu au bureau de la commune et a dit dès qu'il a franchi la porte :

« Camarade, nous avons du fumier. Tu en veux ? »

L'un des cadres de la commune a demandé : « Combien coûte un chargement de fumier ? »

« Nous voulons donner le fumier à la commune pour qu'elle augmente sa production. »

Ils lui ont répondu qu'à l'époque, la commune était occupée par la production et n'avait pas le temps de le prendre. Il a dit : « Ce n'est pas grave. Nous vous l'enverrons. »

Le lendemain, c'était dimanche. Avant l'aube, une douzaine de garçons ont formé une « équipe de livraison de fumier ». Sous la direction du moniteur, ils ont ramassé et transporté plus de 400 kilogrammes de fumier jusqu'à la commune. Après avoir appris cela, le Secrétaire du Comité du Parti de la Commune a immédiatement éduqué les membres de la commune à aimer la commune comme leur famille et a expliqué que l'importance de cette affaire ne résidait pas dans les 400 kilogrammes de fumier, mais dans l'amour sincère des camarades de l'Armée Populaire de Libération pour la commune populaire. Cet événement a efficacement encouragé l'enthousiasme des membres de la commune pour la production et a renforcé l'amitié entre l'armée et le peuple.

« Nous devons bien gérer les communes pour exprimer notre reconnaissance à l'Armée Populaire de Libération », ont déclaré de nombreux membres de la commune.

Traduit par QIAN Dan

Un cœur fidèle au Parti

Peu de temps après son enrôlement dans l'armée, Lei Feng a demandé à devenir membre de la cellule du Parti. Après avoir compris sa demande, il fut décidé que l'instructeur se chargerait de cultiver et d'éduquer Lei Feng. Après avoir discuté avec l'instructeur, Lei Feng demanda : « Monsieur, que pensez-vous que je doive faire pour répondre aux critères de membre du Parti ? »

L'instructeur sortit de sa poche un exemplaire de la constitution du Parti, le passa à Lei Feng et lui dit : « Pour être membre du Parti, vous devez d'abord connaître la constitution du Parti afin de bien comprendre les droits et les obligations d'un communiste. Prenez ceci et lisez-le attentivement. »

Lei Feng prit la copie comme s'il avait trouvé le plus précieux trésor et la lut encore et encore. Il en savoura méticuleusement chaque mot et chaque phrase. Ainsi, il comprenait mieux le Parti, ses principes, sa direction, ses objectifs et sa grande mission. Il pensait que les communistes étaient les hommes les plus honorables du monde, avec des vertus et des idéaux nobles. Il était déterminé à devenir un tel homme.

Quelques jours plus tard, il rendit la copie à l'instructeur.

« Lei Feng, qu'as-tu lu de la constitution du Parti ? » demanda l'instructeur.

« J'ai appris par cœur toutes les obligations d'un communiste. »

« C'est très bien. Maintenant, récitez les obligations d'un communiste », demanda l'instructeur en souriant.

Lei Feng récita alors les obligations habilement. De plus, il a expliqué les obligations mot par mot. L'instructeur a fait l'éloge de son grand enthousiasme politique et a ajouté :

« Lei Feng, connaître et réciter les obligations du Parti est le minimum requis pour le camarade qui demande l'adhésion au Parti. L'étape la plus importante consiste à mettre en œuvre ces principes dans vos actions. En tant que communiste, vous devez bien apprendre le marxisme-léninisme et la pensée de Mao Zedong, et élever constamment votre conscience de classe ainsi que votre compréhension de l'idéologie et de la politique - avec la détermination de lutter pour le communisme toute votre vie. Vous devez subordonner de manière désintéressée vos intérêts personnels à ceux du Parti. »

« Je serai obéissant au Parti, en insistant à chaque instant sur la norme d'un communiste, et j'étudierai sérieusement le marxisme-léninisme et les œuvres de Mao Zedong. Je voudrais consacrer tout ce que j'ai, même ma vie, au Parti et à notre peuple », a répondu Lei Feng.

L'instructeur lui a remis l'exemplaire de la constitution du Parti et un livre intitulé Sur la culture des membres du Parti communiste, écrit par Liu Shaoqi. Il lui a demandé de reprendre ces deux livres et de les lire attentivement. Enfin, après les avoir étudiés à plusieurs reprises, Lei Feng rédigea des rapports sur ces livres.

Un jour, Lei Feng s'est rendu à Shenyang pour affaires. Malgré le temps froid, il prit le temps de visiter le Cimetière des martyrs de Beiling au début de l'hiver. Il s'est recueilli en silence devant les tombes des martyrs, s'efforçant d'apprendre l'esprit révolutionnaire des martyrs.

À côté des tombes des martyrs se trouvaient des pins et des cyprès. En regardant les tombes des martyrs, Lei Feng dit : « Dans les circonstances les plus difficiles et les plus dures, rien qu'en pensant à vous, je deviens si énergique, confiant et plein de volonté ; en accomplissant des tâches dans les environnements les plus compliqués, rien qu'en pensant à vous, je deviens strict avec moi-même et j'observe mieux la discipline lorsque j'obtiens du bien-être et du plaisir; et rien qu'en pensant à vous, je fais passer l'intérêt des autres avant le mien, et je donne les bénéfices aux autres. Bien que vous ayez fait des sacrifices, je suivrai vos traces, je réaliserai vos souhaits et j'accomplirai vos aspirations ».

Avec l'éducation du Parti, Lei Feng a rapidement renforcé sa conscience de classe et amélioré sa compréhension de l'idéologie et de la politique, jouant un rôle exemplaire dans divers emplois.

 Le 8 novembre 1960, Lei Feng a adhéré avec honneur au Parti communiste chinois. Dans sa lettre de candidature, il avait écrit son histoire faite de sang et de larmes et son souhait d'adhérer au Parti. Et il était ému aux larmes le jour qu'il avait attendu avec impatience, celui où il avait atteint son noble idéal.

 Tenant fermement la main de Lei Feng, l'instructeur dit : « Camarade Lei Feng, en tant que communistes, nous sommes l'avant-garde du prolétariat, dont le but ultime est de réaliser le communisme. Nous devons débarrasser la souffrance des personnes laissées pour compte par l'ancienne société. Nous devons lutter toute notre vie pour la prospérité de notre patrie, le bonheur de notre peuple et la libération complète des peuples opprimés dans le monde entier ; pour la cause du Parti, nous ne devons pas avoir peur des difficultés ou des dangers, même au prix de notre propre vie. »

 Lei Feng était si enthousiaste qu'il écrivit ce jour-là dans son journal :

> Le 8 novembre 1960 est un jour que je n'oublierai jamais. Aujourd'hui, j'ai rejoint avec honneur le grand Parti communiste chinois, réalisant ainsi mon idéal le plus élevé.
>
> Je suis tellement excité que je ne peux pas me calmer une seconde ! Grande fête ! Cher président MAO ! C'est à vous que je dois ma nouvelle vie. Lorsque je me débattais dans une fosse ardente où j'ai échappé de peu à la mort et que j'aspirais à la lumière, c'est vous qui m'avez sauvé, en me nourrissant, en me vêtant et en m'envoyant à l'école. J'ai terminé mes études primaires supérieures, j'ai revêtu le foulard rouge, j'ai adhéré à la glorieuse Ligue de la jeunesse communiste, j'ai participé à la construction industrielle de la patrie, puis j'ai pris la position de défenseur de la patrie. Votre culture et votre éducation continues ont finalement permis à l'enfant solitaire et sans défense que j'étais de devenir un communiste doté de connaissances et de conscience.
>
> Aujourd'hui, j'ai rejoint le Parti qui m'a rendu plus fort et a élargi mon esprit et mon horizon. En tant que membre du Parti communiste et serviteur du peuple, pour la liberté, la libération et le bonheur des êtres humains, et pour la cause du Parti et du peuple, je suis prêt à affronter les situations les plus difficiles et à me rendre dans les endroits les plus dangereux du monde. Je ne changerai jamais ma loyauté envers le Parti, même au prix de ma vie.

 Après avoir rejoint le Parti, Lei Feng a toujours été exigeant envers lui-même et a insisté sur les critères d'un communiste.

 En tant que membre du régiment de transport, il était souvent en service. Certains jours de fête, alors qu'il était loin de l'organisation pour des raisons professionnelles, il s'asseyait seul dans le taxi et étudiait les manuels de constitution du Parti. Et même s'il manquait certains jours de fête à cause de tâches urgentes qui lui avaient été assignées, il se rattrapait plus tard. Lei Feng avait été membre du Parti pendant un total de 21 mois et 7 jours, dont 91 jours consacrés aux activités de l'organisation du Parti, et il n'en avait gaspillé aucun.

Pendant un certain temps, Lei Feng a assumé des tâches de transport à l'avant et à l'arrière. Cependant, ses titres de membre ont été temporairement transférés à la branche du chantier. Il ne devait participer qu'à la vie organisationnelle de la branche du chantier, mais lorsqu'il retournait à l'entreprise pour les jours de fête, il participait aux activités de la fête de sa propre initiative. Une fois, le chef du chantier lui a accordé trois jours, pendant lesquels il devait entretenir son véhicule le vendredi et le samedi, puis faire une pause et prendre une douche le dimanche. De retour à l'entreprise, Lei Feng a modifié l'emploi du temps afin de participer à la journée de fête le samedi et d'effectuer l'entretien du véhicule le dimanche. Ses camarades s'inquiètent pour lui et tentent de le persuader de faire une pause en lui disant : « Comme tu es fatigué et sale ! Prends un bain et repose-toi. »

Lei Feng a répondu en souriant : « Ne serait-il pas préférable de prendre un bain de pensée politique le jour de la fête ? »

Dans sa vie quotidienne, il accomplissait aussi consciencieusement ses devoirs de membre du Parti et s'imposait des exigences strictes.

Pendant un certain temps, Lei Feng sortait souvent pour faire des rapports pour ses camarades de l'armée, des bureaux et des écoles. Quels que soient le temps passé et la distance parcourue, il payait toujours sa cotisation au Parti à temps, chaque mois. Une fois, alors qu'il se trouvait dans la province de Jilin pour faire des rapports, il s'est rendu au bureau de poste pendant son temps libre pour envoyer une lettre à la section du Parti de sa compagnie :

« À la fin du mois, il se peut que je parte en voyage et que la cotisation du Parti ne soit pas envoyée. Au cas où je ne pourrais pas revenir à temps, je vous prie de me retirer mon allocation pour ce mois et de vous assurer que ma cotisation au Parti est payée ».

Selon le règlement, Lei Feng ne devait payer que cinq centimes par mois, mais il payait toujours trente ou cinquante centimes. Chaque fois qu'il payait sa cotisation, il choisissait les billets les plus nouveaux, ce qui faisait rire certains de ses camarades,

« Tu es un jeune homme façonnier. Tant qu'il s'agit d'argent, l'ancien est le même que le nouveau. »

Mais Lei Feng dit sérieusement : « Ce ne sont pas que quelques centimes ordinaires. Ils peuvent montrer l'esprit de Parti d'un communiste. »

Lei Feng aimait l'organisation du Parti autant qu'il chérissait ses propres yeux. Il faisait souvent des suggestions à l'organisation du Parti en fonction de la situation réelle de son travail et de ses propres opinions.

Une fois, lors de l'exécution d'une tâche, certains membres du Parti ont violé le code de discipline. Lei Feng les a immédiatement critiqués. Cependant, considérant qu'ils avaient porté atteinte au prestige du Parti auprès du public, le soir de son retour de mission, après avoir rapporté la situation au secrétaire de la branche du Parti, il dit lentement : « Secrétaire, j'ai une suggestion pour le Parti. »

« Si vous avez une suggestion, dites-la ! Les suggestions des camarades sont les bienvenues pour le Parti », a dit le secrétaire en souriant.

Lei Feng a regardé le visage souriant et amical du secrétaire et a dit sérieusement : « Étant donné que les membres de notre entreprise de transport se dispersent souvent pendant le service, la branche du Parti devrait surtout renforcer le travail politique et idéologique, et faire jouer pleinement le rôle d'exemple des membres du Parti. »

« Camarade Lei Feng, vous êtes au cœur du problème ! La branche du Parti va le discuter en détail ! Que devrions-nous faire à votre avis ? », demanda le secrétaire, sollicitant encore son avis.

Lei Feng réfléchit un instant. Puis, d'un geste de la main, il avança trois points avec enthousiasme :

« Premièrement, pour que les membres du Parti jouent un rôle exemplaire, il serait préférable de commencer par l'éducation à la conférence du Parti, qui devrait être incluse dans le plan mensuel de la branche. Deuxièmement, améliorer le système de suivi des voitures des membres de la branche. Troisièmement, la branche devrait organiser efficacement le personnel qui assume la responsabilité principale du travail idéologique afin de s'assurer que le travail peut être effectué partout où les gens et les véhicules vont. »

Le secrétaire a hoché la tête en signe d'approbation et a dit : « Ces suggestions sont très intéressantes. Je ne manquerai pas de les soumettre à l'étude du comité de branche. »

Ainsi, en ce qui concerne la dispersion des troupes en service et les difficultés qui en découlaient, le comité de branche étudia attentivement les suggestions de Lei Feng et formula une mesure pratique. Lei Feng, quant à lui, a été félicité pour son haut niveau de responsabilité à l'égard de la cause du Parti.

Traduit par PI Yalan

雷锋故事翻译集

第3部
『雷鋒の物語』

第3部『雷鋒の物語』

苦難をなめた幼少期

　雷鋒さんは1940年12月18日に生まれました。その日は旧暦の庚辰年11月20日だったので、「庚坊（方言では庚伢子）」という愛称で呼ばれていました。正興と名付けられましたが、後に雷鋒に改名しました。雷鋒さんは湖南省望城県安慶郷簡家塘沖にある、小さな丘を背にした3間の茅葺きの家に住んでいました。この茅葺きの家はこの地の地主である唐家の小作人用の長屋で、長い間手入れもされておらず、屋根はぼろぼろで、壁も歪んでおり、何本かの枯れ木でやっと支えているようなありさまで、そこに雷氏一家三代が住んでいました。

　簡家塘沖口の南側には東西に長寧大路が走り、その道沿いに橋頭舗という小さな村がありました。そこから東へ30キロほど進み、湘江を渡ると、湖南省の省都、長沙市に行きつきます。

　雷鋒さんが生まれたころ、中国は日本軍に侵略されていました。雷氏一家三代も帝国主義勢力、封建主義、官僚資本主義勢力の「三大階級の敵」にも苦しめられ、搾取されていました。雷鋒さんの祖父雷新庭は小作人として一生牛馬のように働き、しまいには地主から厳しい借金の取り立てに遭い、卒倒して亡くなりました。

　父の雷明亮は第一次革命の時に、梭鏢[①]部隊の隊長を務めたことがあり、帝国主義列強や軍閥を倒し、労働者たちが幸せな生活を送ることを望んでいました。しかし、蒋介石は革命を裏切りました。「四・一二」反革命クーデターを起こし、

[①] 槍の一種。鉾に類似していて、長い柄の先端に剣状の刃物（穂）が付けられたもの。柄の長さにより手槍・長柄などの違いがある。

多くの共産党員を死に追いやり、中国の第一次革命を失敗させたのです。田舎で生きていけなくなった雷明亮は長沙市仁和福油塩商号で、天秤棒を担ぐ運搬夫をするしかありませんでした。

1938年、日本侵略軍が長沙市に攻め込むと、国民党軍は次々に敗退し、逃げながら街に火をつけ、「文夕大火」の大火事を起こしました。雷明亮は長沙で日本侵略軍のいいなりになることを潔しとせず、長沙から脱出しました。途中、蒋介石隊の脱走兵に殴られ、怒りのあまり卒倒するほどでしたが、故郷にたどりつき、地主唐家の田んぼ2石（約8ムー)を借りて耕し、なんとか家族5人の生計を立てていました。

1944年、橋頭舗の町にも日本侵略軍が進駐してきました。ある夜、雷明亮と村人たちは侵略軍の略奪を防ぐため、食糧を山の中に運び込もうとしましたが、侵略軍に見つかってしまいました。雷明亮は奪われた天秤棒で血が噴き出るほど頭を強く殴られ、その場で意識を失ってしまいました。

侵略軍が去った後、雷鋒さんの母と村人たちが駆けつけ、手当てをすると、ようやく意識は取り戻したものの、日に日に症状は重くなり、絶えず吐血していました。しかし、医者にかかるお金は一銭もなく、ついに1945年の春に亡くなりました。息を引き取る間際、彼は雷鋒さんの頭を撫でながら、「人食い狼を恐れるな。苦しくても生き抜け。そして、仇討ちを忘れるな」と言い残してこの世を去りました。

父が亡くなって、一家は大黒柱を失い、12歳の兄、雷正徳は機械工場に働きに出なければなりませんでした。もともと体が弱かった兄は、食べ物も少なく、着るものもろくにない中で重労働させられ、やがて肺結核にかかってしまいました。ある日、仕事中に機械のそばで気を失った兄は倒れた拍子に機械に腕が巻き込まれ、指を一本折ってしまいました。ところが資本家は治療を受けさせるどころか、手が不自由になった兄は役立たずだからとさっさと解雇してしまいました。兄は一家を食べさせるために、漾湾鎮の藍染工場に行って働きましたが、病気はますます重くなり、父が他界した翌年、この世を恨みながら亡くなりました。

父と兄に死なれ、母は嘆き悲しみ、一家の生活はさらに苦しくなりました。弟の金満は病気と栄養失調で、ほどなく母の胸の中で短い生涯を閉じました。

雷鋒さんの母は、姓を張といい、鍛冶屋の娘として生まれましたが、家が貧し

かったため、生まれてすぐ長沙の乳児院に送られました。楊という女性が彼女を引き取り、5、6歳まで育て、将来の嫁として雷家に出しました。後に雷明亮と結婚し、家事の一切をやりながら、家計をやりくりしました。時には資本家の家で女工をしたり、子供を連れながらあちこち回って物乞いをしたり、地主の家で女中をして生計を支えてきました。長年にわたる苦しい生活が彼女を強く、何ごとにも屈しない性格に変えました。彼女は夫に死なれても懸命に生き、長男と末っ子を相次いで亡くしても歯を食いしばって生きていこうとしました。彼女はたとえ物乞いになっても、地主の家でどんなにこき使われようと、雷家に残されたたった一人の息子、雷鋒を育てようと心に誓いました。

ところが、1947年のある日を境に、彼女は女中として働いていた地主唐四の家から帰ると、急に人が変わったようにふさぎこみ、隠れて涙をこぼしたり、亡くなった夫のお墓の前で号泣したりするようになりました。それはもだえ苦しむ心の叫びであり、希望がもてない暗黒の旧中国への訴えでした。もちろん泣いてどうにかなるものではなく、草葉の陰で見守る夫の霊が悲しみに打ちひしがれる彼女を助けられるわけでもありません。

1947年8月、ある日の夕方、母は帰宅し、一人でベッドに座りこみ涙を流していました。帰ってきた雷鋒さんは泣いている母を見て、胸に飛び込み寄り添いながら「母ちゃん、やさしい母ちゃん！泣かないで。僕は母ちゃんの言うことをよく聞くから。もうすぐ大きくなるから、野良仕事をするよ。働きにも行くよ。僕が母さんを食べさせるから」と言いました。雷鋒さんはたいそう物わかりのよい子で、母が貧しい暮らしに悲しんでいると思ったのでした。

母は雷鋒さんの言葉を聞いて、さらに胸を痛め、涙をぽろぽろとこぼし、その涙は雷鋒さんの顔にしたたり落ちました。母は両腕で雷鋒さんをしっかりと抱きしめ言いました。「坊やはまだ子どもで、世の中の厳しさなんてわかっちゃいない。もし、母さんがいなくなったら、庚ちゃんはいったいどうなっちゃうんだろう」。

幼い雷鋒さんはまだ母の言葉の本当の意味がわからず、母の泣き顔を見上げて「母ちゃん、泣かないで。僕、いい子になるよ。ずっと母ちゃんと一緒だよ」と言いました。母は生気のない目で雷鋒さんを頭から足の先まで見ると、大きくため息をつきました。「坊や、お手手とお顔が汚れているわよ。ほら、お母さんが

洗ってあげよう」と言い、洗面器に水を汲んできて、雷鋒さんの手と顔をきれいに洗いました。そして、小さな雷鋒さんを自分の胸に抱き寄せ、その小さな手を握りしめて「坊やは、なんて運の悪い子でしょう。大きくなっても、家族がどうして死んでいったのか、忘れちゃいけないよ」と言いました。

　家族がどのように死んでいったかだなんて、母はなぜそんな悲しいことを言うのでしょう。雷鋒さんは母親の隣で立ちあがり、驚きながらも涙をこらえ、こう言いました。「うん、母ちゃん。父ちゃん、兄ちゃん、弟がどうして死んだのか絶対に忘れないよ」母はその言葉を聞いて、また大粒の涙をこぼしました。雷鋒さんの頭をなでながら、7歳にもならない息子をおいて命を絶つことなど、とてもできません。母が死ねば、身寄りのない息子は世の辛酸を嘗めることになるでしょう。彼女はどんなに苦しくてもこの子を守り育てようと思いました。

　しかし、極悪非道な旧社会では夫を失った女性は他の女性より何倍もの苦しみを味わわされ、地主や土豪、悪党たちから辱められることすらありました。そして世間の冷たい目はさらに彼女を絶望させ、何日も苦しみ、もがいた末、ついに命を絶つことを決めました。そして、自分の上着を脱いで、雷鋒さんの肩に掛け「坊や、母ちゃんの上着を着たら、蚊に刺されないからね。もう母ちゃんは庚ちゃんをかわいがることはできないの」と言いました。「母ちゃん！」雷鋒さんは戸惑いながら母を見つめるほかありませんでした。母は親戚の六爺さんの家に雷鋒さんを連れていって、その妻に少しの間、雷鋒さんを見てくれるよう頼みました。そして、一人で家に戻ると、柱の梁で首をつりました。

　雷鋒さんの母の自死は地主や悪党の凌辱に対する抗議であり、旧社会、封建勢力への反抗でもありました。

　急いで家に帰ってきた雷鋒さんは首をつっている母を見つけると、母の両足に抱きつき「母ちゃん！母ちゃん！」と泣き叫びました。しかし、すでに冷たくなっていた母には息子の必死の呼びかけは届かず、永遠に面倒を見ることもできなくなったのです。

　7歳にもならない雷鋒さんは階級搾取や民族への迫害が何であるか、まだわからない少年でした。しかし、父、母、兄、弟を目の前で亡くした悲しみや悔しさはしっかりと深く胸に刻まれました。

第3部『雷鋒の物語』

＜＜＜＜＜＜ 解放を心待ちに

　非道な旧社会によって、雷鋒さんはわずか5年足らずのうちに、家族5人全員を奪われました。7歳で孤児になった彼は母が死ぬ前に言い残した「家族がどうして死んだかを忘れるな」という言葉を心の底に刻みつけました。貧しい人から搾取する地主、悪党、売国奴、密偵、迫害者、搾取者に対する恨みは雷鋒さんの骨の髄まで刻み込まれました。そして、その苦難に満ちた生活の中で、雷鋒さんは貧しい人が貧しい人を、苦しんでいる人が苦しんでいる人を助ける思いやりの精神を学んでいったのです。

　母の死後、六爺さんの妻は雷鋒さんを引き取り、実の母親のように面倒を見てくれましたが、雷鋒さんはおばあさんの家も苦しい生活であることはわかっていました。頑張り屋の雷鋒さんは、これ以上おばあさんに負担をかけないように、こっそりと物乞いに出かけたり、ボロボロの竹籠を持って豚にやる茅を刈りに行ったり、腰に縄を結び、鉈を手に山へ柴刈りに行ったりしていました。当時、すべての山林は地主の私有地であり、貧しい人が柴刈りに行くことさえ許されませんでした。柴がなければご飯を炊くこともできません。利かん気の強い雷鋒さんは、なんとしてでも柴を刈ってこようとしました。

　ある日、雷鋒さんは村の東にある蛇形山へ行って柴と茅を刈り、束ねていたところを地主徐家の妻に見つかってしまいました。地主の妻は雷鋒さんを指差して「このくそガキ、よくもうちの山で勝手に柴を刈れたもんだね」と怒鳴りながら、雷鋒さんが刈った柴を奪い、鉈も取り上げました。雷鋒さんはそうはさせじと、必死に地主の妻から鉈を奪い返そうとしましたが、残忍な地主の妻は小さな雷鋒さんの手をつかむと、鉈で左の甲を三回も切りつけ、その鉈を簡家池に投げ捨

ました。
　雷鋒さんは痛みや涙をこらえ、手で傷口を押さえながら、地主の妻をにらみつけました。そして渾身の力で地主の妻にぶつかっていき、彼女が地面に転んだのを見るや、「いつか絶対に復讐してやる」と固く誓いながら矢のごとく駆け出しました。
　柴は刈れず、鉈も地主の妻にとられてしまった雷鋒さんは、地主の妻がおばあさんの家に乗り込んできて、騒ぎ立てるかもしれないと思い、家に帰るのをやめました。牛角湾の山奥まで行き、お腹がすいたら木の実を食べ、眠くなったら荒れ寺で眠ったりしていました。こうして、小さな雷鋒さんは野宿をするはめになったのです。
　暗くなっても、雷峰さんが家に帰ってこなかったので、おばあさんは心配し、雷鋒さんの名を呼びながらあちこち探しました。息子にも隣人にも探してもらったりしましたが、雷鋒さんは見つかりませんでした。徐家の地主の妻は雷鋒さんが行方不明になったと聞いて、もし死んでいたら面倒だと思い、おばあさんの家へ押しかけませんでした。
　雷鋒さんの父の旧友で、安慶郷の地下共産党員である彭徳茂さんは、雷鋒さんが行方不明になったことを聞いて、このかわいそうな子を助けなければと強く感じました。雷鋒さんが牛角湾の山奥にいると聞いた彭さんは、自分で探しにいくことにしました。
　牛角湾の荒れ寺で幼い雷鋒さんを見つけ出した彭さんは、雷鋒さんの頭をなで、手の甲の傷をじっと見つめ、慈悲深い親のように雷鋒さんに言いました。
　「庚坊、一緒に帰ろう。まもなく解放軍が長江を越えるらしいぞ。俺たち貧乏人が主人公になる日が近いかもしれない」。
　それを聞いた雷鋒さんは、目を大きく見開いて彭おじさんを見つめ、驚きながら大喜びしました。以前、大人たちが共産党、毛主席が指導する解放軍こそ貧しい人々を解放する軍隊であると、ひそかに話しているのを聞いたことがある雷峰さんは「解放軍って紅軍のことだよね。その解放軍がもうすぐやって来るなんて！」と喜び、彭おじさんの懐に飛びつき、せがむように尋ねました。
　「彭おじさん、それって本当だよね。解放軍は本当にやって来るんだよね。僕たちの苦しい毎日はいつになったら終わるの。」

第3部『雷鋒の物語』

　彭おじさんは優しく雷鋒さんの頭をなでながら、
　「おじさんがおまえを騙すことがあるもんか。俺たちの苦しい毎日もうすぐ終わるよ。だから一緒に帰ろう」と言いました。
　彭徳茂さんは雷鋒さんを自分の家に連れていくと、服を着替えさせ、我が子のように接しました。数日後、呼び寄せた雷鋒さんに「解放軍がもうすぐ来るから、俺たちも解放のために、何か役割を果たさなければならない。解放されるのをただ待つだけではいけないんだよ。わかるね」と言うと、賢い雷鋒さんはすぐにその意味を悟り、とてもうれしそうに「彭おじさん、解放軍を迎えるのに、僕にできることはあるかな。何でも言ってください！」と答えました。
　彭徳茂さんは雷鋒さんは見込みがあると感じ、さまざまな社会経験を積ませて彼を鍛えようと思いました。小声で「日が暮れたら、瀠湾鎮の東にある大きな木の下で待っていなさい。担ぎ屋の男が二人、お前のところに来たら、その二人の話をよく聞いて、言われたとおりにやるんだよ」と言いました。日が暮れ、雷鋒さんが彭おじさんの言いつけを守って、瀠湾鎮の東にある大きな木の下で待っていると、荷物を担いでいるおじさんが二人やってきました。前を歩いているおじさんが雷鋒さんをじろりと見て、「彭おじさんに言われて来たのか」と聞いたので、雷鋒さんは「うん」とうなずきました。後ろにいるおじさんも荷物を下ろし、辺りを見回しました。物騒な世の中、日が暮れる前から街の通りには誰もいません。二人の男は小声で「よし、やるぞ」と声をかけあいました。
　前にいる男は荷物の中から糊と刷毛を取り出し、さっと通りに入ると、人目につきやすい壁を選んで糊を塗りました。後ろの男は荷物の中から赤と緑の宣伝紙を二巻取り出し、雷鋒さんに渡して「さぁ、あのおじさんについていけ！おじさんが糊を塗ったら、すぐにこの宣伝紙を貼っていくんだ。俺はここで見張ってるから」と言いました。
　宣伝紙を受け取ると、雷鋒さんは気分がたいそう高まりました。これは苦しむ人々を解放する軍隊を迎えるために彼が初めて取り組んだ任務だったのです。急いで糊を塗っているおじさんについていき、宣伝紙をしっかりと貼りつけました。無事に二巻貼り終え、任務を遂行した三人は瀠湾鎮を離れ、それぞれ家に帰りました。
　雷鋒さんが彭おじさんのところに戻ると、彭おじさんは「度胸があるな、よく

やった！」と、彼を褒めました。

彼ら三人が貼った宣伝紙は中国人民解放軍の西南地域進出を大いに讃えるものでした。「中国共産党万歳！」「毛主席万歳！」「共産党なくして、新中国はない！」「全世界のプロレタリア、団結せよ！」「蒋介石を倒して、全中国を解放せよ！」などのスローガンが書いてありました。これは共産党組織、中国人民解放軍の勝利が近いことを人々に知らせるものです。

それから数日後、雷鋒さんはおばあさんの家に帰ってきました。ある日の朝、早起きして山に柴刈りに行こうとしていると、遠くから馬のいななきが聞こえてきました。何かあったのかと雷鋒さんは村の入口にある丘の上まで走っていってみると、橋頭舗から黄花塘一帯に駐留していた蒋介石の軍隊が、銃を抱え馬を引っ張りだし、奪ったものを肩に担いで、急いで西へ逃げようとするのが見えました。

目をこらして見てみると、部隊は足並みもそろわず、めちゃくちゃな様子で、雷鋒さんは不審に思いました。これらの部隊は数日前に長沙から逃げてきたばかりで、この河西の地を守りぬいて、共産党と死戦を決すると公言した蒋介石の軍隊でした。その軍隊がなぜ今日は銃を一発も放たず、このあたりへ慌てて逃げだしてきたのでしょうか。その慌てぶりを見て、解放軍が長沙市内にやってきたに違いないとすぐに気づいたものの、なぜ銃声や大砲の音が一切聞こえなかったのかわかりませんでした。

村人たちは村の端にある大きな木を取り囲み、そこに貼られている赤い印のある掲示物を見ていました。これは昨夜貼られたばかりのもので、雷鋒さんが前列に割り込んで話を聞こうとすると、遠くから旧政権の郷長と地主の二人が、歩いてくるのが見えました。立ち去ろうとするやじ馬たちもいましたが、あごひげをたくわえた男が、落ち着いた様子で「銃をもった兵隊たちはもう逃げちまったよ。ビビることはないさ」と言うと、まさにそのとおり、これまでずっと横暴だった旧郷長がなんと村人に向かって腰をかがめて挨拶をしてきたのです。

その二人が通り過ぎたとたん、あごひげの男は彼らの背中に向けて「ペッ！」とつばを吐きかけ、へへへと笑いだしました。「あれを見ろ！あいつらはもう秋の終わりのバッタと同じだ。跳ねることさえできない！」と言いました。雷鋒さんは急いで人込みをかきわけ前に出ると、その掲示物を指差して周満おじさん

に何て書いてあるのか尋ねました。

　周満おじさんは「共産党、解放軍が出した知らせだ」と答えました。

　共産党！解放軍！雷鋒さんはそれを聞いて大喜びしました。なぜなら、彭おじさんが解放軍が来たら、貧乏人は良い暮らしが送れるようになると言っていたからです。

　「本当に共産党、解放軍がやってきたの？」雷鋒さんは胸が昂ぶり、周満おじさんに尋ねると、「すぐだよ。もうすぐ来る！」と別のおじさんが言いました。

　雷鋒さんは気落ちして逃走する国民党兵を指差して聞きました。「まだ来ていないのに、国民党兵はどうして逃げ出すの？」「告示を見ただけで、逃げ出したのさ」「共産党！なんてすごいんだ！告示が何枚か貼られただけで、銃や大砲をもつ黄色い軍服の国民党兵は怖がって逃げ出してしまい、地主もすっかり無力になってしまいました。」

　上機嫌の雷鋒さんが民謡を歌いながら蛇形山まで歩いていると、また告示やスローガンが書いてある宣伝紙を数枚見つけました。それらは先日の夜に滎湾鎮で貼ったものと同じものです。雷鋒さんは足を止めてこの告示と宣伝紙をじっと見つめ、目をぱちぱちさせながら、解放軍はまだ来ていないのに、どうしてもう告示を貼ったんだろうと考えました。

　すると、後ろから話し声が聞こえてきたので、振り返ると、彭おじさん、周満おじさんたちが歩いてきました。雷鋒さんはぐっと彭おじさんの手を握って、「共産党はまだ来ていないのに、どうやってこんなにたくさんの宣伝紙が貼れたの？」と真剣な顔で聞きました。

　おじさんたちは大笑いし、周満おじさんは微笑みながら「来ていないなんて、誰が言ったんだ」と言い、彭おじさんは雷鋒さんの肩をたたいて、「共産党解放軍はもう来たんだよ！俺たち貧乏人ももうすぐ良い暮らしが送れるようになるよ！」と言いました。

　「もう来たの？」と驚く雷鋒さんに、彭おじさんは「そうさ！昨夜、長沙の街に入ったんだ。明後日には川を渡って私たちの簡家塘に来るだろう。さあ、急いで解放軍を迎える準備をしないと！」と言いました。

　「早く解放軍を迎える準備をしなきゃ！」雷鋒さんは跳びあがるほど嬉しくなって、一気に山の斜面を駆けあがり、遠く東の方を眺めました。山の向こうにあ

る長沙はすでに解放され、解放軍がもうすぐ簡家塘にも来る！解放軍が来たら、夜明けがやってくる。あの終わりなき闇夜、苦難に満ちた歳月は、すべて過去のものになる！共産党よ、解放軍よ！早く、早く来い！

　雷鋒さんは解放軍がやってくるのをどれほど心待ちにしていたのでしょう。

第3部『雷鋒の物語』

〉〉〉〉〉〉 新中国の主人公になる

　1949年10月1日、毛沢東主席は天安門の城楼から「中華人民共和国中央人民政府は本日成立した！」①と世界に向けおごそかに宣言しました。国中の人々が喜びに沸き立ち、世の中すべてが美しく輝くこの日、雷鋒さんは誇りを胸に、児童共青団員を率いて、赤い房がついた紅纓の槍を振り回して、新しい戦いに臨む準備をしていました。

　喜びで胸いっぱいの雷鋒さんは1950年、最初の勝利後の春節を楽しんでいました。解放後の初めての春、土地分配制度改革工作隊が山村に入りました。彼らは貧しい人々を訪ね、苦しんできた彼らの言葉に耳を傾けました。工作隊は小作人だった農民たちと寝食を共にしながら働き、党の農村政策と土地法大綱を広く宣伝しました。農民たちのほとんどは三つの山②の圧迫と搾取を受け、何年もの間、心の中に鬱積した苦痛と階級への憎しみは、薪に火がついたように燃え上がり、たちまち天を突く炎になりました。申立会では、迫害を受けた貧しい小作人たちが、義憤に駆られ、三つの山の圧迫を受けた苦しみを訴え、悲しみの涙を流しながら地主に長年の罪の償いを求めました。

　雷鋒さんはさまざまな申立会に出かけ、苦しみを嘗め尽くした人たちが訴える血と涙に染まった話に耳を傾け、幼い頃の自分が味わった苦しく大きな恨みを思い起こしました。なぜなら、彼はこの世の貧しい人たちは、みな塗炭の苦しみをなめた仲間であり、世の中の地主はすべて人肉を喰らいその血を飲み干す人喰い

---

① 1949年10月1日に毛沢東主席は天安門城楼の上で「中華人民共和国中央人民政府が今日、成立した！」と世界に向け厳かに宣言し、その時から、それ以前の中国は「旧中国」と称されることになりました。
② 三つの山とは、中国人民を掠奪し、搾取していた帝国主義、封建主義、官僚資本主義のことである。

狼であることを知っているからです。

　悪徳地主を糾弾し、つるし上げる大会では、かつて貧しい小作人たちを踏みつけ、いばっていた悪魔たちが、次々と歴史の審判台にかけられました。貧しい小作人たちが先を争って壇上に上がり、地主や悪党が重ねてきた罪を訴えると、人々の復讐の炎は火山噴火のように爆発しました。

　徐家の地主の妻が壇上に引っ張り出されたのを見て、怒りが燃え上がった雷鋒さんは壇上に駆け上がると、かつて地主の妻に鉈で切りつけられた手で、女の鼻を指差し、「われわれ貧乏人が自分たちで山を切り拓き、植えた木なのに、なんで柴刈りすることすら許されないんだ。お前、あの時なんで僕を鉈で切りつけたんだ。今日こそ仕返ししてやる！」と怒鳴りました。

　怒り心頭の雷鋒さんは涙が溢れ出し、長い間心にためてきた苦しみをすべてぶちまけました。階級制度への恨みや苦しみは、その場にいたすべての貧しい人々の千の苦しみ、万の憎しみと共鳴し、誰もが悲しみの涙を流しながら、義憤に燃えて腕を振り上げ叫びました。

　「悪徳地主を倒せ！」

　「血債は血であがなえ！」

　壇上での悲憤に満ちた訴え、下から響く雷鳴のような怒号にひざまずいた悪徳地主たちはおののき、わなわなと全身を震わせていました。

　第一回悪徳地主闘争大会①後、地主の威光は地に落ち、多くの貧しい農民たちは立ち上がり、子どもだった雷鋒さんも恨みを晴らすことができました。

　土地分配制度改革が行われる中、雷鋒さんは土地分配制度改革工作隊の指示に従い、所属する児童団の団員たちと一日中地主の行動を見張り、勝手な行動を許さず、おとなしくさせました。雷鋒さんは村の出入り口に見張りをおいて、地主たちが逃げたり、財産を運び出したり、破壊行為をしないように監視しました。

　ある夜、雷鋒さんは数名の児童団団員と共に紅纓の槍を手に、村々の見回りをしていました。彼らが楊家湾の裏山まで来ると、ある老財主②の家の裏口からギシッという音が聞こえました。雷鋒さんが手で合図すると、児童団員たちはさっ

---

① 当時、悪徳地主の長年の罪の償いを求めた大会を「悪徳地主闘争大会」という。
② 老財主とは、当時、百姓が苦労して生産した農産物をほとんどを搾取し、百姓の労働果実と財産を手に収めた悪徳地主のことである。

と小さな木立の後ろに身を潜めました。彼らは地面に伏せ、しばらくじっと観察していましたが、何の物音も聞こえず、もういいかと起き上がろうとしたとき、裏口から黒い影が飛び出してきました。男はまずきょろきょろとあたりを見回し、大きく咳払いをしました。何の物音もしないのを確かめると、急いで家の中に戻ってトランクを運び出し、裏口をバタンと閉めました。

男はトランクを肩に担いで急いで小道を走り出したとたん、何かにつまずいて、ゴロリと転びました。何が起こったのかわからなかった男は灯りに照らされ、自分の胸に何本ものきらめく紅纓の槍が向けられていることに気づきました。男は腰をぬかし、起き上がることさえできませんでした。

雷鋒さんが近づいて、厳しい口調でとがめました。

「陳四鏟子、何のつもりだ？」

「私、あの、親戚の家に行こうと思って…」

「親戚の家？許可は取ったのか。なんで昼に行かないんだ。なんで大通りを歩かないんだ。」

陳四鏟子は舌が回らず、答えることさえできませんでした。しかし、そこにいるのが数人の児童団員だけだと知ると、「私が間違っていました。農会の決まりを守るべきだった。お願いします。今回だけは許してください」と許しを乞い始めました。

「だめだ！ トランクを持て！私と農会に行くぞ！」雷鋒さんはさらに追い詰め、命令しました。

「私たちは同じ村の人間で、知らぬ仲じゃないでしょう。どうか見逃してください。このご恩はきっとお返ししますから」

陳四鏟子はそう言いながらポケットから銀貨数枚取り出して、渡そうとしました。

雷鋒さんは銀貨を地面に投げつけ、大声で怒鳴りました。

「これらすべて農民から搾取した大切なお金じゃないか。早く拾え！農会に差し出すんだ！」

雷鋒さんを丸めこむことができなかった陳四鏟子は一瞬の隙をつき、トランクを抱えて逃げようとしました。しかし、数歩も走らないうちに、木の茂みからまた紅纓の槍が何本も飛び出し、彼の行く手を遮ったのです。

もう逃げられないと観念した陳四鏟子はおとなしく児童団員たちに農会まで連れていかれ、黄泥嶺の親戚の家に金品を運ぼうとしたことを白状しました。

　そして、ついに貧しい人々の土地が彼らのもとに戻ってくる日がきました。この日、喜びにあふれる大勢の小作人たちは農会の前にある大きな広場に集まりました。壁に貼られた大きな赤い紙には各世帯主の名前、分配される土地、家屋、耕牛、農具、食糧などの種類と数量がびっしりと書かれてあります。人々はそれを見ながら歓声を挙げていました。

　孤児の雷鋒さんのことを農会は特に目をかけ、彼に土地や家屋、服、日常生活用具などを分け与えました。

　雷鋒さんは初めて自分の土地を持ち、自分の家を持ったのです。「解放された！」彼は自分が本当に新社会の主人公になったことを誇らしく感じました。

少年先鋒隊の優秀隊員

　1950年夏、10歳の雷鋒さんは新しい服に身を包み、新しい鞄を背負って、軽快な足取りで学校に通い始めました。

　旧社会では地主の子たちが学校に行くのを横目で見ながら、自分は薪を切ったり、牛の世話をするほかありませんでした。しかし、今は自分も堂々と学校に通えるようになり、雷鋒さんは嬉しくてたまりませんでした。

　新学期初日、学校から生徒たちに教科書2冊、ノート1冊が配布されましたが、家族がいない雷鋒さんには授業料と教材費を払うお金がありません。すると先生は「庚ちゃんは孤児だから学費が免除されるよ」と言いました。

　雷鋒さんが手渡された真新しい教科書の最初のページを開くと、毛主席の優しい顔が目に飛び込んできました。彼は両手で教科書をしっかりと抱え、胸を高鳴らせ、決心しました。

　「私はこれからしっかり勉強して、知識を身につけます。大人になったら、必ず祖国を守り、国家建設に貢献します。」

　あの日名前も告げずに立ち去った中隊長の言葉は、幼い雷鋒さんの心の中で種となり芽生えたのでした。

　文字を習い始めた雷鋒さんは中隊長から贈られた万年筆でノートに「毛主席万歳！」と丁寧に五文字を書きました。何回か書いた後に「中国共産党万歳！」「中華人民共和国万歳！」ときちんと書きました。

　この三つの言葉は当時盛んに使われていたスローガンで、国語の教科書の冒頭にも載っています。雷鋒さんはこれらの言葉を丁寧に書くことで、共産党と祖国への深い愛を表したのでしょう。

雷鋒さんは勉強に励みました。上車廟小学校に通っていた頃は朝早く学校に行き、教室を掃除し、机や椅子、黒板をきれいに拭いた後、背筋を伸ばして椅子に座り、文章を朗読したり、字の練習をしました。彼は雨の日も風の日も一度も遅刻せず、欠席もしたことがありませんでした。どの授業でも一心不乱に先生の話を聞き、小さな疑問もそのままにしませんでした。宿題も先生の言いつけどおりにきれいにノートに書き、遅れることなく提出しました。時間を惜しんで勉強する雷鋒さんは山で柴刈りをしたり、畑仕事をするときもポケットに教科書を入れていき、休憩中に読んでいました。

　一生懸命に勉強したかいがあって、雷鋒さんはどの科目も成績優秀でしたが、彼は少しも満足しませんでした。ある日の放課後、雷鋒さんは家に帰らず、返却された試験の答案用紙を前にじっと考え込んでいました。同級生たちはさぞかし悪い結果だったのだろうと思いましたが、答案用紙をのぞき込んだが大声をあげました。「ええっ！90点以上取ってるんだから、それでいいんじゃない？」もう一人の同級生は「何問も間違ったのかと思ったけど、たった一問じゃないか。そんなの気にするなよ」と言いました。

　それを聞いた雷鋒さんは「たった一問でも間違った自分が許せないんだよ。失敗からきちんと学ばなきゃ、次に良い点が取れないじゃないか」と答えました。雷鋒さんは間違った問題をやり直して、先生のところに持っていきました。先生はとても喜んで、彼の勉強に対するまじめな姿勢を褒めました。

　褒められた雷鋒さんは喜ぶどころか「先生、僕はまだまだ努力が足りなかったから、今回の試験で一問間違ってしまいました。これからはもっとしっかりがんばります」と反省しました。

　四年生が終わって、雷鋒さんは長沙市にある清水塘完全小学校の編入試験に合格して五年生になりました。ちょうどその頃、中国共産主義青年団委員会清水塘区支部は、この学校に少年先鋒隊を設立して、優秀な児童を選抜し、予備隊員として育成することにしました。

　その知らせを聞いて、学校中が沸き立ちました。清水塘区の共産主義青年団委員会から指導員が次々に派遣され、学校の教師と協力して、少年先鋒隊の意義、紅旗、"紅領巾"と呼ばれる赤いネッカチーフの由来、少年先鋒隊の入隊条件、革命の英雄たちについて説明し、少年先鋒隊員に選ばれるようがんばりなさいと

全校児童に呼びかけました。

　少年先鋒隊への入隊を申し込んだ雷鋒さんは、見事学校初の隊員に選抜されました。少年先鋒隊成立宣誓式で、指導員に鮮やかな赤いネッカチーフを首にかけられた時、雷鋒さんは、飛び上がるほど感激しました。興奮冷めやらぬ様子で赤いネッカチーフをなでながら、「僕は絶対にこの赤いネッカチーフに恥じない優秀な少年先鋒隊員になるぞ」と固く誓いました。

　入隊後の雷鋒さんは毎日赤いネッカチーフをつけて学校に通い、放課後家に帰ると、きちんとたたんで鞄の中にしまいました。彼の赤いネッカチーフはいつもきれいに洗濯されていて、汚れ一つついていませんでした。そして、雷鋒さんはいつも「赤いネッカチーフ少年先鋒隊員である僕たちの印なんだから、大切にしないといけないよ」と仲間に言っていました。

　雷鋒さんは赤いネッカチーフをつけ、新しい隊員を増やすための宣伝活動や文芸活動に一生懸命取り組みました。みんなの模範になるよう、先鋒隊憲章や校則を守り、少年先鋒隊の指導員からどのような任務を与えられても、立派にやり遂げたので、少年先鋒隊委員会から何度も表彰されました。そして、少年先鋒隊の中隊委員長にまで選ばれたのです。

　翌年、雷鋒さんは家に近い荷葉壩小学校に転校しました。荷葉壩小学校は少年先鋒隊の設立が遅れていたので、雷鋒さんは早速設立メンバーの一員になりました。全校児童に先鋒隊憲章や英雄劉胡蘭のこと、立派な少年先鋒隊員としてどのように頑張っていくかを話し、みんなに興味をもたせました。その努力が実り、まもなくして荷葉壩小学校にも少年先鋒隊が設立されました。その後、組織の指導員と協力して精力的に有意義な活動を行いました。敬愛する毛主席の革命初期の記念地である愛晩亭の見学、勉強会の開催、ボランティア活動、軍事体操、近隣の農村での政治宣伝活動などを主要メンバーとして行いました。

　1955年春、全国で農業合作社（共同組合）運動の機運が高まりました。雷鋒さんにも茅葺きの家三軒、2.4ムー（1600平方メートル）の水田が新政府から分配されていましたが、雷鋒さんは学校に通っていたため、人に頼んで耕してもらっていました。これは効率が悪いと感じた彼は共産党の農業集団化の呼びかけに応じて、進んで農業合作社への入社申請書と人民政府から与えられた土地所有証を提出しました。そんな雷鋒さんに農業合作社への入社は損になると言ってき

た人もいましたが、雷鋒さんは土地はすべて共産党政府が分配してくれたもので共産党の呼びかけに応じて、農業集団化の道を歩むべきだと断固として意志を曲げませんでした。

　雷鋒さんは共産党の指導のもと、苦難に満ちた子ども時代がいかなるものであったのか深く知るようになり、旧社会への憎悪を募らせました。革命同志には春風のようなあたたかい気持ちを抱き、新中国に敵対する者に対しては勇敢に闘い絶対に手加減しませんでした。

　雷鋒さんの同級生に胡さんという女の子がいました。胡さんが病気で学校を休むと、雷鋒さんは放課後、胡さんの家を訪ね、受けられなかった授業の勉強を手伝いました。胡さんの家が人手不足だと知ると、雷鋒さんは飲み水を汲みに行ったり、豚の餌を準備したりして胡さん一家を助けました。感激した胡さんと彼女の母親がお礼を言うと、雷鋒さんは「たいしたことありませんよ。僕たちは同級生なんだから、困ったときはお互い様です。僕は少年先鋒隊員ですから、そうするのが当たり前です」と笑顔で言いました。

　同級生の朱さんはまじめに勉強しない子で、宿題もちゃんとせず、書く字もいいかげんでした。雷鋒さんが「もっとまじめに授業を受けて、宿題もちゃんとやって、字も丁寧に書きなよ」と言っても、朱さんは大して気にもとめなかったので、成績も悪いままでした。そこで、雷鋒さんはこっそり朱さんの宿題帳を持ってきて、彼が書いた汚い字に薄い紙を載せて、その上から一字一字書き写しました。翌日、それを朱さんに見せて、この字が読めるかと聞くと、朱さんは目を丸くしました。一字も読めなかったのです。「これが字かい？こんなの魔除けのお札だよ」と声を荒げた朱さんに雷鋒さんは宿題帳を出させました。汚い字を指差しながら「その汚い字は君が書いたんだよ。自分でも読めないのにどうやって人に読ませるんだい」と注意しました。朱さんは恥ずかしくて、顔が真っ赤になりました。その後、心を入れ替えた朱さんは雷鋒さんの助けを借りて、まじめに勉強し、字も丁寧に書くようになり、ついには優秀な成績を収めました。そんなみんなを助ける雷鋒さんは同級生だけではなく、近所の人にも進んで手助けをしていました。

　1956年7月15日、雷鋒さんは荷葉壩小学校を卒業しました。彼は次のような手紙を母校に残しました。

親愛なる先生方、学友のみなさんへ

　私たちは今日この学校を卒業します。基礎教育を修了することができ、本当に嬉しいです。共産党、毛主席、先生に心より感謝します。皆さんはきっと私よりもっと嬉しいことでしょう。皆さんはこれから上の学校に進学し、さらに多くの知識を学んで、祖国建設のために役立てることができるのです。私は共産党の呼びかけに応じて、新中国の新しい農民になります。優れた農民になって、トラクターを運転して祖国の大地を耕します。将来、祖国が必要とするならば、私は労働者となって国家建設に貢献します。もし将来、祖国が必要とするならば、私は軍隊に入って戦士になります。銃をとり命をかけて祖国を守り、英雄になります。皆さん、これからはそれぞれの場所で競争しましょう。先生方、どうぞ私たちを見守ってください。私は絶対に立派な人間になります。最後に先生方のご健勝と学友たちのご活躍をお祈りします。誠にありがとうございました。

情熱溢れる雷鋒さんの言葉に先生と同級生たちは深く感動しました。そして、雷鋒さんはその後、本当に実際の行動をもってその約束を実現させていくのです。

郷土の英雄郭亮から受けた激励

　近代史上、湖南省望城県には名高い英雄が二人、誕生しました。一人は新民主主義革命期に湖南省総労働組合委員長、中国共産党湖南省臨時委員会書記、中国共産党第五回中央委員を務めた郭亮さんです。彼は気骨のある頑強不屈な男で、人々に忠誠を尽くし、敵に刀を向けられても、屈することなく国に殉じました。もう一人は平凡ながら偉大な共産主義の戦士である雷鋒さんです。ある望城の詩人は唐詩の「江南好」になぞらえ、この二人の英雄を讃えました。

望城はすばらしい

人には英傑が生まれ

地には精霊が宿る

錚錚たる鉄骨男、郭亮

平凡で偉大な人、雷鋒

その名は永遠に世に残る

　この詩はまさに望城県人民の心の声を表しています。
　革命の先輩である烈士郭亮が後輩の雷鋒さんに与えた影響はさぞや大きかったことでしょう。
　瀋陽軍区総本部の作家であり、『雷鋒の物語』『雷鋒伝』を書いた陳広生氏はかつて次のように語りました。
　1958年の冬に、雷鋒さんは労働者として鞍山鋼鉄工廠に赴きました。鞍山に行く列車の中で彼は『不朽の戦士』という本を同僚の楊必華さんに渡して「ほら、

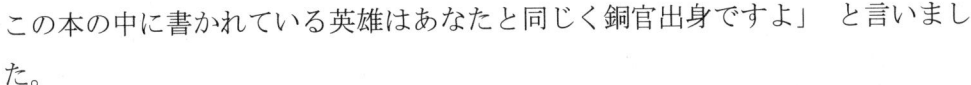

この本の中に書かれている英雄はあなたと同じく銅官出身ですよ」と言いました。

「誰？」と、楊必華が聞きました。

「郭亮です」

「郭亮！私たち銅官の人間でその名前を知らない人はいませんよ。じゃ、テストしますね。郭亮は殺される前、妻への遺書に何と書いたのでしょうか」と楊さんが聞きました。

雷鋒さんはにやりと笑うと、座席に仰向けに寝て、頭の上の明かりをじっと見ながら「郭亮の妻は李燦英といい、短いその遺書に『最愛の燦英へ、亮は東奔西走し、帰る家も国もない。ついに終止符を打つ時が来た。我が子をしっかり育てて、私の志を受け継がせてくれ。頼んだぞ。郭亮』と書いたんでしょう？」と答えました。

「まあ、すごい記憶力！」と楊さんは雷鋒さんを大声で褒めました。

「シーッ」と雷鋒さんはすぐに楊必華さんを静かにさせました。もう真夜中で、寝ている乗客を起こしていまいそうだったからです。

陳広生氏の話を聞いて、『望城報』の記者が雷鋒さんとの思い出を次のように述べました。

1958年、キンモクセイの香りが漂う頃、『望城報』編集部から団山湖農場に行って開拓生産状況を取材するように指示を受けました。

その日はカンカン照りで、農場開拓推進本部に着いたのは正午近くで、農作業を終えた隊員たちが続々と本部に戻ってきていました。雷鋒さんは私を見ると、礼儀正しく挨拶に来て、さっそく「最近、新しい本を買いましたか」と私に聞きました。「先日、出版されたばかりの『郭亮物語』という本を買ったんだけど、君はきっと好きでしょう」と私が言うと、案の定、雷鋒さんは本を貸して欲しいと頼んできました。「私は小学校の時、同級生と一緒に銅官の郭亮同志のお墓参りをしたことがあります。でも、この本は読んだことがないので、ぜひ貸してくれませんか」と強く頼んできました。私たちはもともと望城県委員会にいた時同僚だったので、よく本を交換して読んでいたのです。

私はもちろん快諾し、それから彼は県委員会に来て、その本を持って行きました。一週間後、雷鋒さんは『郭亮物語』を返しにきて、嬉しそうに読書感を聞か

せてくれました。「郭亮は智勇兼備で、最後まで敵と戦い、死んでも屈せぬ精神は本当にすばらしいと思います」と、そして「国民党反動派の奴らは郭亮の家の豚を買うのを口実にして、郭亮を捕まえようとたくらみました。実は奴らは郭亮の顔を知らず、道で郭亮に会っても気づかず道案内を頼むほどでした。郭亮は知恵を働かせ、奴らを自宅に連れて行った後、隙を見てうまく逃げました。郭亮は本当に肝がすわっていて、頭の回転が良く、見事に騙された敵は唖然とするばかりでした。まさに地元の農民が言い伝える『郭亮が兵を連れて郭亮を捕まえる、豚を買う奴は豚だ！』の言葉どおりです」と続けました。

郭亮の共産党に対する忠誠心、死んでも仲間を裏切らなかった精神について話す雷鋒さんは「すべての共産党員と革命同志はそうあるべきです。郭亮の堅忍不抜な精神力、死んでも敵に屈せぬ高尚な気概は私たちが永遠に学ぶべきだ」と熱く語りました。

ねじ精神

　それは1957年の秋のことでした。雷鋒さんと易正昌さんは、中国共産党望城県委員会の張興玉書記に同行して新康郷へ赴き、被災地の生産回復状況を調査しました。調査が終わって、書記と一緒に県に戻って会議を開きました。歩いているとき、雷鋒さんは道にある一本のねじに気付き、何気なく道端に蹴り出しました。すると、書記はこのねじを拾い、泥をきれいに拭き払って、よく見てから自分のポケットに入れました。雷鋒さんはこの書記の行動を見て、頭の中でずっと考え続けました。「書記はこんなねじを持ち帰って、何をするつもりなのだろう？」

　数日後、雷鋒さんが工場に手紙を届けに行ったとき、書記がポケットからそのねじを取り出して手のひらの上におき、雷鋒さんの肩をたたきながら、優しく諭しました。「たった一本のねじだが、小さいとあなどってはいけないよ。なくなったら大変だ。私たちの仲間一人ひとりが革命という機械の中の一本のねじのようなものだと言えないか？君のような公務員もたとえ職位は高くなくても、私たちの仕事の中で欠けてはいけない存在なんだよ。」

　その時、雷鋒さんは書記がこのねじを拾った理由がわかり、ねじ精神の教えを心に刻みました。この話は彼が平凡で偉大な共産主義の先鋒戦士になるための重要な役割を果たしたのです。

　時が経つにつれ、雷鋒さんは共産党、解放軍の指導のもと、さまざまなことを学び、「ねじ精神」への思いをいっそう強く感じるようになっていました。1962年2月19日、元瀋陽軍区砲兵5040部隊の炊事班長劉思楽さんは、雷鋒さんとともに瀋陽軍区第1回中国共産主義共青団代表大会に参加しました。その大会で雷鋒さんには「毛主席の優秀な戦士」、劉思楽さんには「一本の錆びないねじ」の

称号が授与されました。大会の閉幕後、彼らは瀋陽軍民青年演説団団員として、共に巡回しながら大会の精神を軍民に報告しました。ある晩、劉思楽さんと雷鋒さんは毛主席の著書『人民のために奉仕する（為人民服務）』を学び、人生の価値とは何か話し合いました。

雷鋒さんは劉思楽さんのスピーチの原稿を読んで、「もし『一本の錆びないねじ』の称号に『永遠』の字がついたら、もっと効果的になるんじゃないかな。さらに力強く人々の心を揺さぶられるし、自分自身を鞭打つ気持ちになると思うんだ」と提案しました。「永遠に錆びないねじになる精神」には、無産階級である自分たちが勇往邁進し、絶え間なく前進する精神のイメージがこめられています。

劉思楽さんは「1959年から今まで、錆びないねじになるスピーチを何百回もしてきたんだけど、多くの人は俺の劉思楽という名前は忘れ、『ねじ』と呼ぶんだよ」と雷鋒さんに言いました。雷鋒さんはそれを聞いて目を輝かせ、「それはすごい栄誉だね。祖国建設のためには、君のようなねじが欠かせないんだよ。正直に言うと、君のねじって呼び名がうらやましいよ。僕たちはこれからも手を携え、いつまでも錆びないねじでいよう！」と言いました。

劉思楽さんは雷鋒さんに「どうしたらいつまでも錆びないねじでいられるんだろうか」と尋ねました。

雷鋒さんは「錆びないねじのような人間になるために最も重要なのは、人民に誠心誠意奉仕するという気持ちを忘れないってことだね。共産党を愛し、人民を愛し、常に自分に与えられた仕事に情熱を注ぎ、質の高い仕事をして、世の中に貢献するんだ」と答えました。

「好きな仕事しかやらない人間もいるしな。ねじにも煉瓦にもならないし、杭につながれた牛になんかなりたくないって言うやつもいるし…」と言う劉思楽さんに、雷鋒さんは

「錆びないねじがすごいのは、黙々と人々に奉仕し続けることだよ。僕は元帥になりたくない兵士は良い兵士ではないって言葉に賛成だし、人生、高い目標を掲げて生きていくことは大切だけど、誰もが自分の夢を実現できるわけじゃないし、社会主義の世の中を建設していく今、自分の生きる道を選んでいく中でも、社会からさまざまな制約や影響を受けるはずだ。僕たちの部隊は戦闘部隊で祖国を守る任務があり、任せられる仕事には、興味がもてないものもたくさんあるだ

ろう。任務の中には疲れる作業、汚い作業、何の技も学べないものもある。もし誰もが他人のことを羨んでばかりで、自分の作業に専念しないのなら、そんな部隊はどうやって反侵略戦争に勝てるというのだろう」と言いました。

劉思楽さんは「全体のことを顧みず、打算的な人間は常に不平不満を言うものだ。それならむしろ自分をねじに喩えられた方がましだよ。日常生活の中には必ずどこかには自分の居場所があるはずだ」とも話しました。雷鋒さんは続けて、「世界中にあるすべての大きくてすばらしいものは、実は小さくて目立たないもので作られている。世の中の多くの仕事は平凡に見えるが、その平凡を愛する人は、称賛されるべき人だ。労働者が作業をする、農民が畑を耕す、靴を修理する、散髪をする、豚を育てる、食事を作ることなど、これらの平凡な労働がなければ、そして数千数百万の人民が革命を実践していかなければ、社会の偉大な事業は成り立たない。偉大は平凡から生まれ、平凡が偉大を形作る。私たちが関わるすべての労働は偉大な共産主義事業と密接につながっている。私が見たところ、自分のいるべき場所をしっかり愛する人こそ、階級の利益、革命の利益を何よりも重視し、人民に奉仕することが最大の幸福であり、楽しみであると考え、ためらうことなく自分の青春を人民に捧げる人だ。このような人こそ『ねじ精神』の称号にふさわしい。ねじとしての自分を受け入れる人間は、まちがいなく共産主義のために進んで奮闘する人間だ」と話しました。

劉思楽さんはどうすればねじは永遠に錆びないのか、雷鋒さんに教えを乞いました。

雷鋒さんは「革命者には人民に奉仕する思想だけでなく、人民に奉仕する能力も必要だ。党は私たちが正しい価値観をもつのと同時に、確かな技術も有することも求めている。専門知識を真剣に学ばない、革命の任務を遂行する実力もない、砲手が目標に命中させられない、運転手が車の故障を直せない、炊事員が作った料理を誰も食べたがらないとしたら、反侵略戦争においていったいどのような役割が果たせるというのだ」と答えました。

劉思楽さんは「私たちの時代はねじ精神だけでは足りない。強い向上心をもち、それぞれの職場で創造的な仕事をするべきだ。中国に欠けているのは機械のどこで使われても『不満を言わないねじ精神』だけでなく、『ねじ』に科学技術の翼を与え、誰もが自分の職場でより大きな貢献をするように努力することだ」と言

いました。

　雷鋒さんは「革命者は共産主義の遠大な理想を持ち続け、誠心誠意、人民に奉仕する思想を確立するだけでなく、共産主義の実現のために奮闘する能力を身につけねばならない。『ねじ精神』とは人民に奉仕することを片時も忘れず、個人の夢や理想を祖国が考える必要性に重ね、仕事を愛し、その専門性を高めていく。科学技術こそ人民の生活を向上させる奉仕の中心であり、「ねじ」もその役割を最大限に生かすことができる。ネジの作用が大きくなるか否かは、一人ひとりがいかに科学技術を把握しているかにかかっている」と自分の見解を述べました。

　そして、最後に雷鋒さんは「共産主義が実現しても、労働者がいなくなるというわけではないのです。『ねじ精神』は僕たちの時代にだけ必要なものではなく、代々受け継がれ、将来、近代化が高度に進んだ世界においても、『ねじ精神』は必要なのだ」と未来を展望しながら語りました。

　劉思楽さんと別れる際、雷鋒さんは彼のアルバムに「手を取り合い、錆びないネジになろう」と書き込みました。

　1962年4月17日、雷鋒さんはねじの役割といかに錆びないねじになるかについて、日記にさらに詳しく書きました。

　「一人の人間の役割は、革命において、機械のねじのようなものである。小さな機械は多くのねじによってつなぎ合わされ、固定され、一つの堅固な機械になるからこそ、規則正しく動き、大きな成果をあげることが可能になる。ねじは小さいが、その役割は計り知れない。私は永遠に一本のねじでありたい。ねじは常に手入れをし、洗浄するから錆びないのである。人間の考えも同様で、よく点検し、日々省みれば問題は起こらない。私はこれからも絶えず勉学を続け、思想的自覚を高めていきたい。共産党と毛主席の教えどおりに常に批判や自己批判を行って考えを正し、偉大な革命事業の中で永遠にさびつかないねじになりたいと思っている」

《《《《《《 自分を鍛える

　1957年晩秋、中国共産党望城県委員会は氾濫を繰り返す溈水河の大規模な治水工事を行うことを決定しました。雷鋒さんは若者は進んで厳しい環境の中で自分を鍛え、社会主義建設に貢献すべきだと思い、「溈水河水害根治」プロジェクトへの参加を求めて、3回も委員会に申請書を出しました。指導部は彼の申請を許可し、「溈水河水害根治」プロジェクト指揮部の通信員を命じました。

　雷鋒さんは治水工事の現場に着くと、熱心に任務に取り組みました。現場の状況は大変厳しく、雷鋒さんが寝泊まりする小屋は暗くじめじめして、四方から風がスースーと吹き込むあり様でした。時々任務で帰りが遅くなると、食事の時間に間に合わず、冷飯にお湯をかけて漬物で流し込むしかなく、それを見た同僚が

　「雷君、君は県委員会に残って仕事をしていればよかったのに、どうしてわざわざ何度も申請して、こんなつらい治水工事の現場に来たんだい」と訝しそうに尋ねると、雷鋒さんは「僕たちは革命の任務に就いているんだから、自分のことばかり考えるわけにはいかないよ。常に共産党、国家、人民が今、何を必要としているかを考え、国家や人民の利益が最優先で、個人のことはその後だよ」と平気な顔で返事をしました。

　ある夜、茅葺き小屋で毛主席の本を読みながら、粗末な小屋を見上げて考えに耽っていると、突然、脳裏に

　「共産党のためならば、国家と人民の利益のためならば、私は高層ビルではなく、喜んでこの暗い茅葺き小屋に住もう。豪華な食事など望まず、粗末な飯で構わない。豊かでのんびりした環境など必要ない。むしろ一日十数時間の仕事をして苦労した方がずっと有意義だ」と考えが浮かび、ノートに詩を書きました。

革命の名の下に、過去に思いを馳せ
革命の精神で、今現在と格闘し
革命の志を抱いて、未来を創造する
　　　　我が奮闘をもって

　ある日、雷鋒さんは指揮部のメンバーと現場で一日中働きました。指導員は雷鋒さんに早く帰って休むように言いましたが、雷峰さんは指揮部に戻ると、電話当番をずっと続けました。「指揮部は2万人を超える労働者を指揮する中枢であり、みんな休んでしまったら、誰が電話を受けるのだろう。急ぎの知らせは誰が伝達するのだろう。」と雷鋒さんはこの任務の重要性を十二分に理解していました。強い責任感が疲れを忘れさせ、同僚たちには休むように言いながらも自分は電話のそばで一夜を明かしました。

　治水工事プロジェクトが始まってまもなく、数日間、雨が降り続きました。ある日の午後、土砂降りの雨が降って川の水位が急激に上がり、工事現場に積まれた機材が洪水に飲み込まれそうになりました。指揮部より、機関幹部たちと近隣の労働者に、すぐに川に駆けつけ、国家の財産である資材を搬出せよとの緊急通達が出されました。

　指揮部の指導員は雷鋒さんと女性の同僚数名を当番として残し、工事現場へ向かいました。同僚たちが出発した後、雷鋒さんは女性たちに電話と通信の管理を任せ、何かあれば必ず記録するように伝え、風雨の中、機材のある工事現場へ走って行きました。この時、道路はすでに冠水していましたが、国家の財産を守りたい一心の雷鋒さんは、我が身を顧みず、水の中を進んでいきました。現場に到着すると、同僚たちと共にすべての機材を安全な場所に運び出すまで、作業を続けました。

　同僚たちが雷鋒さんの勇敢さや国の財産を守ろうとする責任感の強さを讃えると、彼は恥ずかしそうに笑って、「私は若いから、大雨の中でも鍛えに鍛えなければいけないんですよ」と言いました。

　1958年の春、中国共産党望城県委員会は潙水河治水工事の竣工に合わせ、続いて団山湖を干拓して、国営農場を開設し、沼地を豊かな耕作地に変える決定をしました。望城県団山湖国営農場委員会は県内の青少年たちに社会主義建設のた

め、自分たちもできることをしようと呼びかけ、小遣いを節約して国営農場を開墾するための青年号トラクターを寄付しようと提唱しました。

雷鋒さんは即座にこの呼びかけに応え、布団を買うために貯めた20元を全額寄付しました。県内の青少年の中で雷鋒さんの寄付金が最も多かったので、共産主義青年団望城県委員会は彼に特別に記念証を贈呈して表彰しました。

これを聞いた県委員会の張書記は大喜びして雷鋒さんのもとに来て、「よくやった！これは社会主義建設に対する君の情熱を表すものだ」と彼を褒めました。張書記の言葉は雷鋒さんにとって大きな励みとなり、もっと社会主義建設に貢献しなければならないと決心しました。そんな雷鋒さんの心中を見抜いたように、張書記は「トラクターの運転を学んでみないか」と尋ねました。「トラクターですか！」雷鋒さんは大喜びで「行きます！学びたいです！」と答え、「私は決して党のご期待を裏切らず、新しい職場で新しい貢献をいたします」と張書記に約束しました。雷鋒さんの「トラクターを運転して、祖国の大地を耕す」という願いは実現しようとしていました。

2月26日、雷鋒さんは農場にやってきました。彼は毎朝起床すると、すぐトラクターのところにやってきて電線の漏電や接触不良がないか確かめ、燃料タンクとオイルパイプの漏れがないか逐一検査し、緩んだナットを一つひとつ締めて、燃料タンクを満タンにしました。それからトラクターの油汚れや土ぼこりを丁寧に拭き取り、車がピカピカになるまで手を止めませんでした。

昼間、彼は運転を教えてくれる陳師匠と出かけ、師匠の助手をしながら、運転技術を真剣に学び、車を車庫に戻した後も、運転席に座り、師匠のまねをしながら、運転のコツを身につけました。夜、寮に帰ると、彼は灯りの下で、トラクターの構造、修理、メンテナンス、運転技術に関する本を真剣に読みました。彼は一日も早くトラクターが運転できるようになり、祖国の荒野開拓に貢献したいと思っていたのです。

雷鋒さんは一週間でトラクターの基本知識と運転技術をほぼ身につけました。陳師匠は雷鋒さんに運転させ、自分はそばで見守ることにしました。実際に運転席に座った雷鋒さんは急にドキドキしてきて、自分は力が弱くて、ハンドルレバーをうまく操作することができないんじゃないか、車を動かしても、うまくブレーキが踏めず、事故を起こしてしまうのではないかと不安になってしまいました。

陳師匠は雷鋒さんが緊張しているのがわかり、「怖がらなくていいんだよ。前をしっかり見て！クラッチとブレーキをうまく連動させて！角を曲がったら、ハンドルをすぐに戻すんだよ」と励ましました。雷鋒さんはギアを入れ、アクセルを踏み込み、クラッチペダルから足をゆっくり離すと、トラクターは「トッ、トッ、トッ」と動き出しました。初めはトラクターはなかなか言うことを聞かず、道路をうねりながら進んでいきましたが、雷鋒さんは自分を落ち着かせ、手足の動きも徐々にかみ合い、トラクターは命令に従うようになりました。耕地をまっすぐ走れるようになると、思い切って農機具の昇降レバーを押してみると、前に進むトラクターの後ろから黒い泥が跳ね上がりました。後ろを振り返って、自分が耕した泥の波を見た時、雷鋒さんは興奮して感激しました。

雷鋒さんは望城県が育成した最初のトラクター運転手でした。数日後、『望城県報』に雷鋒さんが書いた「トラクターが運転できるようになった」という文章が掲載され、全県青年社会主義建設先進代表大会では出席者を前に雷鋒さんは運転を披露しました。

雷鋒さんは短期間でトラクターの運転とメンテナンスを習得しただけでなく、トラクターの稼働装置、操縦構造、電気設備、燃料システム、冷却システム、オイル潤滑システムなどの構造と動作原理を正確に理解、習得し、簡単な修理技術も身につけました。種を播く季節が来る前に、彼は陳師匠と交代でトラクターを運転し、風に吹かれても、日差しに晒されても、雨に降られても、昼夜休まず原野を駆け回りました。農場労働者全員の努力のもと、わずか3カ月で、眠っていた荒れ地を933.33ヘクタール（14000ムー）以上の耕地に開墾しました。

あっという間に夏がやってきました。続けざまに何度も豪雨に襲われ、八曲川の水位が急激に上がり、新しく整備された堤防は決壊の危険に晒されていました。農場内にはいたるところに水溜まりのように水が溢れてしまい、ほとんどの作物が水に浸かってしまいました。

この日の午後、雷鋒さんが大雨の中で、同僚たちと共に危険を冒して排水作業をしていると、突然誰かが「駐車場に水が流れ込んだ！」と叫びました。驚いた雷鋒さんは直ちに道具を置き、駐車場に向かって駆け出しました。トラクターのところにいき、流れてきた水が車輪の高さまであふれているのを見ると、急いで運転席に飛び乗り、トラクターを高台に移動させました。それから元の駐車場に

戻り、大きな防水シートをトラクターに覆いかぶせて固定すると、また排水作業を続けました。

　夕方、雨は止みましたが、洪水はさらに激しくなりました。雷鋒さんは危険を顧みず、水たまりを渡り、トラクターをずっと守っていました。水が溜まる恐れがあるため、彼はトラクターを安全な場所に移しました。この日、彼はトラクターの上で夜を過ごしました。翌朝、夜が明けて新しい一日を迎え、雷鋒さんは運転席から飛び降りて空を仰ぎ見ると、雲一つない青空でした。農場は守られ、高台に停めたトラクターも無事でした。彼は大喜びでトラクターの泥水をワイヤーできれいに拭き取り、工具袋からペンチ、レンチを取り出して、機械部品全体をひととおり検査しました。

　洪水はすでに引いていました。雷鋒さんは朝食をとると、すぐにトラクターを農場の本部に移動させました。給油をしているとき、同僚たちが雷鋒さんの赤い目を見て、「雷君、一晩中起きていたのだから、ちょっと休んだらどうだい」と声をかけると、雷鋒さんは「昨夜はトラクターの上で休んだよ」と微笑みました。それから運転席に飛び乗り、エンジンをかけると、朝日の中で、また新しい一日の仕事を始めました。

　金色の秋が団山湖農場を訪れた時、かつて雑草だらけの荒れ果てた土地は、どこもかしこもずっしりと重い稲穂で覆われていました。これは雷鋒さんと農場の全労働者が一年間奮闘した勝利の成果でしょう。夕食後、雷鋒さんは田畑に行って満面の笑顔で豊作の風景を眺め、「荒れ果てていた団山湖とはもう永遠にお別れだ！」と喜びました。旧社会では、国民党政府や地主も団山湖を干拓しようと、三回も寄付金を集めましたが、そのお金は横領され、治水計画は頓挫していました。今、共産党の指導の下で、団山湖の干拓という県民の願望はついに実現したのです。新たに整備された長い堤防がこの国営農場の豊作を守っています。セミが枝の上で嬉しそうに鳴き、ツバメが青空を舞い上がるのを見た雷鋒さんは心の喜びを抑えきれず、ペンを取り出して、畦に座って情熱的な詩を書きました。

　　南からやって来たツバメよ
　　お前は昔の様子を見たことがあるだろう
　　かつての団山湖──

湖草が生い茂り、見渡す限り荒涼としていた
洪水に見舞われると、どこも冠水してしまう
十年前、三度も私腹を肥やした奴らのせいで
団山湖の干拓など夢のまた夢
今日の団山湖——
良田は万の畝、稲穂の黄金色に覆われている
爽やかな風が吹き渡り
稲穂の香りが漂っている
新しく建設された長堤防は
まるで強固な銅壁のようだ
もう二度と洪水に襲われることなどない
紅旗が社会主義の農場に颯爽と翻り
あちらこちらに穀物いっぱいの倉、魚が満載の船
祖国にまた一つ新たな魚米の郷が加わった
…

　秋、この「魚米の郷」の新しい農場は大豊作を迎えました。
　この荒地を開墾し、苦労して立派な農場を作った雷峰さんは、新たな職場に向けて旅立ちました。祖国に社会主義を建設するために、活力に満ちた彼の青春を捧げるのでしょう。

鞍山製鉄所へ行こう

　1958年5月、共産党第8期全国代表大会第2回会議において、「意欲的に高い目標を目指し、より多く、より速く、立派に無駄なく社会主義を建設する」という大きな国家路線が定められました。それに続いて、毛主席は「紹介一個合作社(ある協同組合)」という文章の中で、「向上・発展のために努力しよう」「貧乏のどん底から抜け出して、最も新しく最も美しい文字を書き、最も新しく最も美しい絵を描こう」と全国民に呼びかけました。雷鋒さんは、党の呼びかけに鼓舞され、大いに励まされました。

　1958年11月、農業で大きな貢献をした雷鋒さんは、次は工業で奮闘し、製鉄工場で働こうと考えました。雷鋒さんは党の社会主義建設総路線を実現させるために、祖国が最も必要としている場所で、社会主義建設のためにできる限りの貢献をしようと決意しました。その頃、鞍山製鉄所と湘潭製鉄所が望城県で青年労働者の募集を行いました。多くの若者は東北地方は寒く、生活環境も悪く、家からも遠いため、鞍山製鉄所には行きたがらず、湘潭製鉄所に行きたいと思っていましたが、雷鋒さんは国が必要とするなら、自分は喜んで東北の鞍山製鉄所に行き、社会主義の新しい鋼鉄の街を建設したい、とはっきり言いました。

　雷鋒さんは農場の指導員に「私は社会主義建設総路線にさらに貢献したく、鞍山に行って製鉄所で働きたいんです」と申し出ました。指導員は彼が農場を離れるのを残念に感じましたが、工業建設のためには鉄鋼業の発展が欠かせないと考え、雷鋒さんの申請を許可しました。

　大喜びの雷鋒さんは自ら進んで鞍山製鉄所の募集担当者と共に望城県にある人民公社、農業生産大隊の大衆大会に出かけ、若者たちに最も過酷な場所で祖国の美しい未来を創り出そうではないかと訴えました。大会が終わると、雷鋒さん

は若者たちと個別に話し合い、彼らに丁寧に説明をし、共に働こうと励ましました。雷鋒さんの協力により、労働者の募集は順調にすすみ、400人以上の若者が集まりました。この功績が認められ、雷鋒さんは鞍山に向かう応募者たちをまとめる護送隊の副隊長に抜擢されました。

いよいよ故郷湖南を離れる日が近づいてきました。東北へ旅立つ前に、雷鋒さんは仲間数人に声をかけ、休みを取って、日夜心の中で仰ぎみる毛主席の生家がある韶山沖に行きました。

韶山沖は山々に囲まれ、毛主席の生家の前には清らかな小川が流れていました。家の後ろには青々とした松林や竹林が幾重にも連なっています。

雷鋒さんは崇敬の念を抱きつつ、毛主席の生家に入りました。飾られている展示物をじっと見つめ、解説員の説明を熱心に聞きながら詳細にメモを取りました。かつて毛主席が使っていた部屋に入り、竹筒で作られた桐油ランプの前に立った瞬間、少年時代の毛主席がこの桐油ランプの下で、むさぼるように猛勉強する姿が浮かんできました。国や民を救うにはどうすればいいのか、その答えを求めて、毛主席は古今東西の本をどれだけ読んだことでしょう。しばらくこの桐油ランプを見つめていた雷鋒さんは、心の中がランプの明かりが灯ったように明るくなり、毛沢東思想の輝かしい光のもとで、さらに奮闘していくことを誓いました。「国家の未来のため、人類の幸せのため、毛主席の六人の家族は革命に命を捧げました。その中には奥様とお子さんも含まれています。」と解説員の話を聞いて、雷鋒さんは現在、自分たちが新中国で幸せに暮らせるのは、革命の志士たちが尊い命を捧げたからであり、この幸せな生活を大切にし、自分たちも社会主義建設のために、もっと勤勉に働くべきだ、と痛切に感じました。

雷鋒さんは生家の見学を終えると、毛主席が少年時代に働いていた稲干し場にやって来ました。そこで解説員から「ある年の秋の収穫期、少年時代の毛主席がこの稲干し場で稲を取り込んでいると、突然大雨が降り出しました。近くにいた四おばさんは、干していた稲を取り込もうとしましたが、手伝う人もいないので困っていました。それを見てた毛主席は迷うことなく自分の家の稲は構わず、先に四おばさんの稲の取り込みを手伝いました」という毛主席の少年時代の話を聞きました。この話を聞いて、雷鋒さんは革命者たるもの自分のことよりまず他の人のことを考えるべきだと痛感しました。そして、今後はさらに自分を律して、

日々の生活の中の平凡な仕事から取り組み、高尚な革命精神を育成しようと決意しました。

雷鋒さんは東北に向けて出発する前、護送隊のメンバーを集め、募集チームに向けて次のような宣言書を書きました。

「組織の配置に従い、工場到着後、必ず一生懸命に学び、積極的に任務に取り組み、どんな作業でも精一杯頑張ります。決して驕らず、謙虚に人々から学び、全て困難を乗り越え、共産主義青年団員にふさわしい情熱を注ぎます。祖国の人民の幸せな生活のために、最後まで奮闘します！」

北に向かう列車の中で、歌ったり、語り合ったりみんなと楽しく過ごした雷鋒さんは、列車を乗り換える北京に着くと、数人の仲間を誘って、天安門広場に行きました。金水橋の前に立って、長い間、天安門に掲げられている国章と毛主席の巨大な肖像画を仰ぎ見ているうちに、目頭が熱くなってきました。偉大な祖国と偉大な祖国の首都である北京への愛を表すために、天安門の前で記念写真を2枚撮りました。雷鋒さんはできることなら北京にもう数日滞在したかったのですが、早く製鉄作業に取りかかりたいと逸る心はとっくに鞍山製鉄所に飛んでいっていて、仲間たちと北上する列車に乗り込みました。線路を走る車輪のリズミカルな音が雷鋒さんの想像の翼を広げます。「私はもうすぐ鉄鋼労働者になる。作業服に身を包み、長い鋼の棒を持って、溶鉱炉のそばに立つ。真っ赤に溶けた鋼は滝のように流れ落ち、火龍のように舞い上がっていく。そして、できあがった鋼材をトラクターや自動車、飛行機や大砲に変えていく。それを祖国の各地に運び、社会主義建設を促進し、祖国の防衛を強固なものにする。なんとすばらしいことだろう」と日記に書きました。

11月15日の昼、列車は鞍山駅に着きました。駅のホームに降りると春のタケノコのように密集してそびえる煙突、大きな高炉、小山のように積み上げられた鋼材が目に飛び込んできました。雷鋒さんは祖国の製鉄業がどれだけ大規模であるか初めて知り、さらに期待に胸を膨らませました。

鞍山製鉄所に到着すると、指導員は雷鋒さんがトラクターの運転ができることを知り、彼を化学工場の石炭洗浄工場に配属してブルドーザーの運転手に任命しました。希望していた鉄鋼製造員になれなかった雷鋒さんは、少々残念に思い、石炭洗浄工場の于主任を訪ね、率直に「私はどうしても鉄鋼製造員になりたいの

です。どうして私はブルドーザーの運転手に配属されたのでしょうか」と聞きました。

　于主任は雷鋒さんの率直さが気に入り、「雷鋒君、君はまだ大規模な工業生産の連続性がわかっていないようだね。君にブルドーザーの運転をさせるのはまさに鉄鋼製造のためだよ。私たちの石炭洗浄工場はね、毎日大量の石炭を運ぶ必要があるんだ。その石炭をコークスにしなければ、鉄は精製できないし、石炭ガスを製鋼所に送らなければ、鋼鉄を精製することもできない。大工業生産は大きな機械のようなもので、ねじが1本欠けても動かすことができないんだよ」と優しく諭しました。

　ねじと聞いて、雷鋒さんは県委員会の張書記に教えられたことを思い出し、心の葛藤は一瞬に消えました。「社会主義建設のためなら、私は喜んでねじになります」雷鋒さんはそれから何の不満も言わず、喜んで出勤しました。

　東北地方にやってきた南方の人にとって、最初の冬は本当に大きな試練です。雷鋒さんがブルドーザーを運転するのは野外なのです。毎日、何十両もの貨物列車で運ばれた石炭が石炭置き場に運ばれると、雷鋒さんはブルドーザーを運転して、その石炭をガントリークレーンのところにまで押していきます。クレーンが石炭をコークス炉に運搬し、精製されたコークスを使って石炭ガスを作り、製鉄、製鋼工程に供給します。雷鋒さんは製鋼、製鉄業務に携わることができ、この上なく光栄に思いました。社会主義建設へのあふれる情熱が凍える寒さなど少しも感じさせませんでした。将来、美しく繁栄する祖国を想像するだけで雷鋒さんには困難に打ち勝つ勇気と力が湧いてきたのです。

　ある日、雷鋒さんは少しでも多くの石炭を運ぼうと、ブルドーザーの運転を急いでしまい、石炭置き場の貨物用レールにぶつかって壊してしまいました。雷鋒さんにブルドーザーの運転を教えた師匠はそれを知って、「雷鋒君、君の不注意でレールが壊れてしまったよ。荷車を使う同僚たちはどうやって運搬作業をすればいいんだ」と厳しく叱責しました。

　顔が真っ赤になった雷鋒さんは一言も言わず、休憩時間を利用してレールを修理しました。数日後、ひどく怒られた雷鋒さんがヘソを曲げているのではないかと心配した師匠は「雷鋒君、この間は少し強く言い過ぎたよ。気にしていないかい」と聞きました。すると雷鋒さんは「師匠の叱責は私が自分の欠点や至らなさ

を克服する大きな助けになります。しっかり叱っていただいたほうが、いろいろと気づくことができます。師匠、これからもご指導お願いします」と真摯に答えました。

　それ以来、雷鋒さんはさらに謙虚になり、師匠を尊敬するようになりました。精神面、技術面共に向上し、わずか3カ月で一人前のブルドーザー運転手になりました。

　雷鋒さんが運転する「スターリン80号」ブルドーザーは車体前部が高く大きいので、背の低い彼が座って運転すると、前のブレードが見えません。ところが立ち上がって運転すると、今度は頭が運転席の天井に当たり、腰を真っ直ぐに伸ばすことができないのです。雷鋒さんは体を屈めた状態で操作するほかなく、一日の仕事を終えて自分の部屋に戻ると、足腰が痛くてたまりませんでしたが、彼は一言も愚痴をこぼさず、翌朝、運転席に座るといつものように意気込んで仕事をしました。

　担当の主任は大きなブルドーザーを運転するのに苦労する雷鋒さんの姿を見て、小さなブルドーザーに替えて、しっかり座って運転したらどうかと言いましたが、雷鋒さんは決して車を替えず、「小さなブルドーザーより大きなブルドーザーを運転するほうが、運べる量はずっと多くなります。これぐらいのこと、なんでもありません」と答えました。

　主任は勇敢に困難に立ち向かう雷鋒さんの姿勢に感服し、ある日、朝礼で雷鋒さんのことを褒め、皆に彼を見習うように言いました。朝礼後、雷鋒さんが主任に「主任、私を褒めないでください。まだまだ至らないところばかりなんです」と言うと、主任は雷鋒さんのことをますます見込みがあると感じ、「なぜ注意は喜んで受け入れるのに、褒められるのは嫌なんだよ？」と問い返しました。すると雷鋒さんは「注意は欠点を直し、過ちを改めることに役立ちますが、褒められると、慢心して天狗になってしまいます」と答えました。

　ブルドーザーで石炭を押し運ぶと、その中に土砂が混入することがあります。雷鋒さんはこれを放っておくわけにはいかないと考えました。石炭に土砂が混入すれば、精錬したコークスの品質に問題が出て、直接、製鉄所の精錬鉄にまで影響が出るからです。

　雷鋒さんは常に細心の注意を払ってブルドーザーを運転しました。石炭の中に

少しでも土砂が混ざっていれば、石炭の山からその土を注意深く取り出し、脇にはじき出します。このようにまじめで責任感の強い雷鋒さんの態度は多くの人の心を打ちました。ブルドーザーの運転手たちは自ら雷鋒さんを見習い、彼を模範にして作業に取り組みました。

　若い仲間たちは一日の仕事を終えると、きれいな服に着替えて町へ映画や芝居を見に行ったりするのが普通でした。しかし、雷鋒さんはいつも粗末な服を着ていたので、ある仲間が彼に

　「君は独身なのにお金を貯めてどうするつもりだよ。たまには良い服でも買って着てみたらどうだい」と

　最初、雷鋒さんは気にしていませんでしたが、しばらくして自分の服が本当に古くなったことに気づき、古着屋で革のジャケットとラシャのズボンを買って着てみました。仲間たちが「おい、見ろよ！我らが雷鋒君もおしゃれしてるぞ」とからかうと、雷鋒さんは恥ずかしそうに照れました。

　それからまもなくして、共産党と政府は増産節約運動を提唱しました。全国の党、団組織は党員、団員に共産党の刻苦勉励の優れた精神を発揮するよう求めました。夜、党の勉強会が終わって宿舎に帰った雷鋒さんは。新しく買った服を見て反省し、「私は貧乏な家に生まれたのに、どうして服などにうつつを抜かしているのだ。共産党の刻苦勉励精神を忘れてしまったのか」と自分を責めました。この夜、雷鋒さんはベッドに横になっても、旧社会の苦難や新社会の幸せが脳裏に浮かび、なかなか寝付けませんでした。「喉元過ぎれば熱さを忘れる」ではいけないのだ。服や食べ物にこだわり、良いものばかり追い求めるようになれば、社会主義建設の大業など考えなくなってしまう。党の刻苦勉励の精神を決して忘れてはならないのだ。

　この小さな出来事から、雷鋒さんは大切なことを悟りました。革命を貫いていくには、ただぼんやりとそこにいるだけではだめなのだ。ねじが常に手入れをしなければ錆びてしまうように、人間も自分の言動を常に省みて、改善を重ねないと、すぐに道を踏み外してしまう。

　雷鋒さんは1959年のある日の日記にこう書いています。

　「1958年に工場に配属された時、私はただただ感謝の気持ちで一生懸命に働くばかりだった……その後、党の教育の下、特に共産党の社会主義建設路線と全

人民の凄まじい向上心に感化され、見識や視野が大きく広がり、使命感を強く感じることができるよになった。」

さらに同年10月のある日の日記にはさらなる決意が書かれています。

「私は党に従い、毛主席の言うことを聞き、永遠に党と毛主席に忠誠を尽くす。よく学び、しっかり働いて、党と人民のために自分のすべてを捧げ、利己心のない人間になると決意した。」

雷鋒さんはこのように自分自身を厳しく戒め、律していたのです。

ああ、青春！

　雷鋒さんがよく語った言葉に、「風雨に打たれなければ、大木に育たない。何度も叩かれなければ鋼になれない。困難に立ち向かう道を選ぶのは、革命青年である我々が成長するために通るべき道だからだ。理想をもち、結果が出せる人間になるには、苦労を厭うてはならない」があります。
　1959年8月、太陽が燃えさかる炎のように大地を照りつける中、雷鋒さんは若い仲間たちとコークス工場建設地に赴き、祖国の社会主義革命と建設事業に新たな貢献をすることを決意しました。
　新しく建てられるコークス工場建設地は、弓長嶺の辺鄙な山のふもとにありました。雷鋒さんたちが来た頃は何もなく、彼らの宿舎すらありませんでした。皆、しばらくは古い掘立て小屋で寝泊まりすることになりましたが、雨漏りがひどく、風が吹き込んでくるような小屋でした。食堂は臨時に建てられたテントで、厨房は屋外にあり、飲み水や生活用水は建設地から1キロほど離れた村まででこぼこの山道を歩いて汲んでこなければなりません。こちらでの仕事や生活の環境は、鞍山製鉄所と比べると、雲泥の差がありました。
　しかし雷鋒さんはまったく気にすることなく、工場建設地に着くや、皆の荷物を運んだり、ベッドを準備したりして、誰よりも忙しい人になりました。工事建設地共産主義青年団支部の李書記は、雷鋒さんが鞍山鉄鋼化学工場から来た先進的な技術者であること、鞍山市青年社会主義建設活動家大会に出席したこと、そして優秀な共産主義青年団員であることをよく知っていました。雷鋒さんは新しい工場建設地に来てからもずっと一日中動き回り、暇もないほど忙しくしていました。李書記は工場を建設し、共産主義青年団の活動を展開していくには、雷鋒さんのような優秀な共産主義青年団員が模範的な役割を果たす必要があると考

えていました。そこで、雷鋒さんを呼び出し、「よくわかった。君は苦労を嫌がったり、全力を出しきれない人間とは違うようだな。今後、もっとみんなの模範として動いてほしい」と言うと、雷鋒さんは、「貧乏な家庭に生まれた私を育ててくれたのは党です。私はどこにいても自分の家にいるような気がしています。今はこの工場建設地が私の家です。困難であればあるほど、人は自分を鍛えることができます。私はここにしっかり根を下ろして頑張ります」と務めをやり抜く決意を見せました。

夜、ベッドに横たわった雷鋒さんは自分がこの辺鄙な山のふもとで、皆と力を合わせて近代的なコークス工場を建設し、祖国の製鉄業のために新たな貢献ができることを思うと、心が熱くなり、感激せずにはいられませんでした。「今ある困難は一時的、部分的なものだから、絶対に克服できる。一つずつ克服していけば、すばらしい風景と勝利が私たちの前に現れる」と心の中で自分を励ましました。

宿舎建設が始まりました。雷鋒さんは石を運ぶときには、重い石を選び、木材を運ぶときには、大きな木材を選びました。また頑張っている人や良い行いに気づいたら、彼はすぐに壁新聞に記事を書き、大きく紹介しました。雷鋒さんはどこにいても燃えさかる炎のようでした。工場の指導員は彼を青年突撃隊に加え、共産主義青年団員たちは団支部宣伝委員に選びました。

冬になると東北の山間部は特に寒くなり、工事は新たな困難に見舞われました。

工場責任者はレンガを接着する泥を練る、最も汚れる仕事を雷鋒さんが属する青年突撃隊に任せました。2日間作業して、雷鋒さんはレンガの積み上げ、運搬作業員たちは出勤後、泥練りチームの作業が終わるまで、ずっと待機し、それから自分たちの作業を始めることに気づきました。その無駄な時間のせいで作業全体の工程に影響が出ていると感じた雷鋒さんは泥練りチームがもっと早く出勤すればいいと提言しました。そして雷鋒さんはチーム内の共産主義青年団員数人と共に、夜明け前、まだ他のチームの作業員たちが熟睡している間に出勤し、泥を練る作業を始めました。そうすればレンガ積み上げ、運搬チームの作業員が出勤して、すぐに作業が始められます。しかし、冬季工事の経験がなかったので、土を混ぜた泥の粘着性が弱く、積み上げた煉瓦が固定しませんでした。

チームで検討した結果、ヨモギと砂と土をしっかり混ぜ合わせると、この問題

は解決することがわかりました。ところが、シャベルと2本爪の長柄フォークだけでは、歯を食いしばってかき混ぜても、硬い土の塊はなかなか細かくなりません。すると、レンガ積み上げチームの作業員が「これはどんな泥だよ。塊がゴロゴロ入っていて、使いづらいったらありゃしない」と文句を言ってきました。

　そのとおりだと感じた雷鋒さんは、ちょっと考え、靴を脱いでズボンの裾をまくり、泥の中に足を突っ込みました。足の力で土の塊を砕き始めたのです。工事責任者たちは冷たい泥で足が凍傷になってしまうのを心配して、急いでゴム靴を持ってきて履かせました。しかし、ゴム靴を履いて泥の中に入ると、すぐに泥の塊がゴム靴に付着し、足を引き抜くことができません。随分苦労してかき混ぜましたが、塊はなかなかなくなりません。

　ついに雷鋒さんはゴム靴を脱ぎすて、もう一度裸足で泥を踏み始めました。雷鋒さんに続いて仲間たちもそろって泥の中に入りましたが、泥はまるで骨に突き刺さるように冷たく、砂利や草が足にあたって、ひどく痛みました。しかし、彼らは我慢強く作業を続け、ついに良質の泥ができあがりました。

　これで工事が進展し、レンガが高く積まれていきました。しかし、壁が高くなればなるほど、泥を運ぶのに苦労が伴います。雷鋒さんは裸足で泥を踏みながら、何か良い方法はないか知恵を搾りました。彼が泥の中で何やら手足を動かしているのを見て、いったい何をしているのかわかる人はいませんでした。共に湖南から来た同郷の葉さんが好奇心から彼に尋ねました。

　「雷鋒君、手足をバタバタさせて何をしてるんだい」

　「ねえ、知恵を貸してくれよ」雷鋒さんは泥の中から足を引き抜き、「クレーンを作って泥を運びたいんだけど、できるかな」と葉さんに言いました。

　雷鋒さんはみんなを集めて、地面に図を書きながら彼の考えを説明しました。

　「うん、いけるよ。絶対大丈夫」と皆が彼の考えに賛成し、すぐに工事責任者に報告しました。責任者の了承を得て、すぐに工事現場でクレーンを組み立て試してみると、見事にうまくいきました。泥、煉瓦、瓦すべてクレーンで吊り上げて、運ぶことができたのです。こうして工事の進捗は大幅に速まりました。

　11月末になると、気温はますます下がり、朝晩、氷が張るようになりました。建設中の宿舎は残り一棟で、まだ基礎工事の段階でしたが、真冬になる前に完成させなければなりません。ところが、土台を作る石がなくなり、工事現場近くの

石も拾いつくしてしまいました。採石場から石が運ばれてくるのを待つほかありませんでしたが、いつ届くかわかりません。時間は待ってくれません。雷鋒さんは青年突撃隊の仲間とあちこちへ石を探しに行きました。

　ある日、雷鋒さんと葉さんは、工事現場からそれほど遠くない川の中に石がたくさんあるのを見つけました。さっそく鉄製のフックでひっかけ、引き上げようとしましたが、つるりと滑ってなかなか引き上げられません。二人は靴下を脱いで、ズボンの裾をまくり、川岸の氷のかけらを踏み砕きながら水の中に入って、石を拾いました。深いところでは膝まで水に浸かり、冷たさで足がしびれても、歯をくいしばって、石を一つひとつ岸に運び続けました。しばらくして雷鋒さんは「僕たち二人だけではだめだ。皆を呼んできて、力を合わせたほうが、ずっと速いよ」と葉さんに言うと、すぐに工事現場に戻り、青年突撃隊の仲間を全員呼んできました。そして皆で川に入り、石を拾い上げました。こうして土台の石の問題は皆の努力で無事解決しました。

　雷鋒さんのこのような献身的な姿勢、勇敢に困難に立ち向かう精神を、仲間たちは大いに褒めたたえ、彼は何度も「生産紅旗手」に選ばれ、表彰されました。

　当時、作業員たちは昼間働き、夜は碁を打ったり、トランプをしたりしていました。雷鋒さんもたまには皆と一緒に遊びましたが、ほとんどの時間は勉強に使っていました。彼は毎日読書をすることを自分に課し、時間をなんとか作って、本を読んでいました。時には夜の会議で時間を取られることもありましたが、雷鋒さんは睡眠時間を削っても読書を続けました。このことで年上の先輩たちは、「こんなに本を読んでいたら、目が悪くなるぞ。もう夜中なんだから、早く休め。体を壊すぞ」と何度も彼に注意しました。

　雷鋒さんは先輩たちの思いやりに感激しましたが、本を手に取ると我を忘れて読書に没頭しました。仲間たちはいつも深夜まで本を読んでいる彼に、別の角度から意見をしました。夜中まで本を読むのは電気の浪費で、寝ている人の邪魔になると言ったのです。

　この意見には雷鋒さんも素直に耳を傾けました。皆に迷惑をかけてしまうことは彼は決してしません。ちょうど建てられたばかりの作業室が使えるようになったので、彼はよくそこへ本を読みに行きました。

　ある夜、雷鋒さんが作業室で本を読んでいると、突然、雨が降り出す音が聞こ

えてきました。外に出てみると、強い雨風が正面から吹きつけ、手を伸ばしても暗くて五本の指が見えません。ここで寝泊まりしている作業員が「工事現場の六車輌分のセメントがまだ荷台から降ろされていない。雨に降られると変質してしまう。早く人を呼んできて、運び出さなければ」と慌てて大声をあげました。

それを聞いた雷鋒さんはセメントは国家の財産だから、絶対に失ってはいけないと思い、すぐさま風雨の中を宿舎に戻り、二十人余りの若者を呼んできて、自分の服や布団を現場に持ってこさせ、セメントの上にかけました。さらに手分けして雨避けやゴザを見つけてはセメントに覆い被せました。皆が雨の降る夜中に奮闘した結果、七千二百袋以上のセメントは無事に守られました。しかし、雷鋒さんの服や布団は泥水が染み込んで、使い物にならなくなってしまいました。

数日後、『遼陽日報』は雷鋒さんたちがセメントを守ったことを報道し、自らを顧みずに国家に奉仕した雷鋒さんを褒め称えました。さて彼はこのことをどのように思ったのでしょうか。雷鋒さんは当時の日記にこう書いています。「青春！それはいつもすばらしいものだ。しかし真の青春とは、いつも向上心を忘れない人間、自分のことは顧みず献身的に働く人間、そして常に謙虚な人間のものなのだ。」

ある朝、小雪が舞い、気温が零下20度前後まで下がりました。早朝、車で鞍山に行く用事があった葉さんは、早起きして外に出ると身震いしました。北風に雪が舞い上がり、ひどく寒かったのです。彼は手を袖の中に差し入れて、山に近い道路を歩いていきました。すると、突然目の前に人の姿が見えました。背は高くなく、帽子の両側の耳あてが風に吹かれて反り返っています。その人は片手に糞かごを持ち、片手に糞シャベルを持って腰をかがめたり立ち上がったりしていました。葉さんは、「北方の人は寒さに強いなあ、こんな寒い朝に早起きして糞を拾うのか」と思いながら、そばに近づいて驚きました。

「雷鋒君！？」と葉さんが叫びました。糞シャベルを奪い取り、「朝早くから糞拾いをして、何をするつもりだい。畑でも作るのかい？」と聞くと、雷鋒さんは

「僕は畑仕事なんかしないさ。糞を拾って、姑嫂城の生産隊を支援するだけだ。支部の人が、僕たちにもっと生産隊に良いことをするように、呼びかけていたじゃないか。それに、早起きしているうちに寒さにも強くなるしね」と答えました。

葉さんは雷鋒さんのこのような精神に感服して、自分は列車に乗るために朝早く起きたが、そうでなければ、まだ暖かい布団の中で寝ていただろうに、雷鋒さんは党の呼びかけに応じて、朝早くから糞カゴに半分ほどの糞を拾っていました。葉さんは「雷鋒は生産隊のために力を尽くしている。自分も遅れをとってはいけない」と思い、それで鞍山へ行くのをやめて、雷鋒さんと一緒に糞を拾い始めました。

　二人は糞を拾いながら、世間話をしました。葉さんは雷鋒さんが上着を一枚しか着ていないことに気づき、「君の綿入れは？」と聞きました。雷鋒さんは「さっき、呂お爺さんに着せたんだよ」と答えました。

　呂お爺さんというのは、近くの姑嫂城の生産隊で羊飼いをしている人です。雷鋒さんは、時々生産隊に行って仕事を手伝っていました。呂おじいさんは旧社会で大変な苦労をしていましたが、解放後にやっと良い生活が送れるようになり、熱心に生産隊の労働に参加していました。雷鋒さんはこのお爺さんのことを家族のように思っていて、今朝早起きして糞を拾っていた時、呂お爺さんに出会い、呂お爺さんが薄着なのを見て、自分の綿入れを脱いで呂お爺さんに着せたのです。呂お爺さんは要らないと言いましたが、言い争った末に、呂お爺さんに着せました。葉さんは、雷鋒さんと呂お爺さんが家族のような関係であることを知っていましたが、このような関係が同じような境遇から始まっていることはまだよくわかっていませんでした。

　「君はこんなに薄着で糞拾いをしていて、寒くないのかい」と葉さんが心配そうに雷鋒さんに尋ねました。

　「こうして動いていたら、だんだん暖かくなってきたよ。年寄りを凍えさせるわけにはいかないからね」と雷鋒さんは答えました。そして「人のために何か良いことをすると、多少寒くても、心の中は暖かくなるってわかったよ」

　このことで葉さんは雷鋒さんのことをさらに尊敬するようになり、それから、よく早朝や夜に雷鋒さんと糞拾いに行きました。彼らは工事現場の近くに肥溜めを掘り、肥溜めがいっぱいになったら、姑嫂城の生産隊に運んでいき、全部で千キロ以上にもなりました。生産隊の社員たちは地面に糞が山ほど積まれていることに気づき、どこから来たのか不思議に思っていましたが、のちに雷鋒さんたちがこっそり運んできたことを知って、とても感動しました。そして、工事現場の

指導員に感謝の手紙を書いて雷鋒さんを表彰し、食糧を多く収穫して国家の工業建設を支援することを表明しました。

　雷鋒さんがコークス工場建設地で働いたのは5カ月間だけで、鞍山鉄鋼化学工業総工場にいた時間を加えても、全部で1年2カ月ほどでしたが、その間に「先進生産者」に3回、「模範標兵」に18回、「生産技能紅旗手」に5回選ばれ、青年社会主義建設活動家の称号を得ました。青春真っ盛りに数多くの栄誉を勝ち取ったのです。彼はそれらの栄誉をどのように感じていたのでしょうか。日記にはこう書かれています。

　「一滴の水は海の中にあるからこそ干上がらない。私たち一人ひとりも集団と一体化して初めて力が湧いてくるのだ」「力は団結から、知恵は労働から、行動は思想から、栄誉は集団から生まれる。私はこれからも驕らず、落ち着いて前へ歩き続けていきたい。」

僕は兵士になる！

　1960年度の徴兵が始まりました。この知らせが広まると、若者たちは喜んで続々と志願し、祖国を守ることを申し出ました。
　1959年12月3日、鉱山コークス工場の共産党総支部書記が徴兵の話を聞き、雷鋒さんはとても興奮しました。彼は兵士として祖国を守ることは、自分が果たすべき義務であり、ずっと前からの願いだった。長沙が解放された頃は、まだ少年だったから無理だったが、今こそ願いをかなえる時だ。絶対に兵士になってみせると意気込みました。
　志願の申し込みは翌日4日の朝8時から始まります。雷鋒さんはその夜、なかなか眠れませんでした。願書提出者の第一号になろうと思って、夜中の3時に起き、徴兵作業を担当する党総支部書記の部屋に走っていってドアを叩きました。
　李書記がドアを開けてみると、そこにいたのは雷鋒さんでした。微笑みながら「どうしたの？雷君、こんな夜中にまだ寝ないのかい」と聞きました。
　雷鋒さんは息を荒くして「李書記、僕は兵士になりたいんです」と志願のことを言いました。
　「さあ、早く服を着なさい。凍えて風邪でもひいたら、銃も担げないじゃないか」と、李書記は自分がはおっている綿入れコートを雷鋒さんの肩にかけました。そしてベッドのそばに座らせ、彼の手を握りしめて、「組織は君が軍隊に志願し、祖国を守ることを熱烈に歓迎するよ…」と言いました。
　雷鋒さんは李書記の話をさえぎり、「書記、志願を認めてくださるんですね」と言って大喜びで宿舎に帰りました。
　数日後、志願した青年たちの名前が発表されたとき、雷鋒さんはじっと聞いていましたが、自分の名前は最後まで呼ばれませんでした。彼は大急ぎで、李書記

のところに行き、「どうして私の名前が呼ばれなかったんですか！」と尋ねました。

李書記は雷鋒さんの肩を優しく叩きながら、「組織の決定に従うことを忘れたのかい」と言って椅子に座らせました。

雷鋒さんが「兵士になって祖国を守り、革命の勝利に貢献したいと強く希望しています。私は貧しい家の出ですが、どうして願いを聞き届けていただけないのですか」と続けると、

李書記は微笑み、そしてまじめな顔で「上層部はあらゆることを踏まえて決定しているのだ。私たちの工場には、入隊を申し込んだ者が数多くいる。皆の国を思う気持ちは本当に尊いものだ。しかし、志願した全員が入隊することはできない。徴兵の定員数は決まっているし、工場を操業するためには、優秀な労働者を残す必要がある。まさか君は…」と話しました。

「私は兵士になりたいのです。これは私の心からの願いです。そして私の権利でもあります。どうか組織が私の願いを聞き入れてくださるよう配慮していただけないでしょうか」と焦る雷鋒さんは李書記の話を遮りました。

「兵士になって祖国を守るのは光栄なことだが、社会主義建設に携わるのも同様に光栄なことだよ」と李書記が強く言うと、

「確かに光栄なことですが、私の心はすでに解放軍のところに飛んでいっているのです」と雷鋒さんは続け、「李書記、もう一度組織に言っていただけないでしょうか。何としても私を行かせて下さい」と懇願しました。

李書記は入隊を望む雷鋒さんの切実な気持ちをよく理解していて、もう一度掛け合ってみることを承諾しましたが、「雷君、これは私たちの工場が承認するだけではだめで、人民武装部の同意が必要なんだ」と言いました。

入隊に人民武装部の同意が必要であることを知った雷鋒さんは翌日、朝早く起きて、さっと顔を洗うと、食事をする暇もなく、また李書記に会いにいって、遼陽人民武装部に面談に行くための半日の休暇を申請し、人民武装部の担当者を紹介してほしいと頼みました。

雷鋒さんは遼陽市人民武装部に到着すると、来訪の目的を説明し、担当者のところに行きました。現れた担当者に「雷鋒と申します。鞍山製鉄鉱山コークス工場から参りました。入隊を希望しています。許可をいただけないでしょうか」と

願いを伝えました。

「君の入隊申請を大いに歓迎します！ しかし、徴兵には定員があり、すべての若者が入隊できるわけではありません」と武装部の担当者は穏やかな口調で雷鋒さんに説明しました。

気がはやる雷鋒さんは自分の経歴を紹介し、なぜ兵士になりたいのかを説明しました。そして最後に、自分の過去を思い出して、「祖国の周辺では、いまだ帝国主義が存在し、蒋介石はまだ台湾に居座っています。それを思うと私の心は銃を取って祖国を守れと催促するのです」と言って、涙を流しました。

武装部の担当者は入隊を希望する雷鋒さんの気持ちがこれほどまでに強いことを知り、健康診断所に言って、身体検査を受けるように言いました。身体検査の結果を見て、入隊を検討しようというのです。

健康診断所にやって来た雷鋒さんは、応募した青年達が皆自分より背が高く、たくましい顔をしているのを見て、不安になりました。これは合格できないのではないかと思い、身長を測るとき、こっそり背伸びもしました。それに気づいた医者は「ごまかしたらだめだよ！」と笑い、肩をたたいて、正しい姿勢でもう一度測りました。雷鋒さんは「背は低くても、私はブルドーザーの運転手だから、力は強いですよ！」とお医者さんに強調しましたが、

医者は笑って、何も言いませんでした。

体重を測るとき、雷鋒さんは体重計の上で力を込めましたが、医者は「いくら力を込めても50キロも超えてないよ」と笑いました。

焦った雷鋒さんは「今日は朝食をとらずに来ました。食事をしたら、きっと超えるはずですよ」と強がって、医者を笑わせました。

雷鋒さんが「私は外科検査の基準を超えていますか」と焦って聞くと、

お医者さんは「体重は何キロも足りないな。それに体格もよくない」とはっきり答えました。

呆然とした雷鋒さんはしばらく口が聞けませんでした。まさか、自分は兵士になれないのだろうか。

外科検査が終わって内科検査の時、雷鋒さんが肌着を脱ぐと、医者は背中の傷あとに気づき、いつできた傷かと尋ねました。雷鋒さんは「この傷は旧社会が私に刻んだ恨みの跡です！人々に二度とこのような傷を負わせないために私は志

願したのです！」と答えました。
　医者は彼に同情しましたが、身体検査は入隊の基準に達しなかったので、合格にすることはできず、「人民武装部の担当者に相談してみて下さい。通る可能性があるかもしれません」と言いました。
　雷鋒さんは健康診断所を出て人民武装部に戻ると、応対した徴兵担当の助手に自分の状況を丁寧に説明して、「私が兵士になれるよう申請を許可してください」とお願いしました。
　徴兵助手は「入隊審査は規定通りに行われねばなりません。残念ながら君は基準を満たしていないのですよ。祖国建設と祖国防衛はやはり違う務めなのです」と説得しました。
　「じゃ、どうしても兵士になれないのだろうか」そうつぶやいた雷鋒さんは、再び「何とかしてください、お願いします」と懇願しました。
　「こればかりは本当に無理なのです」と徴兵助手はもう一度言いました。「すでに新兵担当の幹部も来ているのですが、彼は工兵出身で、特に身体検査の結果を重視しているのです」
　「その最高責任者はどなたですか」と雷鋒さんが急いで尋ねると、
　「工兵部隊の荊大隊長です」と徴兵助手が答えました。
　「じゃ、大隊長に会いにいきます。」
　雷鋒さんは荊大隊長の住まいを見つけ、自分の願いを心をこめて説明した後、「体は小さいですが、入隊したら、立派な兵士になることを約束します」と懇願しました。
　荊大隊長は兵士になりたいと願う雷鋒さんの気持ちをよく理解して、「わかりました。このことは武装部の上層部と検討します。それに君が勤めている工場の上層部の意見も聞かなければなりません。ひとまず帰って下さい。決定したら知らせます」と言ってくれました。

釘精神

　ある日の映画館、小学生の賈ちゃんは、これから映画が上映されるという時、前の席に座っている解放軍のおじさんが熱心に本を読んでいるのに気づきました。
　賈ちゃんは好奇心を抱きました。何の本だろう。こんなに解放軍のおじさんを夢中にさせるなんて！賈ちゃんはおじさんの方に頭を寄せ、その本の表紙を見ると、それは『毛沢東選集』でした。賈ちゃんは本を読んでいるおじさんを見て、思わず驚きの声を上げました。
　「あっ！雷鋒おじさんだ！ほんの少しの時間も無駄にしないで本を読んでいるんだね」
　雷鋒さんが顔を上げると、そこには賈ちゃんがいました。「短いかな？もう3、4ページ読んだよ」「短い時間でも、1ページ読めれば1ページの知識が学べる。ちりも積もれば山となるだよ。勉強というのはどれだけ時間を確保できるかにかかっているからね」と、雷鋒さんは言いました。そして賈ちゃんに「君は一生懸命勉強してるの？」と聞くと、賈ちゃんは「ううん、あんまり」と恥ずかしそうに答えました。「絶対に時間を無駄にしてはだめだよ」と雷鋒さんは優しく諭しました。「学校で勉強できるってことは、ありがたいことなんだよ。だから時間を大切にして、しっかり勉強するんだよ」と言うと、賈ちゃんが誤解しないように、「もちろん、必要な運動や文芸活動にもしっかり取り組むべきだけど、やはり勉強するときは、一生懸命に勉強しなくてはいけない。さもないと、時間の浪費になっちゃうからね」と付け加えました。
　雷鋒さんはこのようにわずかな時間も大切にして、熱心に本を読み、勉強を続けてきました。小学生の頃は勤勉で勉強好きな子どもでした。中国共産党望城県

委員会に公務員として勤めていたときには、県委員会が運営する文化補習学校に通い、中学校の国語、数学などの授業を受け、そのほかにも、時間を割いて政治についての書籍や青少年向けの人生や生き方についての読物、優れた文学作品や革命の英雄を描いた物語などを数多く読みました。彼は本の中の英雄に学んで、自分の人間性を高めようとしました。

鞍山鉄鋼工場ではブルドーザーの運転手になり、鉱山コークス工場では建設工事に携わっていましたが、わずかな時間も大切にして読書を続けました。解放軍の兵士になってからさらに勉学に励み、毎晩、夕食後、余暇の時間はすべて読書に費やしました。

消灯後も彼は寝ている同僚たちの邪魔にならないように、駐車場の道具置き場、厨房、司務長の宿舎などで勉強を続けました。時には、中隊本部の事務室に行って、夜中まで勉強することもありました。

ある夜のこと、もうずいぶん遅い時間でしたが、雷鋒さんは灯りの下で本を読んでいました。本部から帰ってきた指導員が「雷君！もう夜中なのに、まだ寝てないのかい」と気にかけながら言いました。

雷鋒さんは顔を上げ、指導員を見て、指導員は一日中忙しくて、きっと疲れているだろうと思い、「指導員、お休みなさい。僕もすぐ宿舎に戻ります」と言って、本を閉じて宿舎に戻りました。

指導員はベッドに入り、電灯を消してすぐに寝てしまいました。深夜に目が覚めると、室内には灯りがついていました。寝る前に灯りはちゃんと消したのにと不思議に思いながら、よく見ると、雷鋒さんが元の位置に座ったまま、じっと本を読んでいました。

指導員は上着を羽織って雷鋒さんの背後に行き、雷鋒さんのそばに置かれていた『毛沢東選集』の第一巻を手に取ってページをめくりました。ようやく指導員が自分のそばに立っていることに気づいた雷鋒さんは、即座に立ち上がると、顔を真っ赤にして恥ずかしそうに、「すみません。起こしてしまいましたね」と謝りました。

「いいや」と答えた指導員は「こんなに遅いのに、どうしてまだ寝ないんだ」と心配して尋ねました。雷鋒さんは、「私はこの文章を読み終わらないと、落ち着いて眠れないのです」と答えました。

指導員は雷鋒さんの学ぶ姿勢に深く感心しましたが、「早く帰って寝なさい。明日も任務があるんだから」と言うと、雷鋒さんは、指導員に敬礼をして、「はい」と答え宿舎に戻りました。

　雷鋒さんは長い間、中隊本部で勉強していましたが、夜は指導員の休憩の邪魔にならないように、自室で勉強していました。宿舎の消灯後は戦友たちの邪魔にならないように布団の中で懐中電灯で照らしながら読書をしました。ある日曜日の夜、皆は映画を見に行きましたが、雷鋒さんは誰もいない部屋で静かに読書をしました。

　2時間が過ぎ、映画を見に行った戦友たちが続々と自室に戻り、寝ましたが、雷鋒さんはまだ読書を続けていました。

　ある日『記念白求恩』を読んだ雷鋒さんは「私たちは彼の利己心のない精神を学ばなければならない。そうすれば、人に役立つ人間になることができる。一人の能力には大小の差はあるが、この精神さえあれば、高尚な人間であり、純粋な人間であり、道徳心のある人間であり、低俗な趣味とは無関係の人間、人民に取って有益な人間である」という言葉に熱いものが全身を貫くのを感じました。

　彼はこの文章を読むたびに生涯、利己心のない人間であらねばならぬ、とひそかに決意しました。彼は本を胸に抱いて、感激の涙で枕を濡らしました。

　その時、戦友たちは皆ぐうぐう寝ていましたが、見回りの指導員が入ってきた時、雷鋒さんはまだ本を読みながら日記を書いていました。指導員は夜ふかしは翌日の任務に影響が出ると心配して小声で、「雷鋒君、夜中の1時なのに、まだ寝ないのか」と聞きました。

　雷鋒さんは「毛主席の著作を手に取ると、読めば読むほど興奮して寝られなくなるんです」と返事をしました。

　指導員は「早く寝なさい」と命令し、雷鋒さんの懐中電灯を取り上げて電気を消し、肩掛けカバンの中にしまうと、雷鋒さんにしっかり布団をかけて、静かに出て行きました。

　このように、雷鋒さんは疲れも知らずに昼も夜も時間を見つけて本を読み、勉強していました。

　雷鋒さんはしっかり勉強しない人に対して、自分の学習経験から、時間の活用方法についてまとめ、日記に書きました。

「仕事が忙しくて勉強する時間がないと言う人がいる。私は問題は仕事が忙しいことにあるのではなく、自分が本当に勉強したいのかどうか、時間を作れるかどうかにあると考える。勉強しようと思えば、時間は必ずある。要は時間の使い方が上手かどうか、そしてそれを継続できるかどうかだ。平らな板には穴がないのに、なぜ釘を打ち込めるのだろう。これは強い力で打ち込んだからだ。このことから考えると、釘には二つの長所がある。一つは鋭く穴を穿つこと、もう一つは中を貫き反対側に抜ける貫通力だ。私たちは学習において、このような『釘』精神を発揮することを提唱したい」と。

雷鋒さんは、学習では「時間を上手に活用すること、釘のように強い力で押し込むこと」を提唱しています。それは非常に的を得た考えであり、私たちにとって「釘」精神の話は見習うべきものなのです。

第3部『雷鋒の物語』

⋘⋘ 最高の喜びとは

　1961年5月のある日、雷鋒さんは公務で丹東市に向かうため、朝5時に中隊本部を出発しました。撫順駅に行く途中で、一人の女性が小さな子どもを背負い、6歳ぐらいの女の子の手を引いて、急いで向かっているのを見かけました。

　雨がしとしと降っていましたが、親子三人はレインコートを着ておらず、泥だまりで転んでしまった女の子は全身泥だらけで、泣きながら歩いていました。雷鋒さんはその様子を見て、「わが軍のモットーは全身全霊で人民に奉仕することであり、大衆の困難は私自身の困難である」という毛主席の教えを思い出しました。彼は即座に自分のレインコートを脱いで女性に羽織らせ、彼女の背中の子どもを自分が背負い、泣いている女の子を連れて四人で一緒に駅に向かいました。駅に着くと、雷鋒さんは女性に代わって切符を買いに行き、同じ列車に乗り込みました。雷鋒さんは女の子が服は雨でびしょ濡れで、髪の毛からは滴がぽたぽたたれ、寒さで震えているのに気づきました。自分もびしょ濡れの雷鋒さんは急いで上着を脱ぎ、中の乾いている服をその女の子に着せました。彼ら親子三人が朝ご飯も食べずに出てきたと聞いた雷鋒さんは持ってきた饅頭三つ、彼らに渡しました。午前9時に列車は瀋陽に到着し、雷鋒さんは女の子を連れてホームに降り、母子三人を駅で見送りました。

　瀋陽駅で乗り換えの列車を待っていると、雷鋒さんは見ず知らずの中年女性が困っているのを見かけました。彼は近づくと小声で「おばさん、どうかしましたか」と尋ねました。その女性は「山東省から吉林省の親戚の家に行く途中なんだけど、ここで乗り換えて食事をしていたら、切符をなくしてしまったんだよ。切符をもう一度買うには、お金が足りなくて…」と困った様子で答えました。

　「おばさん、心配しないで。私と一緒に来てください」と雷鋒さんは女性を駅

の切符売り場に連れていき、切符を買って渡しました。別れ際、女性は感激の涙を流しながら、「解放軍さん、お名前は？どの部隊に所属しているんですか」と尋ねました。

　大方、切符のお金を返しに来るつもりなのだろうと思った雷鋒さんは、「そんなことはいいから、早く列車に乗ってください。私の名前は解放軍、中国に住んでいます」と笑って答えました。女性は列車に乗ると、感謝の涙を流しながら、雷鋒さんに向かって手を振り続けました。

　丹東市で任務を済ませた雷鋒さんはまた瀋陽で撫順行きの列車に乗り換えることになりました。早朝5時過ぎ、雷鋒さんがカバンを肩にかけて改札口を抜け、プラットホームに続く地下道を歩いていると、白髪混じりのおばあさんが杖をつきながら、大きくて重そうな荷物を背負っているのが見えました。雷鋒さんは急いで追いかけ、「おばあさん、どこへ行くんですか」と尋ねました。おばあさんは息を切らしながら、「関里から撫順の息子に会いに行くところだよ」と答えました。

　雷鋒さんはおばあさんの行き先が自分と同じだと知ると、すぐにおばあさんの荷物を抱え、支えながら「おばあさん、撫順までお送りしますよ」と言いました。

　雷鋒さんはおばあさんと列車に乗り込みました。列車は乗客でいっぱいで、雷鋒さんがおばあさんの席を探していると、大学生が席を譲ってくれました。おばあさんのそばに立っていた雷鋒さんは列車が動き出すと、駅のホームで買ったパンを二つ、カバンから取り出し、おばあさんに一つ渡そうとしました。おばあさんが「坊や、あたしはお腹がすいてないから、自分で食べなさいよ」と言うと、雷鋒さんは「大丈夫ですよ。どうぞ食べてください。少しはお腹に入れないと、元気に歩けませんよ」と、おばあさんの手に押し付けるようにパンを渡しました。受け取ったおばあさんは、何とお礼を言ってよいのかわからない様子で、体を少し奥に寄せて、空間を作り、「坊や、ここに座りなさい」と声をかけました。

　坊や、坊や…この言葉を聞いて、雷鋒さんは胸がいっぱいになりました。まるで幼い頃、母にその頃の名で呼ばれているみたいな気持ちになったのです。

　雷鋒さんはおばあさんの隣に腰掛け、パンを食べながら、おばあさんと世間話をし、おばあさんの息子は何の仕事をしていて、どこに住んでいるのか尋ねました。

第3部『雷鋒の物語』

「息子は工場で働いていて、もう何年も家に帰ってきてないんだよ。あたしも一度も来たことがないから、どこに住んでいるか全然わからなくてね」と、おばあさんは手紙を取り出して、雷鋒さんに見せました。「ねえ、この場所、わかるかい」と尋ねました。そこは雷鋒さんも知らない所でしたが、なんとか息子に合わせて欲しいと願っているおばあさんを見て、「おばあさん、安心してください。必ず息子さんに合わせてあげますからね」と言うと、おばあさんは「申し訳ないね。甘えちゃって」と、おばあさんはほっとした顔で嬉しそうに言いました。

列車は撫順市の郊外に入りました。巨大な工場や並んで立っている大きな煙突を見たおばあさんは驚き、車窓から外を眺めました。

「おばあさん、このあたりはね、我が国有数の石炭の産地なんですよ。ここで産出される石炭はね、量も多く、質もなかなか良いんです。息子さんに会ったら、ぜひ工場を案内してもらって、見学してください」と勧めました。

「年を取っても、いろいろ勉強しなきゃね」と、おばあさんは興奮して言いました。

列車が駅に到着して、雷鋒さんはおばあさんを連れて降りると、自分のカバンを駅に預け、おばあさんの重い荷物を背負いました。そして、人ごみの中を抜け、何度も人に尋ねながら、あちこち歩き、2時間かけてようやくおばさんの息子を見つけました。息子のところに着くと、おばあさんは何を言うよりも先に、「この子が一緒にいてくれなかったら、母さんはまだお前を探していたかもしれないよ」と言いました。

雷鋒さんが帰ろうとしたとき、母子は名残惜しむように彼の手を引き、遠くまで見送りに行きました。

その後、雷鋒さんはジャムスでの任務を受けました。任務を終えて、瀋陽に戻る列車の中で、雷鋒さんは相変わらずお年寄りや幼い子どもためにあれこれ面倒を見てまわり、まるで乗務員のように働きました。「瀋佳線」（瀋陽―佳木斯）第3エリア乗務員の王さんは、少しも休まず働いているこの若い男性を見て、すぐに新聞で読んだ雷鋒さんのことを思い出しました。そして、もしかしたらこの濃い眉毛で目の大きな若者は雷鋒さんじゃないかと思い、尋ねようとした時、列車が浜江駅に着きました。外は激しい雨で、車窓からは荷役係が慌ててホームの荷物に覆いをかける姿が見えました。列車が止まると、雷鋒さんはすぐに飛び降り

て、発車のベルが鳴るまで、大雨の中、懸命に荷役係の手助けをしました。

　王さんが乗車した雷鋒さんを見ると、服はびしょ濡れ、靴は泥まみれでした。王さんはすぐにタオルを渡し、「解放軍さん、お名前は？」と聞くと、

　「私は…」と言いかけた雷鋒さんは、顔の雨水を拭き取ると、笑いながら「どうして」と聞き返しました。

　「もしかして、あなたはあのすごい雷鋒さんですか」と言うと、

　「雷鋒なんて別にすごくないですよ」と雷鋒さんは謙虚に答え、受け取ったタオルを「ありがとう」と笑顔で返しました。

　王さんはすぐにこのことを列車長と他の乗務員に報告に行きました。皆は雷鋒さんが列車に乗っていると聞いて、誰もが頭の中に人民の闘士の姿を思い浮かべました。次々に時間を見つけて雷鋒さんに会いに行き、彼と握手したり、話したり、サインしてもらったりしました。今回の瀋陽に戻る車中で、雷鋒さんは何人もの人と知り合いになりました。

　列車は瀋陽に到着しました。すべての乗客が降りるのを待って、雷鋒さんは乗務員たちと一緒に車両の掃除をし、それを終えてようやく彼らに別れを告げたのです。「雷鋒はひとたび出張に出かければ、一列車分の良いことをする」という美談は今でも語り継がれています。

　中秋節、明月がこうこうと照り輝き、爽やかな秋風が吹き渡る夜、兵士達は事務長から月餅を一つずつ受け取り、皆で月見をしながら月餅を食べ、ふるさとの話をしたり、笑い話に花を咲かせたりしました。あちらこちらから笑い声が聞こえ、あたりは楽しそうな雰囲気に包まれています。

　雷鋒さんも月餅を四つもらいましたが、何やら考えことをしているようで、食べずに手に持っていました。しばらくして、彼はそっと皆のもとを離れ、駐車場に行きました。涙が後から後からこぼれて止まりませんでした。8月15日の夜、あたり一面を月の光が照らし、秋風が心地よく吹くこの美しい風景を見ていたら、あの忘れられない出来事、母が首を吊ったあの恐ろしい夜のことが頭に浮かんできたのです。

　旧社会で辛酸をなめた母、そして父と兄弟たちの悲惨な運命を思い出し、「父さんや母さんが今日まで生きていたら、自分の息子が人民の戦士になり、人民が国の主人公になったのを見たなら、どんなに喜んだことだろう」と心の声がこぼ

れました。

　宿舎に戻った雷鋒さんは月餅を紙で丁寧に包み、その夜、心をこめてお見舞いの手紙を書きました。

　「親愛なる皆さん、祖国の社会主義建設によるけがや病気で療養中の皆さん、この四つの月餅は人民が私にくださったものです。月餅を見て、私は過去の苦さを思い出し、この新社会がどんなに甘く幸せなのか感じました。すると、自然と皆さんのことが頭に浮かんだのです。どうか一兵士の気持ちをお受け取りください」

　翌日、雷鋒さんは撫順市西部職員病院を訪れ、社会主義建設のために力を尽くし、入院中の人々に月餅とお見舞いの手紙を贈りました。入院患者たちは月餅を分けて味わい、雷鋒さんの優しい思いやりに心から感謝しました。そして、「一日も早く退院し、石炭工場に戻ってすばらしい業績を挙げ、我々の兄弟であるあなたのお気持ちに報いるつもりです」とお礼の手紙を雷鋒さんに送りました。

⋘⋘⋘ 節約箱

　雷鋒さんは常に質素な生活を送り、常に祖国の社会主義建設事業のことを考え、節約を心がけていました。

　新入り兵士の于君は、入隊後なかなか良い成績を挙げていましたが、一つ欠点がありました。小遣いを使いすぎるのです。毎月支給される手当だけでは足らず、両親に手紙を書いて、お金をねだっていました。雷鋒さんは彼がいつも駄菓子を食べているのを見て、「于君、でっかいなりして、駄菓子なんて食べてると、人に笑われるぞ」と諭しました。

　于君は雷鋒さんの倹約ぶりを見て、すごいと感じ、自分も見習わないといけないとは思うものの、自分の欠点を人にとやかく言われると、おもしろくなく、つい口ごたえをしてしまいます。彼は雷鋒さんに「みんながあなたのようだったら、記事が新聞に載りきれないでしょう」と嫌味を言いました。

　于君にどう言われても、雷鋒さんはいっさい気にせず、あいかわらず、倹約生活を続けていました。靴下なんて何回穴を縫ったことでしょう。それでも捨てようとしないのです。いい香りのする石鹸だって、正月や祝日にしか使わず、普段は安い石鹸で顔を洗っていました。

　ある夏の日、運動会が行われました。すごく暑い日で、競技から戻ってくると喉がからからに渇き、大勢の人が並んでサイダーを買っていました。雷鋒さんもその列に並んでいてましたが、もうすぐ彼の番になる時、給水所にお湯が運ばれてきました。それを見た雷鋒さんはすぐにお金をしまい、お湯をもらいに行こうとしました。

　すると、戦友の一人が「雷鋒君、なんで買わないの？」と聞いたので、雷鋒さんは笑って「お湯が届いたからね。お湯だって、喉は潤せるし」と答えました。

戦友は「君は独り者で、家もないんだから、どうしてそんなにつらい思いをして倹約してるんだい」とさらに聞きました。

「誰がつらい思いをしてるって？あの頃の苦労と比べれば、今の生活は天国みたいなもんだよ。だいたい誰が独り者なんだよ。僕たちの祖国って家には何億人も家族がいるじゃないか。国が貧乏から抜け出すためには、党中央の『刻苦奮闘し、奮起猛進せよ』という呼びかけに応えなければならないんだよ」と雷鋒さんが言うと、

戦友は「君は銀行に貯金して、何をするつもりなの？」と続けました。

「国家建設を支援するつもりだよ」

「国が君の金を必要とするかな」

「同志よ、ちりも積もれば山となり、米粒だってたまれば山になるんだよ。一人一人が一日一銭節約すれば、ちょっと計算してみろよ。全国で一日いくらぐらい節約できると思うかい？」

「そんな計算、考えたことないよ」

「国の主人公として、これぐらいことは考えなきゃ」と雷鋒さんは主張しました。

戦友は何も言えなくなり、雷鋒さんは給水所に向かいました。

雷鋒さんはこのようにいつも勤勉で質素な生活を送り、革命の先達たちの栄光ある伝統を受け継いでいました。部隊は毎年雷鋒さんに軍服２着、シャツと肌着２着、解放軍靴２足を支給していましたが、雷鋒さんは1961年以降、それぞれ１セットしか受け取らず、残りは返還しました。彼は「１セットあれば十分です。破れたら継ぎ当てして使います」と管理部門に言いました。

雷鋒さんには湖南省の故郷から持ってきたジャンパーがありました。古くて、穴が開いていましたが、新しいのを買おうとせず、洗って継ぎをあて、ずっと着ていました。

毎月支給される手当は、最小限の生活費の他はマルクス、レーニン、毛主席の著作や青年が読むべき本の本代を手元に残し、残りはすべて銀行に預け、一銭も無駄に使いませんでした。

彼が使っているタオル、コップ、歯ブラシは、とっくに新しいものに取り替えたほうがよかったのですが、ずっと同じものを使っていました。

戦友たちは雷鋒さんが「節約箱」を持っていることを皆知っていました。それは木切れを組み合わせて作った木箱で、雷鋒さんは拾ってきた鉄くずや廃棄物のねじをしまっておきました。必要な時に「節約箱」から、取り出して再利用したり、使わないものは廃品回収業者に売って、そのお金はすべて国家に納めました。

　ある工事現場にセメントの運搬をした時のことです。車には破れた袋から漏れたセメントの粉がよく散らばっていました。雷鋒さんはこれもすべて国家財産で、少しも無駄にしてはいけないと考え、休憩時間を使ってセメントをかき集めました。2カ月もたたないうちに、集まったセメントは900キロほどにもなり、工事現場に引き渡しました。

　雷鋒さんは国や世の中のためにコツコツとお金を貯めていきました。普通、歯磨き粉を使い切ったら、チューブは捨ててしまいます。雷鋒さんはみんなが気にも留めない小さなことから、節約のヒントを見つけました。

　ある日、雷鋒さんは拾い集めた歯磨き粉のチューブを2元6角で売りました。彼はそのお金でノートを1ダース買って、小学校の少年先鋒隊員たちにあげて、「君たちはみんな人柄も成績もよく、運動も良くできる『三好学生』になれるよう頑張ってね」と励ましました。

　軍事特別訓練の時期には幹部も戦士も仕事や勉強で忙しくて、散髪する時間も取れない人がいました。中隊本部は散髪道具を3セット購入して、お互いに散髪するように言いました。ところが、部隊には誰も散髪できる人がいなかったのです。みんなどうすればいいものかと困っていた時、雷鋒さんは心の中で「毛主席が言ってたじゃないか。知識を増やすには、現実を変革する実践に参加せよ！って」と思っていました。そこで、彼は空いている時間、近くの理髪店に行って、理容師に教えを乞い、師匠の助けを得て、基本的な理髪技術を身につけました。

　雷鋒さんが初めて戦友の劉さんの髪を切った時、まだうまくハサミが動かせず、髪を挟まれた劉さんは顔をしかめて痛がり、半分も切らないうちに、逃げ出してしまいました。それでも雷鋒さんは投げ出さず、昼休みを利用して、近くの理髪店で練習を続けました。辛抱強く教えてくれる師匠たちのおかげで、一回、二回、三回と実践を積み、雷鋒さんはついに上手に散髪できるようになりました。日曜日や祝日、戦友たちに散髪を頼まれ、雷鋒さんは目がまわるほど忙しくなりました。以前は逃げ出した劉さんまで雷鋒さんに散髪をお願いすると、雷鋒さんは「劉

君、僕は頭半分の理髪師だよ」と冗談を言いました。
　劉さんは笑って「じゃ、今日は半分切って、また明日半分切ってくれよ」と言い返しました。

革命「バカ」

　撫順市の広場では赤旗が風に翻り、ドラや太鼓が鳴り響いています。人々は新しい服に着替え、人民公社の誕生をお祝いしています。

　その日は日曜日で、町へ本を買いに出かけた雷鋒さんは、その様子を見て、とても嬉しく思いました。彼は歩きながら、人民の闘士として、自分は人民公社のために何かできないだろうかと考えました。

　そして、いろいろ考えた末、彼は銀行でこの2年間工場や部隊で貯めた200元を全額引き出しました。そして望花区和平人民公社党委員会事務室まで走って行って、来訪の理由を告げ、机の上にお金を置きました。

　事務室の責任者は感激しながら「解放軍さん、人民公社を愛する気持ちはいただきますが、お金を受け取ることはできません。どうぞ銀行に預けて国家建設を支援するか、ご自分で使ったり、ご家族に送ってください」と言いました。

　「ご家族に送ってください」という言葉を聞いた雷鋒さんは感無量でした。「人民公社は私の家で、このお金はその家族にあげるものです。私の両親が生きていたら、両親はきっと息子からのお金を断らないと思います。ぜひ、受け取ってください」と、雷鋒さんは自分の身の上と自分の気持ちを誠実に語り、最後に「旧社会の困窮の中で生まれた私は、新社会の恵みの中で成長してきました。共産党と人民は私にすべてを与えてくれました。ですから、私も人民と共産党にすべてを捧げたいのです。このお金も党が与えてくれたものです。今こそ、このお金を人民のために少しでも生かしていただきたいのです」と心をこめて話しました。

　雷鋒さんは一生懸命お願いしましたが、公社の幹部はどうしても受け取ってくれません。涙を流しながら、申し出る雷鋒さんに、その場にいた人達も感動の涙をこぼしました。そして、ついに幹部はお金を半分だけ受け取ることを承諾しま

した。100元は大した額ではありませんが、このお金は和平人民公社全社員の大きな精神的財産となりました。

　この出来事の直後、雷鋒さんは新聞で、遼陽一帯が百年に一度の大きな水害にみまわれたことを知りました。そして和平公社が受け取らなかった100元のお金とお見舞いの手紙をこっそり中国共産党遼陽市委員会に送りました。市委員会は彼の熱意に感謝する返信を送り、党中央と毛主席はすでに飛行機で被災地に救援物資を輸送し、被災地区の住民たちも災害を乗り越える気持ちでいると説明しました。そして、お金を同封して、国の建設を支援するために銀行に振り込んでほしいと書きました。

　部隊の指揮部は人民公社と被災地を支援する雷鋒さんのことを知って、皆、心を動かされました。指揮部は全員一致で、これらの行動は解放軍兵士の人民を愛する高尚さと崇高な共産主義精神を十二分に示すものであるとし、中国人民解放軍全員に「雷鋒に学ぼう」と呼びかけました。ところが、そんな雷鋒さんを「バカ」だと中傷した人もいて、雷鋒さんは日記にこう書いています。

　「ある人は私を『バカ』だと言ったが、これは間違っている。私は人民と国家に有益な人間でありたいと思う。そのような人を『バカ』だと言うのであれば、私は甘んじて『バカ』になろう。革命にも国家建設にもこのような『バカ』が必要なのだ。私には党と、社会主義と、共産主義しかないのだ。」

　雷鋒さんは共産党の農業支援の呼びかけに応えるため、かつて鉱山にいた時と同じように、日曜日や休日を利用して戦友たちとともに糞を拾い集め、人民公社を支援しました。

　ある日、雷鋒さんが人民公社の事務室に来て、

　「今日、肥料を持ってきたのですが、こちらで必要ですか」と尋ねると、

　「一抱えいくらですか」と公社の幹部が聞きました。

　雷鋒さんは「お金は要りません。この肥料は私たちが公社の生産力向上のために集めたものです」と答えました。

　当時、公社は生産に追われ、肥料を受け取りに行く人手も時間もありませんでした。そこで雷鋒さんは「取りに来なくても大丈夫ですよ。こちらでお届けします。」と言いました。

　翌日は日曜日で、まだ夜が明けないうちから十数人の若者が「送糞隊」を結成

し、班長の指揮の下、一人で担いだり、二人で運んだりして、400キロ以上の肥やしを人民公社に送りました。公社共産党委員会の書記はこのことを知って、すぐ公社全員に「家を愛するように公社を愛する教育を行いなさい。それは公社の建設に大きな意義をもたせることになる」と呼びかけ、このことの意義は400キロ以上の肥やしを届けたということではなく、解放軍兵士の人民公社を愛する真心にあると述べました。この件を通じて、人民公社社員全員の生産意欲が向上し、軍隊と人民の間のお互いを思い遣る気持ちが深まりました。

多くの社員は「人民解放軍に感謝するために、我々は必ず立派な公社を建設しなければならない」と固く誓ったのです。

心を共産党に捧げよう

　雷鋒さんは中国人民解放軍に入隊して間もなく、所属部隊の共産党支部に入党申請書を提出しました。党支部の審査を経て、指導員による雷鋒さんへの育成と教育が行われることが決定しました。ある日、雷鋒さんは指導員との面談が終わると、
　「指導員、私はどのようにすれば、党員として認められる水準になるでしょうか」と指導員に尋ねました。
　指導員はポケットから『中国共産党憲章』を取り出して、雷鋒さんに渡し、「共産党員になるには、まず党の憲章を十分に理解し、党員の権利と義務を知らなければならない。この党憲章を持ち帰って、熟読しなさい」と話しました。
　党憲章を持ち帰った雷鋒さんは、宝物をもらったかのように大切に扱い、何度も何度も読み返しました。一文字一文字、一文一文を細かく咀嚼し、その意味がよくわかるまで熟読しました。すると、その効果が少しずつ表れ、彼は共産党のことを明確に認識し、党の原則と追求する方向性、党の目標とその偉大な使命がより明確に理解できました。雷鋒さんは共産党員は世界で最も気骨があり、最も高潔な道徳心と理想がある人間であり、この世で最も崇高な人々である、と感じました。そして、自分もそのような人間になろうと決心しました。
　数日後、雷鋒さんが党憲章を返した時、指導員は「雷鋒君、党憲章をしっかり読みましたか」と尋ねました。雷鋒さんは、
　「党員の義務はすべて暗誦しました」と答えました。
　指導員は微笑んで、「よろしい。では、党員の義務を暗誦しなさい」と言うと、雷鋒さんは一字も間違うことなく流暢に暗誦し、一句一条、自分の理解についても丁寧に述べました。指導員はこのような雷鋒さんの政治への情熱を褒め、さら

に「雷鋒君、党憲章を理解し、おぼえてしまうことは、共産党に加入申請するための最低条件だ。最も重要なことは、これらの原則を自分の実際の行動の中で遂行することだ。共産党員として、マルクス・レーニン主義理論と毛沢東思想を修得し、搾取階級への反抗精神と政治的理解力を絶えず高めていかなければならない。共産主義事業のために終生奮闘する決意が必要だ。そして共産党員である以上、個人は共産党の利益のために無条件に従わなければならない」と、明解かつ厳粛に語りました。

雷鋒さんは「私は必ず共産党の言うことに従い、常に党員基準に達しているよう自分に厳しく要求し、マルクス・レーニン主義と毛沢東思想を真剣に勉強します。党と人民に有益であるなら、私は自分のすべて、この命も捧げます」と誓いました。

指導員は再び党憲章を彼に渡し、劉少奇同志の著作、『共産党員の修養について』も持ち帰って、よく読むように言いました。雷鋒さんは『中国共産党章程』『共産党員の修養について』などを繰り返し学習し、さらにその学習過程で自分が学んだことについての感想も書きました。

ある時、雷鋒さんは瀋陽に出張しました。初冬の寒風の中、北陵烈士霊園に参り、烈士の墓前で黙祷を捧げ、その革命精神をしっかり学ぶことを誓いました。

青々と茂る松柏が立ち並ぶ烈士の墓に敬礼すると、雷鋒さんはこう語りかけました。

「最も辛く最も苦しいとき、私は皆さんのことを思い浮かべると、全身に力が湧いてきて、勇気百倍になり、心強くなります。特殊な環境や外地で任務を遂行しているとき、皆さんのことを思い浮かべると、自分を厳しく律し、規律を遵守することができます。福利を享受するとき、皆さんのことを思い浮かべると、『人を先に、自分は後に』に倣い、その福利を他の人に譲ることができます。私は皆さんが祖国と人民のために命を捧げたことを忘れず、皆さんの足跡をたどり、遺志を受け継ぎ、皆さんが抱いた望みを必ず実現させます」

雷鋒さんは党の育成と教育の下、急速に搾取階級への反抗精神と政治的理解力を高め、さまざまな任務において、率先垂範で仕事をやり遂げ、立派に成長しました。

1960年11月8日、雷鋒さんは光栄にも偉大な中国共産党の一員になりました。

第3部『雷鋒の物語』

　彼は入党志願書に旧社会における悲惨な家族の歴史と入党理由について書きました。自分の崇高な理想を実現させるために日夜待ち続けたこの日が、ついにやって来ました、雷鋒さんは感激の涙を流してこの日を迎えました。

　指導員は彼の手をしっかり握って、「雷鋒同志、私たち共産党員はプロレタリア階級の先陣に立つ闘士であり、最終的な奮闘目標は共産主義を実現させることです。私たちは旧社会が人民に残した苦難を徹底的に消滅させ、富国強兵と人民の幸福な生活のために、世界中の抑圧された人々を完全に解放するために、私たちは生涯奮闘しなければなりません。党の事業のためには困難を恐れず、自分の命を犠牲にすることさえ厭わない人間が共産党員です」と語りました。

　雷鋒さんはとても興奮して、この日の日記にこう記しました。「1960年11月8日は、私が永遠に忘れてはならない日である。今日この日、私は光栄にも偉大な中国共産党に入党した。自分にとって最も崇高な理想を実現したのだ。

　感激で胸の高鳴りが抑えられません。偉大な党よ！敬愛する毛主席！あなたあっての私の新しい命です。私があの九死の苦しみの中で、もがき、光明を待ち望んだ時、あなたが私を助けてくださいました。私に食べ物や衣服を与え、学校にまで通わせてくださいました。小学校で赤いネッカチーフを首に巻くことができました。卒業後、光栄にも共産主義青年団に加入できました。さらに祖国の工業建設に加わり、また祖国を守る兵士にもなれました。あなたの育成と教育の下で、私は自分を一人ぼっちの貧しい孤児から、一人前の知識と覚悟を具えた共産党員に成長させることができました。本日、入党したことで、私はもっと強くなり、思想と視野は広く、遠大なものになっていくでしょう。私は共産党員であり、人民に仕える者です。全人類の自由、解放、幸福のためなら、どのような高山、大海、大河も恐れず、党と人民のためなら、たとえ火の海、刀の山でも私は喜んで飛び込みます。私の身体がどうなろうと、心の中の党に対する忠誠は永遠に変わりません」と書きました。

　入党後、雷鋒さんは共産党員として常に自分を律していました。

　自動車兵になると、外出して任務を執行することが多く、党の活動日に任務で外出していた彼は、一人、運転席に座って、党章教材を学習しました。活動日に緊急任務に就く場合は、彼は必ずその後で学習内容を自分で学びました。雷鋒さんは党員だった合計21カ月7日の間にあった91の党の活動日を無駄にすること

なく、有意義に過ごしました。

　しばらくの期間、雷鋒さんは国防における前線、後方の輸送任務を担当しました。彼が所属する組織はこの時期、工事現場の党支部に移転しました。つまり、雷鋒さんは工事現場の党支部の勉強会に参加すればよかったのですが、彼は中隊に戻り、党の勉強会があれば、それにも積極的に参加しました。ある時、工事現場の指導員は彼に3日間の時間を与え、金曜と土曜の2日間は後方で輸送車のメンテナンスを行い、日曜日はお風呂に入って休むように指示しました。ところが雷鋒さんは中隊に戻ると、時間を調整して、土曜日に中隊の党の勉強会に参加し、日曜日に輸送車のメンテナンスをしました。戦友たちは疲れが見える雷鋒さんのことが心配になり、疲れているし、体も汚れているから、お風呂に入って、少し休めと彼に言いました。

　雷鋒さんは微笑んで、「党の勉強会に参加して、政治思想のシャワーを浴びたから、それで十分だよ」と答えました。

　日常生活の中でも、雷鋒さんは党員の義務を真摯に果たし、常に自分を厳しく律しました。

　雷鋒さんは一時期、よくほかの部隊や政府機関、小中学校へ出かけ、発表や報告を行いました。そんな中、たとえどんなに時間がかかっても、どんなに遠くからでも、彼は毎月決められた日に党費を納め、遅れたことはありませんでした。吉林省に報告に出向いたとき、彼は合間を縫って郵便局に行き、中隊の党支部に「月末に帰れるようなので、党費は郵送しません。もし私が戻れなかったら、今月の手当の中から、必ず党費を差し引いてくださいますようお願い申し上げます」と書いた手紙を出しました。

　党の規定では雷鋒さんは毎月、党費を5分払えばよかったのですが、彼はいつも3角か5角払っていました。党費を払うとき、彼はいつも新札の人民元紙幣を準備しました。仲間の一人が「雷鋒君、君は本当に細かいね。新しくても古くても、お金ならば同じじゃないか」と笑って言うと、雷鋒さんは真剣な顔で「これは単なる普通の紙幣じゃなくて、共産党員の心を表しているんだよ」と答えました。

　雷鋒さんは党の組織を我が身のように愛し、任務においても、実際の状況に基づいて、自分の考えに基づいて、アイディアを提案することがよくありました。

ある日、任務中にある党員が規律違反を犯すと、雷鋒さんはその場で党員に注意をしました。彼はこの規律違反が党の威信に悪影響を与えたと考え、任務から戻ってきたその夜、党支部の書記にその出来事を報告したあと、支部の書記におずおずと「書記、私は党に対して提案があるのですが」と申し出ました。

　書記は笑って、「意見があれば遠慮なく言ってくれ。党組織は同志たちの意見を歓迎しているよ」と言いました。

　雷鋒さんは書記の優しい笑顔を見て、真剣な表情で、「われわれ運輸中隊は、常に分散して任務を執行しています。党支部は特に政治思想教育を強化し、党員が模範的な役割を発揮できるようにしなければならないと考えます」と言いました。

　「雷鋒君、君が言ったことは大変重要な問題で、党支部は真剣に研究しなければいけない。君なら問題をどう解決するかい？」と、さらに彼の意見を求めました。

　しばらく考えていた雷鋒さんは、興奮した様子で指を折りながら言いました。

　「第一に、党員が模範的役割を果たせるようにするには、まず党員教育から始めたほうがいいと思います。支部委員会は党員教育を毎月の組織活動計画に組み込むべきです。第二に、支部委員会の配車制度を見直すべきです。第三に、支部委員会は思想教育チームを作り、人や車がどこに配置されようと、そこに行って思想教育を行う必要があります。」

　これを聞いた書記はうなずきながら「それはいい意見だね。さっそく支部委員会に提出して検討してみよう」と雷鋒さんを褒めました。

　支部委員会は部隊の分散勤務の特徴と発生した状況を踏まえて、雷鋒さんの提案を真剣に検討し、確実に実行可能な措置を取りました。そして党の事業に対する雷鋒さんの強い責任感と忠誠心を党支部大会で高く評価し、表彰しました。

訳　者　冉　毅
監　修　陳小法　熨斗麻起子

雷锋故事翻译集

第四部分
雷锋生平简介多语种翻译

The Life of Lei Feng: Descriptions of Exhibits at Hunan Lei Feng Memorial Hall

Lei Feng, formerly known as Lei Zhengxing, was born in a poor peasant family in Wangyue Township, Changsha County, Hunan Province (now Leifeng Street, Wangcheng District, Changsha City) on December 18, 1940.

Part I A Miserable Childhood

Lei Feng's childhood was spent in extreme poverty. He was born at a time when Japanese fascists invaded China and the great oppression of imperialism, feudalism and bureaucratic capitalism had placed a heavy burden on the Chinese people. Lei Feng's family lived at the bottom of society and epitomized the oppressed working masses in old China.

The sculpture *Sanxiang Suffering* was created by Hunanese sculptors Li Shuping, Zhang Liren and Wu Shuhua in the early days of the construction of Hunan Lei Feng Memorial Hall in 1968. It vividly reproduces the tragedy of Changsha after it was bombed by the Japanese army. The city was burned in conflagration on November 13th, 1938, and the sculpture depicted the fire as well as the sufferings of the people there before liberation. The three groups of clay sculptures, respectively named *Class Hatred*, *Ethnic Hatred* and *Family History*, truly reproduce the life of the Lei family in the old society.

In the dark days of old China, the Leis were extremely poor. They lived on rented land—the same land their ancestors had rented before them. After liberation, the party and the new government distributed to Lei Feng a house, which later became Lei Feng's residence. Hunan Lei Feng Memorial Hall lies near Lei Feng's former residence (300m north of Lei Feng Exhibition Hall), which is also open to the public. This is a family tree that shows the four generations of Lei Feng's family.

This is a list of Lei Feng's family members.

In a short period of five years from 1943 to 1947, Lei Feng's grandfather, father, his elder brother, younger brother and his mother died one after another under the pressure of life and exploitation of the upper class.

Lei Feng became a poor orphan when he was less than seven years old.

After that, his granduncle and grandaunt adopted him.

His granduncle could perform shadow plays and often led his troupe to make a living in Hexi (west of Xiangjiang River in Changsha). As Lei Feng had a good voice, he often followed his granduncle and sang with him in the shadow plays to help earn a living.

There is a popular folk proverb in Changsha: the "whip" in Liuyang and the "troupe" in Hexi. The whip refers to fireworks in Liuyang and the troupe in Hexi refers to the shadow play in Wangcheng County.

Showcased here are the puppets from the shadow play used by Lei Feng and his granduncle.

In order not to be an addition to the burden of his family, the sensible Little Lei Feng climbed the mountain to cut firewood, went out begging, ate wild fruits and tried his best to help the family without telling his grandaunt.

This is a video about Lei Feng's life as an orphan.

This is the cotton quilt and mosquito net (listed as National Class III cultural relics) used by Lei Feng's family, which we collected from Lei Feng's granduncle and grandaunt's house not long after the hall was built.

This is the bamboo basket and rice bowl Lei Feng used when begging for food, and the spinning wheel Lei Feng's mother Zhang Yuanman once used.

In his childhood, Lei Feng went out begging and lived a vagrant life. He slept on the street and mosquitoes left red pimples on his body which made his back extremely itchy. After scratching, his back became inflamed, purulent and bloody. They slowly healed after nearly a month of attentive care by his grandaunt.

This photo is Lei Feng showing the scars on his back to his comrade-in-arms at the memorial meeting, to recall past misery and cherish present happiness after liberation.

Fortunately, Lei Feng was able to survive in tough times with the help of his relatives and neighbors. It was because he had suffered hardships in the old society that Lei Feng deeply loved the People's Republic of China, and after becoming an orphan it was because of the care of his relatives, friends and neighbors that he was able to survive and grow up, So Lei Feng often felt grateful to the Chinese people after growing up.

Taking Part in the Underground Revolution with Peng Demao

The township head Peng Demao provided the first guidance in Lei Feng's life. He was a good friend of Lei Feng's father. They used to carry sedan chairs for a living. After Lei Feng's father died, he became very concerned about Lei Feng.

On the eve of the liberation of Changsha, under the leadership of underground party members (including Peng Demao), Lei Feng and his friend Shi Tianzhu also joined the revolutionary team, putting up slogans and handing out leaflets around Ying Wanzhen to prepare for the liberation.

One day in the early summer of 1949, the township head Peng excitedly told Little Lei Feng that the PLA (People's Liberation Army) dispatched by Chairman Mao would come to Changsha to liberate the poor.

"I've been dreaming of this day!" Lei Feng whispered to Peng.

The exhibition cabinet shows Lei Feng's relatives' manuscripts commemorating him (Lei Feng's cousin Yan Xuerong, Lei Zhengqiu, and cousin-aunt Lei Yunlan).

Part II A Teenager of Fine Character and Learning

In August 1949, Changsha was liberated. Seeing the PLA (People's Liberation Army) passing by his hometown, the desire was born in Little Lei Feng to become a soldier.

At that time, Lei Feng was only 9 years old. His dream of joining the army became deeply rooted in his mind.

In May 1951, Wangcheng County launched the land reform movement. During this period, Lei Feng was given about 0.4 acres of paddy fields and a house with three small huts. These are the land and real estate ownership certificates issued to Lei Feng by the County People's Government. After that, Lei's family had their own land for the first time. Lei Feng's gratitude to the Communist Party of China and his love for the new China was deepened.

Read Seriously and Join the Young Pioneers

In the summer of 1950, The People's Government of Anqing Township decided to send Lei Feng to school free of charge. On the first day of school, Peng bought Lei Feng clothes and supplies, and sent him to Longhuitang Primary School in person get enrolled.

"Son, it was once impossible for children of humble origin to attend school. Your family has been illiterate for several generations. Now that you have this opportunity, you should study hard, master some skills, and contribute to the development of our great motherland in the future." Peng said to Lei Feng, who was then 10 years old. Little Lei Feng nodded vigorously. From that moment on, Lei Feng was always strict with himself at school and was determined to serve the country in the future.

This picture shows Mayor Peng sending Lei Feng to school.

The People's Republic of China had just been established, and everything was waiting to be done. At that time, the school facilities of Wangcheng were very limited. In order to complete his education, Lei Feng had to change schools five times in six years.

This group of photos displays the former primary schools that Lei Feng once attended.

In the autumn of 1954, Lei Feng was admitted to Qingshuitang Primary School in Wangcheng County for the fifth grade. Here, Lei Feng became one of the first batch of Young Pioneers.

This is a picture of Lei Feng under the team flag. Lei Feng's home was more than 3 miles of country road away from Qingshuitang Primary School. He had to wash clothes, cook and do farm work after he came home from school. Lei Feng had to do everything by himself, but he was always among the top students of his school. He was not only a good student, but also an active participant in the school's cultural and sports activities.

He had a particular knack as a bass drum player.

In the late autumn of 1954, the newspaper of the class sponsored by Qingshuitang Primary School published a doggerel made by the students in the class.

> "Poor Little Lei Zhengxing
> lives miles away but arrives the earliest.
> Fast-learner and a good organizer,
> he is the model for us all."

In fact, Lei Feng had only been at Qingshuitang Primary School for one semester. Such high praise was proof of his comprehensively excellent performance at school. In the spring of 1955, Lei Feng transferred to Heyeba Primary School. On Children's Day, Lei Feng, his teachers and his classmates walked to Changsha Martyrs Park to celebrate Young Pioneers' Day.

This is a group photo taken at that time. Can anybody tell which one is Lei Feng? That's right, he is the one holding a bass drum on the far left of the first row.

Chairman Mao's Good Student

This item displays Lei Feng's writing "Long Live Chairman Mao". His childish strokes expressed his endless gratitude to Chairman Mao.

This is the former site of Heyeba Primary School where Lei Feng once studied.

According to his classmates at that time, whenever it was windy or rainy, he would always stand on the stone slab bridge in front of the school to pick up younger students.

The cabinet showcases Lei Feng's self-made small oil lamps and clogs, the registration form of his outstanding deeds as "A Good Student in the Mao Zedong Era", and the shoulder pole and hatchet he used to help the elderly cut firewood (National Class III cultural relics).

Naive and Lively

As a student, Lei Feng was innocent, lively and full of childishness. He often dug bamboo shoots with his classmates, fished at the head of the river for shrimp, imitated soldiers in the war with a wooden gun, played with a spinning top and rolled a hoop. He also actively participated in artistic and cultural activities at school, like singing, dancing and reciting.

The oil painting *Little Fisherman* reflects the scene when he disguised himself as a girl in the pantomime *Little Fisherman*.

The plot of the pantomime was complex and difficult to perform. It can only be expressed in vivid body language. Female students in the school didn't dare to play the role of "little girl". When Lei Feng learned this, he volunteered to play the "little girl". The image of "little girl" also remained deeply in the memory of the teachers and students. In the oil painting, the "little girl" with a hat and a fish basket is Lei Feng.

In the summer of 1956, Lei Feng graduated from Heyeba Primary School. This is the graduation photo of Lei Feng (first from the left in the front row) and his classmates from Class One in Heyeba Primary School. The student with inverted triangular bangs and neat clothes sitting up straight is Lei Feng.

This is the transcript of Lei Feng's voluntary speech at the graduation ceremony. At the ceremony, Lei Feng volunteered to speak on stage, talking about his three wishes in life. He said, "I will respond to the party's call to be a new-style farmer and drive a tractor to cultivate the land of the motherland; in the future, I will be a good worker to build the homeland; and I will be a good soldier. I will pick up a gun and defend the motherland with my life and blood, to become a hero of mankind." Now we see the scene of Lei Feng speaking at the graduation ceremony by means of phantom image. All teachers and students were deeply moved by the passionate graduation oath. Under the care of the party, Lei Feng continued to grow up and make progress. Later, he fulfilled his life vows one by one.

Part III A Young Man with Strong Conviction and Gumption

After graduating from primary school, he responded to the party's call and chose to return to his hometown to work in an agricultural cooperative as a reporter and an assistant in the collection of agricultural tax after the autumn harvest.

Because Lei Feng was serious, responsible and meticulous in his work, he was assigned by Peng to work as a correspondent in Anqing Township Government. Three months later, the township head, Peng Demao, once again recommended him to be a correspondent at the Wangcheng County Party Committee for Zhang Xingyu, the Secretary of the County Party Committee.

Secretary Zhang was a cadre from the north who was very invested in Lei Feng's growth. As soon as Lei Feng came to work, Zhang asked him to study while working, and gave him some books to read, e.g., *How the Steel Was Tempered* and *Devote Everything to the Party*. It was also at this time that Lei Feng first came into contact with *Selected Works of Mao Tse-Tung*, given to him by Secretary Zhang; Mao Zedong Thought would influence his life from that moment on. Lei Feng's growth into a great communist fighter is in large part thanks to the precepts and deeds of Zhang Xingyu.

When Lei Feng worked in the County Party Committee, he was not only a correspondent, but also a security guard and an orderly. Although he performed three different jobs, he never complained. The briefcase you see now was used by Lei Feng when he was a correspondent.

On February 8, 1957, Lei Feng joined the Chinese New Democratic Youth League, the predecessor of the Communist Youth League of China. While working for the County Party Committee, Lei Feng was named "Model Worker" three times.

The excellent quality of work and integrity of the County Party Committee team deeply affected Lei Feng and guided his life path in the right direction. This photo is a group photo of Lei Feng and the leaders of Wangcheng County Party Committee at that time. Among Lei Feng's numerous photos, it is the only one framed exquisitely, wrapped in red scarves—the symbol of the Young Pioneers that represents the victory of the revolution and the love of the party from the south to the north.

An orphan whose family was ruined in the old society had received everybody's care and help in all aspects in the big family of the People's Republic of China. His teachers, classmates, leaders, colleagues, neighbors and villagers, planted the seeds of truth, goodness and beauty in Lei Feng's heart. The spirit of Lei Feng sprouted even when he was still in his hometown.

Lei Feng was remembered by people in his hometown. This is a video entitled "Memoirs of Lei Feng by His Fellow Townsmen". It features his relatives, friends, leaders, colleagues and classmates who had contact with him at that time.

The Voluntary Model

The Weishui River, a tributary of the Xiangjiang River, flows through Wangcheng and in those years it frequently flooded. On October 25th, 1957, the Wangcheng County Party Committee and the County People's Committee made the decision to regulate the area's rivers and watercourses. Lei Feng applied to participate in the hydrological work three times, and finally became a correspondent at the headquarters of the hydrological department. After 4 months of work, Lei Feng returned to the County Party Committee and worked once more with Secretary Zhang Xingyu. The headquarters gave Lei Feng a shirt printed with "Model of Hydrological Work" as a souvenir.

The "New-style" Farmer

In the spring of 1958, the Wangcheng County Party Committee decided to reclaim Tuanshan Lake into a state-owned farm in order to transform the barren lands into a land of fish and rice. At that time, the Youth League and County Party Committee called on young people of the whole county to donate money to buy a tractor for the farm. When Lei Feng heard the news, he donated all his savings from the past year to the construction of the farm. The 20 yuan became the largest donation among young people in the county at that time. This is the donation certificate issued by the Tuanshan County Committee to Lei Feng. What's more, he repeatedly asked to drive a tractor on Tuanshan Lake Farm. In this way, Lei Feng became a genuine "new-style farmer".

He wrote the article "I Learned to Drive a Tractor", which was published in *Wangcheng Newspaper* on March 16, 1958. At that time, his signature was still "Lei Zhengxing".

This oil painting is *Morning Light* and was created by the famous painter Li Zijian. It depicts Lei Feng standing at Tuanshan Lake Farm in Wangcheng in the morning light of autumn. From Lei Feng's smiling face, we can see his love for his native soil and expectation for a better future.

The painting is *Ploughing the Earth*, depicting the scene of Lei Feng driving a tractor to reclaim, build and cultivate the Tuanshan Lake area.

In the harvest season, seeing that the once deserted Tuanshan Lake had now become a granary, Lei Feng affectionately wrote a 65-line poem, "A Swallow from the South". In this poem, he adopted a large number of Bixing writing techniques, taking the swallow as the carrier of his feelings, determination and ideals, to praise the People's Republic of China and the working people.

After Lei Feng went to work in the Wangcheng County Party Committee, under the guidance of his colleagues Zhou Shaoming and Peng Zhengyuan, he began to learn to write a diary. During his work at Tuanshan Lake, Lei Feng gradually developed the habit. The display cabinet shows 9 books, all diaries used by Lei Feng in his life. They include 16 published works and a number of posthumous manuscripts left during his work at Tuanshan Lake.

Lei Feng had many hobbies. He often wrote doggerel, and loved to play bamboo clappers and the harmonica. The bamboo clappers and harmonica displayed in the showcase are the items Lei Feng always carried with him during his stay at Tuanshan Lake.

Renamed as Lei Feng

In 1958, an unprecedented large-scale steel-smelting movement was set off across the country. In late October, three major steel companies came to Wangcheng County to recruit workers at the same time, and Lei Feng once again made an unexpected decision: to join the workforce of the Anshan Iron and Steel Company. With the determination to go to the toughest place to work, he filled out the application form, on which he changed his name to what we know today, "Lei Feng".

On October 31, 1958, Secretary Zhang Xingyu was about to leave Wangcheng to work for Yueyang County Party Committee. He asked Lei Feng to take a group photo with some of his neighbors and friends. This is also the last photo of Lei Feng in his hometown (Lei Feng is second from the left in the front row in the photo).

On the eve of November 9, 1958 when Lei Feng departed for Anshan, he came to Tuanshan Lake Farm to bid farewell to his colleagues. What you see here is a parting gift—a rattan box given to Lei Feng by his colleagues in the name of the league branch. Colleagues and friends exchanged messages with Lei Feng. The diary in the showcase was given by Lei Feng to his friend Wang Peiling before leaving. In the diary, Lei Feng wrote hopeful and encouraging words for Wang Peiling: "Comrade Wang Peiling, you are a loyal daughter of the party. May your youth give off fragrance on the land of the motherland like flowers." Lei Feng's colleagues and friends at Tuanshan Lake Farm, Li Xiangmei and Li Zhilian, also wrote manuscripts commemorating Lei Feng.

The video you can watch here is "Lei Feng in Wangcheng". Lei Feng studied, worked and lived in Wangcheng for 18 years, leaving eternal memories for the people in his hometown.

A Good Worker in Angang

On November 12, 1958, at Wangcheng Wharf on Xiangjiang River, Lei Feng set off to Angang (the Anshan Iron and Steel Company).

On the way to Angang, the train stayed in Wuhan for six or seven hours. Lei Feng invited several friends from the train to visit the Wuhan Yangtze River Bridge and took pictures beside the bridge. When the train stopped in Beijing, he went to Tian'anmen Square to take the two photos you see here.

On November 15, 1958, Lei Feng arrived at Anshan Iron and Steel Company and was assigned to work with a bulldozer. The contract signed by Lei Feng, his employee cards and work permits are displayed in the showcase. This is the Stalin C-80 bulldozer that Lei Feng drove. It is a heavy machine with a tall car body. It contains 7 control handles and can pull an estimated four tons. Lei Feng carried forward the Hunanese spirit of hard work and perseverance, earnestly learned from the master, and humbly asked colleagues for advice. It took only 4 and a half months for him to obtain a safe operation permit and become a qualified bulldozer operator. Because Lei Feng had completed all the Chinese courses in junior high school and senior high school through self-study, when he was at the Anshan Iron and Steel Company, he acted as a Chinese teacher at a night school for workers.

On August 20, 1959, Anshan Iron and Steel Company decided to build a coking plant in Gongchangling, Liaoyang, and transferred a group of technical employees and young workers to work there. Most people were unwilling to transfer from the main Anshan factory, which had superior living conditions, to the remote Gongchangling. Lei Feng volunteered to work in the Gongchangling Coking Plant. With his hard-working spirit, Lei Feng quickly became one of the technicians.

Lei Feng spent 142 days at the Gongchangling Coking Plant in Liaoyang. This video shows his work and life at the time.

This photo is of Lei Feng and a fellow Hunanese citizen with whom he came to Angang. Displayed in the showcase are the manuscripts of several Hunanese workers including Yi Xiuzhen, Yang Bihua, Zhang Yueqi and others, in memory of Lei Feng. Also displayed is their gift to Lei Feng for joining the army: a cowhide box.

The floral quilts displayed in the showcase on your left were used by Lei Feng when he was working in Gongchangling. There is a touching story behind this quilt.

At about 11 o'clock in the evening on November 5, 1959, heavy rain suddenly struck the Gongchangling Coking Plant site. Lei Feng, who was on duty, remembered that more than 7,200 bags of cement were still stacked outside. If they were to get wet, it would bring huge losses. So Lei Feng and the workers rescued the cement together. However, there was not enough covering under which to store them all. So, Lei Feng took out his own quilts and took off his clothes and put them on the cement. This bed of cotton quilt became a permanent witness to Lei Feng's rescue of the cement on that rainy night. At that time, *Gongchangling News* and *The Communist Youth League Member News* reported it.

Within one year and two months of working for the Anshan Iron and Steel Company, Lei Feng had won a number of honors: 3 times as an advanced worker, 5 times as a red flag bearer, and 18 times as a thrift pacesetter. It was clear that Lei Feng had a bright future ahead of him. However, Lei Feng once again made a new life choice.

A Good Soldier Serving the People Whole-heartedly

At the end of 1959, the winter conscription began, and his desire to become a soldier, which had been in his mind for years, could no longer be suppressed. But Lei Feng failed to meet the criteria for enlistment because of his height and weight. In addition, his performance in the factory was so excellent that the factory leaders were unwilling to permit him to leave.

Finally, on January 8, 1960, with the help of Yu Xinyuan, Deputy Political Commissar of Liaoyang Military Service Bureau, Lei Feng finally realized his third wish and became a soldier of the People's Liberation Army.

After Lei Feng joined the army, he was stricter with himself. During the training of recruits, Lei Feng, who was small and had poor arm strength, encountered a large amount of resistance, but he was unwilling to fall behind. In order to improve his ability, he worked hard from morning to night to actively practice his bomb-throwing skills.

Soon after joining the army, Lei Feng was assigned as a car soldier. With excellent driving skills, he was rated as a fifth-level car driver. This is his fifth-level mobile driver's license. At that time, Lei Feng also wrote the poem "When Putting on a Military Uniform" to express his feelings. What you see now are the submachine guns, bullet bags, military raincoats, and the rank badge of the mobile soldiers that Lei Feng used in the army. In addition, he also joined the army's art troupe, participated in the sports competition held in Shenyang Military Region, and became the "editorial officer" of the club committee. This photo records his publicity and encouragement during his military training.

This is a photo taken after Lei Feng participated in the sports meeting of Shenyang Military Region in 1960. Lei Feng thanked the family of his grandaunt and his uncle Lei Mingguang for their contribution to his upbringing. He specially sent this photo to Lei Mingguang and wrote on the back of the photo: "As a souvenir for you, my dear uncle, this photo was taken when I participated in the military region competition as a third class athlete. Please take it home and show it to the family." In this showcase is a family letter written by Lei Feng to Lei Mingguang, which is a national first-class cultural relic.

This is the "agreement of employment" inviting Lei Feng to serve as the "editorial officer" of the club committee. This is Lei Feng's poem "Comparison Between Old and New Societies" published in the army's newspaper.

On November 23, 1960, the Political Department of the Engineering Corps of the Shenyang Military Region called to learn from Lei Feng. Lei Feng became a model and pacesetter of the Shenyang Military Region.

Here you can see that Lei Feng's photos were published in the 18th issue of *Friends of the Militia* in 1960, which attests to his popularity and influence at that time. Lei Feng, under the age of 21, was the youngest people's representative at that time.

In May 1961, Lei Feng was elected as the representative of the Fourth People's

Congress of Fushun.

In August 1961, Lei Feng was appointed the class monitor.

On February 14, 1962, Lei Feng participated in the Party Congress of the Tenth Regiment of the Engineer Corps of the Shenyang Military Region. On February 19, he attended the congress of the First Regiment of the Shenyang Military Area Command as a specially invited representative and was elected as a presidium member to make a speech at the meeting.

From January 1960 to August 1962, because of his outstanding performance, Lei Feng received many awards in the army, including one second prize and two third prizes.

Were it not for a terrible accident, Lei Feng's life would have had more possibilities and could have been more wonderful. On the morning of August 15, 1962, after returning to the camp, Lei Feng and his comrade Qiao Anshan went to wash the mud off a car. There was a narrow corridor from the parking lot to the barracks. For security reasons, Lei Feng stood by the aisle and raised his hand to direct Qiao Anshan to drive. All of a sudden, the left rear wheel of the big truck slid into a small puddle beside the road and the body of the big truck shook violently and knocked down a wooden column. This column hit Lei Feng's temple. He immediately fell to the ground and fainted. All rescue measures failed because of the serious injuries, including a cerebral hemorrhage and skull fracture. Tragically, Lei Feng died at 12:05 in the West Staff Hospital of Fushun at the age of 22.

On the third day after Lei Feng's death, Fushun soldiers and civilians held a grand public memorial for Lei Feng in the government hall of Wanghua District, Fushun.

Although Lei Feng lived for a short period of 22 years, his deeds and spirit remain in people's hearts forever.

Translated by Deng Jiajia, He Xinhui under the guidance of Ye Dong
Revised by David Porter

La Vie de Lei Feng : Descriptions des Objets exposés au Mémorial de Lei Feng du Hunan

Lei Feng, dont le vrai nom était Lei Zhengxing, est né le 18 décembre 1940 dans une famille de paysans pauvres du canton de Wangyue du district de Changsha de la province du Hunan (aujourd'hui sous-district de Lei Feng, district de Wangcheng, ville de Changsha).

Partie I   Une enfance de misère et de malheur

L'enfance de Lei Fang fut très malheureuse. Il est né dans une époque où l'ancienne Chine sombrait dans un état déplorable, avec l'invasion fasciste japonaise et les trois « montagnes » qui pesaient sur les épaules du peuple chinois, à savoir l'impérialisme, le féodalisme et le capitalisme bureaucratique. La famille de Lei Feng vivait au plus bas de l'échelle sociale, incarnant les vastes masses de travailleurs opprimés dans l'ancienne Chine.

Cette scène, « Souffrance de San Xiang », a recréé de manière vivante la situation tragique de Changsha après son bombardement par les Japonais et sa destruction par l'incendie de Wenxi, ainsi que la vie misérable des habitants du Hunan avant la fondation de la nouvelle Chine. Ces trois groupes de sculptures en argile : « Haine de classe », « Haine de nation » et « Histoire de famille », qui sont créées par les sculpteurs du Hunan, Li Shuping, Zhang Liren et Wu Shuhua au début de la construction de notre musée en 1968, sont une reproduction réaliste de la vie de la famille de Lei Feng dans l'ancienne société.

Dans l'obscurité de l'ancienne Chine, la famille de Lei Feng était extrêmement pauvre et n'avait obtenu un abri que parce que ses ancêtres avaient loué et cultivé les champs du propriétaire. Après la fondation de la nouvelle Chine, le gouvernement chinois a offert une maison à Lei Feng, ce qui a donné naissance à cette résidence de Lei Feng que vous voyez ici. Le Mémorial de Lei Feng est bâti sur son ancienne résidence. Vous pouvez se rendre à l'ancienne résidence de Lei Feng après la visite du mémorial. (L'ancienne résidence de Lei Feng est située à 300 mètres au nord de la salle d'exposition de la vie et des actes de Lei Feng).

Voici une brève liste des quatre générations de la famille de Lei Feng.

C'est une liste des membres de la famille de Lei Feng.

En cinq ans, de 1943 à 1947, le grand-père, le père, le grand frère, le petit frère et la mère de Lei Feng sont décédés l'un après l'autre.

Il est devenu un pauvre orphelin alors qu'il avait moins de sept ans.

Après, il a été adopté par son « sixième grand-père », le frère de son grand-père.

Son « sixième grand-père » pratiquait les jeux d'ombres traditionnels chinois. La voix de Lei Feng était si agréable qu'il chantait souvent avec son grand-père en tant qu'enfant chanteur pour gagner sa vie.

Il y avait un proverbe populaire de Changsha : « Bianzi de Liuyang, Banzi de Hexi. » « Bianzi de Liuyang » fait référence aux feux d'artifice et aux pétards de Liuyang ; « Banzi de Hexi » signifie les spectacles d'ombres chinoises du district de Wangcheng.

Ce que l'on expose dans cette vitrine, ce sont les costumes et les accessoires utilisés pour jouer aux ombres chinoises par Lei Feng et son sixième grand-père lors de leurs représentations.

Pour ne pas accabler sa famille, à l'insu de sa « sixième grand-mère », le petit Lei Feng coupait du bois dans les montagnes, mendiait de la nourriture, cueillait des fruits sauvages pour manger à sa faim. Il faisait tout ce qu'il pouvait.

Cette vidéo présente des images de la vie de Lei Feng comme orphelin.

Ce sont la couverture et la moustiquaire utilisées par la famille de Lei Feng (reliques culturelles nationales de troisième classe), qui ont été collectées chez sa « sixième grand-mère » aux premiers jours de notre musée.

Ce sont le panier en bambou et le bol utilisés par Lei Feng lorsqu'il mendiait de la nourriture, et le rouet utilisé par sa mère, Zhang Yuanman.

Dans son enfance, le garçon partait mendier de la nourriture et vivait une vie d'errance, dormant dans les rues et se faisant piquer par les moustiques et les insectes, avec des bosses rouges sur tout son corps. Ces bosses rouges démangeaient et lorsqu'on les grattait, elles s'enflammaient et saignaient avec du pus. Il a également eu une grande plaie dorsale sur sa taille, qui n'a commencé à guérir lentement qu'après un mois de soins attentifs de sa « sixième grand-mère ».

Sur cette photo, Lei Feng a montré ses plaies sur le dos à ses camarades lors d'une réunion de rappel à la souffrance.

Heureusement, avec l'aide de ses proches et de ses voisins, le jeune homme a pu survivre de justesse à cette période chaotique. C'est à cause de ces difficultés qu'il a rencontrées dans l'ancienne société qu'il s'est pris d'affection pour la nouvelle Chine. C'est aussi grâce aux soins qu'il a reçus de la famille de ses « sixièmes grands-parents », de ses amis et de ses voisins, après être devenu orphelin, qu'il a grandi en étant souvent reconnaissant.

Suivre Peng Demao dans la révolution clandestine

Le maire Peng Demao était le premier guide de Lei Feng sur le chemin de la croissance. Il était un ami proche de son père, avec qui il portait des palanquins pour gagner sa vie. Après la mort de son collègue, il était très inquiet pour le petit garçon.

À la veille de la libération de Changsha, sous la direction de Peng Demao et d'autres membres du parti communiste, Lei Feng et son jeune ami Shi Tianzhu ont également rejoint l'armée révolutionnaire, affichant des slogans et distribuant des tracts dans la zone de Yingwanzhen pour saluer la libération.

Un jour, au début de l'été 1949, Peng Demao, le chef du canton a annoncé avec enthousiasme au petit Lei Feng que l'armée de libération envoyée par le président Mao arriverait à Changsha pour sauver les pauvres. Le jeune homme s'est accroupi à l'oreille de Peng Demao et a dit : « J'ai rêvé de ce jour ! ».

Dans la vitrine, vous trouverez les manuscrits écrits par certains proches de Lei Feng pour le commémorer (ses cousins Yan Xuerong et Lei Zhengqiu, sa tante Lei Yunlan).

Partie II Jeune garçon brillant et vertueux

En août 1949, Changsha est pacifiquement libérée, et le petit Lei Feng, qui se débattait dans la misère, connaît une nouvelle vie. En voyant l'Armée de libération du peuple passer par sa ville natale, le garçon a alors éprouvé le désir de devenir un soldat. Cette année-là, Lei Feng n'avait que neuf ans, et les graines d'un rêve de rejoindre l'armée étaient profondément enracinées dans son cœur, attendant le jour où elles fleuriraient et porteraient leurs fruits.

En mai 1951, le mouvement de réforme agraire a été lancé dans le comté de Wangcheng. Au cours de cette réforme, Lei Feng a reçu 3 huttes et 2,4 mus (unité de mesure agricole chinoise, environ 1600 mètres carrés) de rizières. C'est le certificat de propriété foncière délivré à Lei Feng par le gouvernement populaire du comté. À partir de ce moment-là, le jeune homme a eu une vraie maison et son propre terrain, ce qui a renforcé sa gratitude envers le Parti communiste chinois et son amour pour la nouvelle Chine.

Étudier assidûment et adhérer aux Jeunes Pionniers

En été 1950, le gouvernement populaire du canton d'Anqing décidait d'envoyer Lei Feng à l'école gratuitement. Le premier jour d'école, le maire du canton, Peng Demao, a acheté des vêtements et des fournitures scolaires pour Lei Feng et a personnellement envoyé le petit Lei Feng s'inscrire à l'école primaire de Longhuitang. Le maire Peng a dit au petit Lei Feng, âgé de 10 ans : « Petit garçon, par le passé, il était impossible pour les enfants de familles pauvres d'entrer à l'école, et il n'y avait personne d'alphabétisé dans votre famille depuis plusieurs générations. Maintenant, tu devrais étudier assidûment, acquérir des compétences pour contribuer à la construction de notre grande patrie à l'avenir. Le petit Lei Feng hochait vigoureusement la tête. Dès lors, Lei Feng s'est toujours efforcé d'être un bon élève et est déterminé à servir la patrie à l'avenir.

Cette scène reflète l'époque où le maire Peng envoyait le petit Lei Feng à l'école.

La nouvelle Chine venait d'être fondée, et toutes les affaires laissées à l'abandon attendaient d'être reprises. À cette époque, les conditions pour gérer les écoles à Wangcheng étaient très limitées. Afin de terminer ses études, Lei Feng a changer de cinq écoles primaires.

Ces photos montrent l'apparence de plusieurs écoles primaires où Lei Feng faisait ses études.

En automne 1954, Lei Feng a été admis à l'école primaire de Qingshuitang du comté de Wangcheng pour commencer sa cinquième année. Ici, Lei Feng est devenu l'un des premiers jeunes pionniers. Voici une photo de Lei Feng, sous le drapeau des jeunes pionniers.

La maison de Lei Feng est à plus d'une douzaine de kilomètres de l'école primaire de Qingshuitang. Quand il rentrait de l'école, il devait faire la lessive, la cuisine, les travaux agricoles, etc. Bien que Lei Feng dût tout faire lui-même, il s'est toujours placé parmi les premiers dans la classe. Lei Feng a non seulement bien étudié, mais a également été un membre actif des activités culturelles et sportives de l'école et a toujours servi de batteur.

À la fin de l'automne 1954, un poème de forme libre en langue populaire, écrit par ses camarades de classe, est publié dans le journal mural de classe parrainé par l'école primaire de Qingshuitang : « le Petit Lei Zhengxing, venant d'une famille pauvre. Faire des dizaines de kilomètres, arriver tôt et être à la première place. Il étudie bien, et excelle en toutes sortes d'activités. Tout le monde prend exemple sur lui et s'efforce d'être un bon élève. » En effet, Lei Feng n'a étudié que pendant un semestre dans l'école primaire de Qingshuitang, mais il a pu obtenir de tels éloges, que ceci nous montre que ses performances dans tous les aspects de l'école étaient excellentes.

Au printemps 1955, Lei Feng a été transféré à l'école primaire de Heyeba. Durant la Journée des Enfants du « premier juin » de cette année-là, Lei Feng, avec ses enseignants et ses camarades, ont marché ensemble au parc des Martyrs de Changsha pour la journée de ligue. C'est la photo de groupe, pouvez-vous reconnaître Lei Feng ? —— Celui qui est le plus à gauche de la première rangée tenant le tambour est Lei Feng.

Un bon élève du président Mao

Cette scène reproduit la situation où Lei Feng a écrit sincèrement et sérieusement le slogan « Vive le président Mao », et sa gratitude sans fin envers le président Mao se condense dans les traits enfantins de sa calligraphie.

C'est l'ancien site de l'école primaire de Heyeba où Lei Feng faisait ses études.

Selon les souvenirs de ses camarades de classe, chaque fois que le temps était venteux et pluvieux, Lei Feng se tenait donc sur le pont de pierre devant l'école pour accueillir et envoyer ses camarades de classe plus jeunes.

Dans la vitrine, nous exposons la petite lampe à huile et le sabot faits par Lei Feng, le formulaire d'inscription pour ses excellentes actions indique qu'il a été qualifié de « bon élève de l'ère Mao Zedong », la palanche et le sabre qu'il utilisait pour aider les personnes âgées à couper du bois de chauffage (reliques culturelles nationales de troisième classe).

Un jeune plein d'entrain

Quand Lei Feng était écolier, il était animé, vif et plein d'entrain. Il creusait souvent des pousses de bambou avec ses camarades de classe, allait au ruisseau pour attraper des crevettes, portait un pistolet en bois pour imiter les guerriers à combattre, jouait aux gyros et aux anneaux de fer roulés, etc. Il participait activement aux activités littéraires et artistiques de l'école, excellant dans le chant, la danse et la récitation.

Cette peinture à l'huile « Le petit pêcheur » montre la scène où Lei Feng s'est déguisé pour jouer la « petite fille » dans la pantomime « Le petit pêcheur ».

L'intrigue de la pantomime est complexe et difficile à jouer, et ne peut être exprimée qu'avec le langage corporel pour imiter à la perfection le personnage. Aucune écolière n'ose donc jouer ce rôle. Ayant appris cette nouvelle, Lei Feng s'est porté volontaire pour jouer cette « petite fille ». L'image de la « petite fille » a également été profondément conservée dans la mémoire des enseignants et des élèves. La « petite fille » portant un seau et tenant un panier à poisson dans la peinture à l'huile est Lei Feng.

En été 1956, Lei Feng est diplômé de l'école élémentaire de Heyeba. Voici la photo de groupe de fin d'études de Lei Feng (première rangée à gauche) avec ses camarades de la première classe de l'école primaire de Heyeba. Cet écolier avec une frange triangulaire inversée, soigneusement habillé et assis droit est Lei Feng.

Ceci est la transcription du discours de Lei Feng lors de la cérémonie de remise des diplômes, conservée par son instituteur Xia Liu. Lei Feng s'est porté volontaire pour prendre la parole sur la scène, exprimant ses trois souhaits dans la vie. Et maintenant nous pouvons voir la scène de la cérémonie en profitant de la technologie de fantasmagorie. Lei Feng a dit : « Répondant à l'appel du parti, je vais devenir un paysan d'un nouveau style et conduire un tracteur pour cultiver la terre de la patrie. À l'avenir, je serai un bon travailleur pour construire ma patrie. Je serai un bon soldat et prendrai le fusil pour défendre la patrie avec ma vie et mon sang. Ainsi, je serai un héros de l'humanité. » Les vœux passionnés ont profondément touché tous les enseignants et les élèves. Bénéficiant des soins attentifs du parti communiste, Lei Feng continuait de grandir et de progresser. Plus tard, il a accompli ses vœux un par un.

Partie III   Un jeune entreprenant aux convictions fortes

Après avoir obtenu son brevet élémentaire, Lei Feng a choisi de retourner dans sa ville natale pour travailler comme comptable et assistant pour le recouvrement d'automne dans les coopératives agricoles.

En raison de son travail consciencieux et méticuleux, Lei Feng a été promu par le maire Peng Demao pour travailler comme correspondant pour le gouvernement du canton d'Anqing. Trois mois plus tard, il a été recommandé par le maire Peng Demao pour travailler au comité de district de Wangcheng et a servi de correspondant à Zhang Xingyu, le secrétaire du comité de district. Le secrétaire Zhang est un cadre du parti venant du nord et qui s'est soucié de la croissance de Lei Feng. Dès que Lei Feng est venu travailler dans le comité de district, le secrétaire Zhang lui a demandé d'étudier tout en travaillant, et lui a également donné des livres tels que *Comment l'acier est-il forgé* et *Tout dédier au parti*. C'est aussi à cette époque que Lei Feng est entré en contact avec *Selection des œuvres de Mao Zedong* pour la première fois. Et désormais la pensée de Mao Zedong a influencé sa vie. Le destin de Lei Feng, en tant que grand combattant communiste, est inséparable des paroles et des actes du secrétaire Zhang Xingyu. Pendant son travail au sein du comité de district, Lei Feng était à la fois correspondant, garde et assistant, intégrant « trois postes » en un seul, mais il ne s'en est jamais plaint. La mallette que vous voyez maintenant a été utilisée par Lei Feng quand il était correspondant.

Le 8 février 1957, Lei Feng s'est joint glorieusement la Ligue de la jeunesse néodémocratique chinoise. Au cours de son travail au sein du comité de district, Lei Feng a été classé comme un « travailleur modèle » à trois reprises.

Les qualités des membres du comité du parti communiste chinois ont influencé profondément Lei Feng et le guideront vers la bonne voie toute sa vie. C'est une photo de Lei Feng avec les dirigeants du comité du district de Wangcheng à l'époque. À cette époque-là, parmi les nombreuses photos de Lei Feng, seule celle-ci fut encadrée dans un cadre de photo délicat, enveloppée dans un foulard rouge des jeunes pionniers et portée par Lei Feng du sud au nord en Chine.

Un orphelin dont la famille a été brisée dans l'ancienne société, a reçu des soins et de l'aide de tous dans la grande famille de la nouvelle Chine. Les gens autour de lui, comprenant enseignants, camarades, dirigeants, collègues et peuple local, ont semé les graines de la vérité, de la bonté et de la beauté dans le cœur de Lei Feng. L'esprit de Lei Feng a germé lorsqu'il était dans son pays natal.

Lei Feng a laissé un souvenir éternel aux gens de son pays natal. Voici une vidéo nommée « les souvenirs », racontés par les anciens collègues, les camarades, les proches et les amis de Lei Feng.

Le modèle pour la gestion de la rivière Weishui

La rivière Weishui, l'affluent du fleuve Xiang, traversant Wangcheng, a connu de nombreuses inondations.

Le 25 octobre en 1957, le comité du parti communiste chinois et le comité du peuple du district de Wangcheng ont pris la décision de régulariser le cours de la rivière Weishui. Lei Feng a demandé à trois reprises de participer à cette bataille. Émus par sa détermination, la direction a finalement accepté sa demande et l'a envoyé au bureau de direction en tant que correspondant.

Après l'accomplissement de la mission anti-catastrophe durant 4 mois, Lei Feng est retourné à son ancien poste, travaillant toujours à côté du secrétaire du comité Zhang Xingyu. Le centre de commandement a attribué à Lei Feng une veste polaire portant l'inscription « Modèle pour la gestion de la rivière Weishui » en guise de souvenir.

Le « nouvel agriculteur » de la ferme de Tuan Shanhu

Au printemps 1958, peu après les travaux de la gestion de la rivière Weishui, le comité du parti communiste du district de Wangcheng a décidé de défricher le quartier Tuan Shanhu pour en faire une ferme d'État où abonderaient le poisson et le riz. À l'époque, le comité de la Ligne de la Jeunesse du district a fait appel aux jeunes du district pour qu'ils donnent de l'argent afin d'acheter un tracteur pour la ferme. Ayant appris cette nouvelle, Lei Feng a fait don de toutes ses économies de 20 yuans pendant plus d'une année pour soutenir la construction de la ferme, ainsi il est devenu le plus grand donateur parmi les jeunes du comté à cette époque. Il s'agit d'un certificat commémoratif de donateur attribué à Lei Feng par le Comité de la Ligne de la Jeunesse du district. De plus, il a sollicité à plusieurs reprises de devenir un conducteur de tracteur à la ferme de Tuan Shanhu. De cette façon, Lei Feng est devenu un véritable « nouvel agriculteur », et il a écrit un article intitulé « J'ai appris à conduire le tracteur » qui a été publié dans le Journal de Wangcheng le 16 mars 1958, avec la signature « Lei Zhengxing ».

Cette peinture à l'huile, intitulée Crépuscule du Matin, a été créée par le célèbre peintre Li Zijian. Dans la lumière du matin de l'automne, Lei Feng se tenait debout à la ferme de Tuan Shanhu en regardant fixement le paysage magnifique de son pays. Son amour pour son pays natal et son aspiration vers un avenir meilleur débordant dans son visage souriant.

Ce tableau, intitulé Cultiver le Champ, présente une scène printanière où Lei Feng conduit un tracteur pour le défrichement et la construction de la ferme.

En saison des récoltes, l'ancienne terre stérile est devenue une ferme abondante en poisson et en riz. Après avoir vu ce grand changement du quartier, Lei Feng a écrit, avec une profonde affection, un poème de 65 lignes Hirondelles du Sud, dans lequel il présente son émotion, son ambition et ses rêves en appliquant la technique d'analogie dans le but d'exalter la nouvelle Chine et le peuple travailleur chinois.

Depuis qu'il a travaillé dans le bureau du comté du parti communiste du district de Wangcheng, sous la direction des camarades Zhou Shaoming et Peng Zhengyuan, Lei Feng a commencé à écrire son journal intime. Lei Feng a progressivement pris l'habitude de tenir un journal au cours du travail. On expose dans la vitrine les 9 cahiers de journal utilisés par Lei Feng tout au long de sa vie, dont 16 journaux intimes ont été écrits et publiés au cours de son travail à Tuan Shanhu.

Les loisirs de Lei Feng sont très variés. Il aime écrire de petits textes rimés, jouer de l'harmonica, etc. Dans cette vitrine, nous exposons l'harmonica utilisé par Lei Feng au cours de son séjour à Tuan Shanhu.

Changer de nom et exprimer sa volonté

En 1958, le pays s'est lancé dans une campagne sans précédent de raffinage du fer et de l'acier. À la fin du mois d'octobre, les usines sidérurgiques de Xiangtan, de Wuhan et de Anshan ont recruté des ouvriers dans le district de Wangcheng. À ce moment-là, Lei Feng a une fois de plus pris une décision inattendue : aller travailler dans l'usine sidérurgique d'Anshan. Avec la grande détermination d'aller travailler à l'endroit où la condition est la plus dure, il a rempli le formulaire de recrutement, dans lequel il a changé son nom.

Le 31 octobre 1958, avant son déplacement du district de Wangcheng au district de Yueyang, le secrétaire du parti Zhang Xingyu a demandé à Lei Feng de le rejoindre à Wangcheng pour prendre une photo ensemble. C'est aussi la dernière photo que Lei Feng a prise dans son pays natal. (Lei Feng est le deuxième à gauche au premier rang.)

Le 9 octobre 1958, à la veille du départ pour l'usine sidérurgique d'Anshan, Lei Feng est allé à la ferme de Tuan Shanhu pour dire au revoir à ses collègues, tous très attachés à ce camarade si intelligent et si sympathique. Ce que vous voyez ici est le cadeau que ses collègues lui ont donné, une boîte en rotin. Ses collègues et ses amis ont échangé des messages avec lui. Le journal intime exposé dans la vitrine est le journal que Lei Feng a donné à son amie Wang Peiling avant son départ. Dans ce journal, Lei Feng a écrit un paragraphe plein d'espoir et d'encouragement pour Wang Peiling: « Camarade Wang Peiling, tu es une fille fidèle du parti. J'espère que ta jeunesse s'épanouira comme une fleur et exhale son parfum sur la terre de la patrie. »

Les collègues et les amis de Lei Feng, Li Xiangmei, Li Zhilan ont également écrit des manuscrits en souvenir de Lei Feng.

Cette vidéo intitulée Lei Feng à Wangcheng montre que Lei Feng a laissé un souvenir impérissable au peuple de son pays natal, où il étudiait, travaillait et vivait pendant 18 ans.

Un bon ouvrier, aguerri par de rudes épreuves

Le 12 novembre 1958, au quai de Wangcheng, Lei Feng s'est embarqué pour l'usine sidérurgique d'Anshan. Il y avait une escale de sept heures à Wuhan. Lei Feng a profité de cette escale pour visiter avec des amis le pont du fleuve Yangtze de Wuhan sur lequel ils ont pris des photos. Lorsque le train est arrivé à Pékin, il est allé délibérément sur la place Tian'anmen pour prendre ces deux photos.

Jusqu'au 15 novembre 1958, Lei Feng est arrivé à la compagnie sidérurgique d'Anshan, et puis a été affecté à l'atelier de lavage du charbon comme conducteur de bulldozer. Dans la vitrine, vous pouvez voir le contrat signé par Lei Feng, sa carte d'employé et son permis de travail.

C'est le bulldozer Staline C-80 que Lei Feng a conduit, qui est une grosse machine lourde avec 7 poignées de contrôle et 4 tonnes de traction. Avec sa diligence et sa persévérance, Lei Feng a obtenu son permis de conduire et est devenir ouvrier de bulldozer qualifié en seulement 4 mois et demi.

Lei Feng a étudié par lui-même le chinois, et a suivi tous les cours de chinois au stade de l'enseignement secondaire. Quand il travaillait dans l'usine sidérurgique d'Anshan, il a servi de professeur de chinois dans l'école du soir des employés.

Le 20 août 1959, la direction de l'usine sidérurgique d'Anshan a décidé de construire une cokerie à Gongchangling, dans la ville de Liaoyang, et d'y envoyer un groupe de techniciens et de jeunes ouvriers. La plupart des gens ne voulaient pas renoncer à la vie agréable à Anshan et travailler à Gongchangling, un endroit isolé et désert. Cependant, Lei Feng a pris l'initiative de demander à travailler à Gongchangling. Avec cet esprit résistant et persévérant, Lei Feng est rapidement devenu un ouvrier important de la cokerie.

Lei Feng a passé 142 jours à la cokerie de Gongchangling. Cette vidéo montre la scène de son travail et de sa vie à cette époque.

C'est une photo de Lei Feng accompagné de ses concitoyens du Hunan. Dans la vitrine, vous pouvez voir les manuscrits racontant la vie de Lei Feng, écrits par ses collègues hunanais, Yi Xiuzhen, Yang Bihua, Zhang Yueqi, et le cadeau, une boîte de cuir qu'elles lui ont offerte pour féliciter son enrôlement dans l'armée.

La couverture exposée dans la vitrine à votre gauche a été utilisée par Lei Feng lorsqu'il travaillait à Gongchangling. Il y a aussi une histoire touchante sur cette couverture.

À 23 heures du 5 novembre 1959, un orage s'est abattu soudain sur le chantier de construction de la cokerie. Lei Feng, qui était de service, s'est souvenu des 7200 sacs de ciment empilés à l'extérieur. S'ils étaient mouillés par la pluie, la perte serait considérable. Alors Lei Feng et les autres ouvriers ont travaillé ensemble pour sauver le ciment. Mais malheureusement, il n'y avait pas assez de couvertures pour les couvrir. Soudain, Lei Feng a couru vers son dortoir, sorti sa couverture ouatée, dépouillé ses vêtements pour recouvrir le ciment. Cette couverture témoigne de l'acte héroïque de Lei Feng qui fut rapporté par le Journal de Gongchangling et le Journal de la Ligue de la Jeunesse communiste chinoise.

Durant un an et deux mois de travail dans l'usine sidérurgique d'Anshan, Lei Feng a remporté de nombreux honneurs. Il a reçu trois fois le titre du « Travailleur Modèle », cinq fois « Travailleur d'Avant-garde » et dix-huit fois « Modèle Économe ». Il faut dire qu'à ce moment-là, Lei Feng avait un brillant avenir. Cependant, Lei Feng a une fois de plus fait un nouveau choix dans sa vie.

Un bon soldat qui sert le peuple de tout son cœur

À la fin de 1959, le travail de conscription d'hiver a commencé. Le désir d'être un soldat enterré dans le cœur de Lei Feng depuis de nombreuses années ne pouvait plus être réprimé. Mais la taille et le poids de Lei Feng n'étaient pas à la hauteur de la norme d'enrôlement, et en raison de ses remarquables performances dans l'usine, les dirigeants de l'usine hésitaient à le laisser partir. Finalement, avec l'aide du commissaire politique Yu et de l'officier d'état-major Dai Mingzhang, le 8 janvier 1960, Lei Feng a enfin réalisé son troisième souhait dans sa vie et est devenu un soldat de l'armée de libération du peuple chinois.

Après s'être enrôlé dans l'armée, Lei Feng était très strict envers lui-même. Comme il est petit et faible en force de bras, Lei Feng a rencontré de multiples difficultés. Mais il ne voulait pas être en retard. Il pratiquait donc diligemment les techniques de lancement de grenades du matin au soir.

Peu de temps après son enrôlement dans l'armée, Lei Feng a été affecté à la compagnie de transport en tant que soldat camionneur. Grâce à ses excellentes compétences de conduite, il a été classé comme conducteur de cinquième classe. Ici, c'est le permis de conduire de cinquième classe qu'il a obtenu.

Ce que vous voyez maintenant, ce sont le fusil, le sac à balles et l'imperméable militaire que Lei Feng a utilisés et son insigne de grade militaire.

De plus, Lei Feng a également rejoint l'équipe de performance artistique et culturelle de l'armée, a participé à des compétitions sportives organisées par la zone militaire de Shenyang et a servi comme « officier de rédaction » du comité du club. Cette photographie témoigne de sa propagande sur le chemin des exercices du camp de la compagnie.

De plus, Lei Feng a également participé à de nombreuses activités dans les casernes.

Voilà une photo spéciale. Pour remercier ses proches et sa famille, Lei Feng a envoyé cette photo à son oncle Lei Mingguang, et a écrit au verso de la photo : « Je vous offre cette photo, mon oncle. Elle est prise lorsque j'étais athlète de troisième niveau et participais à une compétition militaire. Veuillez la montrer aux grands-parents ». La lettre écrite par Lei Feng à son oncle Lei Mingguang, classée au patrimoine culturel national de première classe, est exposée dans cette vitrine.

Il s'agit de la lettre de nomination délivrée à Lei Feng. Voici le poème Comparaison entre l'ancienne et la nouvelle société écrit par Lei Feng et publié sur l'affiche de l'armée.

Le 23 novembre 1960, le département politique de la zone militaire de Shenyang a donné des instructions de participer au mouvement « Suivre l'exemple Lei Feng » dans l'armée. Lei Feng est devenu un modèle et un pionnier de la zone militaire de Shenyang.

Ici, vous pouvez voir la photo de Lei Feng publiée dans le numéro 18 du magazine Amis de la Milice en 1960, ce qui montre la popularité et l'influence de Lei Feng à cette époque.

Lei Feng, à moins de 21 ans, a été élu membre de l'assemblée populaire, et fut le plus jeune membre à l'époque. En mai 1961, Lei Feng a été élu député de l'assemblée populaire de la ville de Fushun.

En août 1961, Lei Feng a été nommé chef de la quatrième équipe de la compagnie de transport.

Le 14 février 1962, Lei Feng a assisté au congrès du parti communiste chinois du dixième régiment du corps du génie de la région militaire de Shenyang. Le 19 février, en tant que représentant spécial, Lei Feng a participé au premier congrès de la ligue de la jeunesse communiste chinoise de la région militaire de Shenyang. Il a été élu membre du comité et a prononcé un discours.

De janvier 1960 à août 1962, en raison de ses performances exceptionnelles, Lei Feng a remporté de nombreux prix et titres dans l'armée. Voici quelques prix d'honneur remportés par Lei Feng, comprenant un deuxième prix et deux troisièmes prix.

Sans cet accident, la vie de Lei Feng aurait eu plus de possibilités et aurait été plus belle. Le 15 août 1962, Lei Feng et son compagnon Qiao Anshan ont conduit le camion numéro 13 au camp. Ils ont décidé de le laver en terrain découvert derrière la caserne. Du parking à la caserne, il y avait un passage étroit. Pour des raisons de sécurité, Lei Feng se tenait au bord du passage et guidait Qiao Anshan. Soudain, la roue arrière gauche du camion a glissé dans une petite flaque au bord du passage. Le camion a tremblé violemment et a renversé le pilier carré de bois où les soldats suspendaient habituellement leurs vêtements. Le pilier a frappé la tempe gauche de Lei Feng, et il s'est immédiatement évanoui. Malgré le secours immédiat, le sauvetage de Lei Feng a échoué en raison de blessures graves, une hémorragie cérébrale et une fracture du crâne. Le 15 août 1962 à 12 h 05, Lei Feng quitta le monde à l'hôpital des employés de Fushun à l'âge de 22 ans.

Le troisième jour après le décès de Lei Feng, dans la salle d'assemblée du district de Wanghua de la ville de Fushun, le peuple de Fushun a organisé des obsèques publiques pour commémorer Lei Feng.

Bien que Lei Feng n'ait vécu que 22 ans, ses actes et son esprit sont toujours restés dans le cœur du peuple chinois.

Traduit par Yang YANG
Révisé par Geoffrey LELEU

雷鋒の生涯—湖南雷鋒記念館の解説

　雷鋒さんは本名雷正興といい、1940年12月18日に湖南省長沙県望岳郷、現長沙市望城区雷鋒町にある貧しい小作人の家に生まれました。

　子供頃の雷鋒さんは、とても不幸でした。彼が生まれた時の旧中国は、常に災難に見舞われ、ファシズムの日本軍に侵略されていました。中国人民は帝国主義にも掠奪され、封建主義、官僚資本主義にも苦しめられ搾取されていました。当時の下層社会で苦しい生活を送っていた雷鋒さんの一家は、抑圧を受けた労働大衆の旧中国の縮図でした。

第1部　悲惨に満ちた不幸な幼少期

　「湘」は湖南省の略称です、ここに展示されているのは、旧中国において苦難に見舞われた三湘大地の歴史です。長沙がかつて日本侵略軍の空襲に遭い、「文夕大火」で焼失した時の惨状、及び旧中国の湖南の庶民の貧しい生活が如実に再現されています。

　この3体の泥塑人の姿は、「階級の仇」「民族の恨み」「伝家史」を表現しています。これは1968年に本陳列館が建てられてまもなく、湖南省出身の彫刻家の李淑平、張立人、呉樹華らが三者共同で創作したものです。旧社会での雷鋒さん一家の生活ぶりをリアルに再現しました。

　暗黒の旧中国では、雷鋒さん一家には瓦一枚も、土地一寸もなく、先祖代々小作人で、地主の畑を賃借してやっと家族の居場所を得ました。解放後、中国共産党と政府は、この古い家を雷鋒さんに分け与えました。雷鋒平生事跡陳列館は、

雷鋒さんの故郷に建てられたもので、皆さんはこちらの見学が終わった後、雷鋒さんが住んでいた古い家を自由に参観できます。場所は本陳列館の北側300メートルのところにあります。

つづきまして、この表をご覧ください、これは、雷鋒親族の4世代の略表です、もう一枚は、雷鋒さんの家族全員の一覧です。

1943年から1947年までのわずかの5年間に、雷鋒さんの祖父、父、兄、弟、母が相次いでこの世を去りました。

雷鋒さんは7歳になる前にかわいそうな孤児になりました。

同じ町の六お爺さん夫婦が心優しい親切心から、孤児の雷鋒さんを養子にしました。

六おじいさんは、中国伝統の「皮影劇(ひえいげき)」を歌う古参の芸人で、いつも「雷家座（らいやざ）」の旅芸人を連れて、湘江の西側一帯で「皮影劇」を公演しながら生計を立てていました。雷鋒さんの声は明るくて響きもよかったため、六おじいさんについて子供役を歌ったりして稼ぎ、生活を維持しました。

長沙の一帯には、昔から「瀏陽の鞭、河西の班」という言い回しがありました。「瀏陽の鞭」とは瀏陽の花火と爆竹のことで、「河西（かせい）の班」とは望城県の「皮影劇」を指します。

このショーケースに陳列されている物品は、雷鋒さんと六おじいさんが公演の時に使った「皮影劇」の色々な道具です。

六おじいさんとおばあさんに生活の負担をかけないように、物心のついた雷鋒さんは、こっそりと山へ薪を集めに行きました。時には物乞いにも出かけたり、野生の果物を摘んで飢えを満たしたりし、できるだけのことを自力でしました。

それでは、雷鋒さんの孤児生活の寸劇のビデオを映します、どうぞご覧ください。

ここに陳列されているのは、雷鋒さん一家が使った布団と蚊帳です、「国家三級文化財」と指定されました。この陳列館を建てて間もなくして六お爺さん夫婦の家から移したものです。

ここに陳列されているのは、雷鋒さんが物乞いに使った竹かごと茶碗です。そして雷鋒さんの母親張元満が使った紡績車です。

子供頃の雷鋒さんは物乞いに出かけ、流浪生活も送ったことがあります。町で

野宿した時は蚊に刺され、全身にジンマシンが出ました。痒くてたまらず、酷く掻いたので炎症を起こし、膿血も流れ出てきました、背中には大きな悪性のできものもできました。六お爺さん夫婦は一ヶ月ほど細心の介護をしてやっと治癒しました。

この写真は、旧中国での苦難に満ちた生活を訴える会議場です。

雷鋒さんは背中のできものの跡を戦友たちに見せました。

幸い親戚や隣人の助けを得て、雷鋒さんは旧中国の乱世の中を生き抜きました。旧中国の乱世の中で苦難を経験したからこそ、雷鋒さんには新中国に対する愛が満ちています。孤児になった後も、六おじいさんとおばあさんなど親戚や隣人に世話をしてもらったため、成人になっても雷鋒さんには皆への感謝の気持ちがあふれています。

彭徳茂郷長に従い革命活動に参加

この彭徳茂郷長（ごうちょう）は、雷鋒さんの人生を最初に導いた方です。彭郷長は雷鋒さんの父の生前の親友で、雷鋒さんの父と一緒に駕籠（かご）という乗り物を担いで生計を立てることがありました。雷鋒さんの父が亡くなった後、彭郷長は深い愛情を雷鋒さんに注ぎました。

そして、長沙解放の前夜、彭郷長など隠れていた共産党員の指導の下、雷鋒さんと仲間の石天柱も革命活動に参加しました。。漾湾鎮あたりで、民衆を呼びかけるスローガン紙を貼ったり、チラシを配布したりもして、長沙解放を迎えます。

1949年初夏のある日、彭郷長は興奮気味に雷鋒さんに「毛主席が派遣した解放軍が、貧しくて窮乏にあえぐ我々人民を救うために、まもなく長沙に来ます。」と耳打ちをしました。雷鋒さんは彭郷長の耳元にそっと「私は夢を見ながらこの日を心待ちにします。」と言いました。

このショーケースに陳列されているのは、雷鋒さんの親戚たちの従弟閆学栄、雷正球、おばさん雷運蘭が昔親しく付き合ったときの思い出を書いた原稿です。

第2部 学業も品行も優秀で陽気少年・新社会の主人公

　1949年8月、長沙は解放され平和になりました。苦難にあえぐ雷鋒さんの人生は大きく変わりました。自分の故郷を通っている解放軍部隊を見て、兵隊に入りたいという願望が雷鋒さんに芽生えました。この年、雷鋒さんはまだ9歳でしたが、中国人民解放軍の一員になるという夢が雷鋒さんの心の底に深く残りました。そして、その花が咲く日をずっと心待ちにしました。

　1951年5月から、望城県は土地改革運動を展開しました。土地改革の間に雷鋒さんは茅葺きの家を3間、水田を2.4ムー＝1600平方メートル得ました。これは県人民政府が雷鋒さんに与えた土地と住宅の所有証です。これを契機に、雷鋒さんは人生で始めて自分の家と土地を持つようになり、国の主人公になったわけです。中国共産党と新中国に対する雷鋒さんの感謝と愛が更に深まりました。

勤勉に読書・青少年先鋒隊に加入

　1950年の夏、安慶郷人民政府は雷鋒さんを無料で小学校に入学させることを決めました。学校が始まる初日に、彭郷長は雷鋒さんに服や文房具などを買ってやりました。そして自ら雷鋒さんを龍回塘小学校に送ってゆき、学籍を登録しました。彭郷長は10歳の雷鋒さんに「庚坊主、昔は貧乏人の子供が学校に入るのは不可能だった、お前の先祖は何代も一字も読めなかった。おまえは勤勉に学びなさい、実力を磨き、文化知識をよく修得しなければならない。将来、偉大な祖国を建設するために貢献しなさい。」といいました。雷鋒さんはしっかりと頷きました。それから、雷鋒さんは必ず良い生徒になろうと歯を食いしばり、毎日毎日頑張りました。そして将来、祖国に奉仕し、恩返しすることを志しました。

　ここには、彭郷長が雷鋒さんを入学させたことが紹介されています。

　そのとき、新中国は成立したばかりで、「百廃待挙」の時期でもありました。望城県における当時の学校は大変不備が多く、経済的に非常に厳しい状態で、ときには運営を続けられないこともありました。それゆえ、学業を完成するために、雷鋒さんは6年間に5回も転校しました。

　この写真は雷鋒さんがかつて在学した幾つかの小学校の跡です。

　1954年の秋、雷鋒さんは望城県清水塘小学校で5年生に昇級すると、青少年

先鋒隊に入隊しました。この写真は彼が所属する青少年先鋒隊が集合したときに撮ったものです。

　雷鋒さんの家から清水塘小学校までは五キロメートルの山道でしたが、下校後急いで家に帰ると洗濯したり、ご飯を作ったり、野良仕事の手伝いもしました。雷鋒さんはどんなことでも自力でやると誓いました。そのような中でも、彼の成績はずっとクラスの上位でした、学業が優れていただけでなく、スポーツ、音楽など娯楽活動でも積極的に挑戦する勤勉な生徒でした、そして幼児期の旅芸人の腕前を生かして在学中に学校の太鼓役を担当しました。

　1954年の晩秋、清水塘小学校が主催した学級の壁新聞で、「雷正興さんは、お家が貧乏で、貧しいけれど、毎日登校何十里、登校は一番！勉強も一番！活動も一番！僕らみんなも見習って、良い子になろうよ！良い子になろうよ！」とクラスメートが編んだ囃子歌が披露されました。雷鋒さんは、清水塘小学校で1学期しか学びませんでしたが、沢山の称賛を得ました、言うまでもなく生徒の中のエリートでした。

　1955年の春、雷鋒さんは荷葉壩完全小学校に転校しました。その年の「六・一国際児童の日」に雷鋒さんは先生や同級生たちと一緒に長沙烈士公園にて青少年先鋒隊の日を祝いました。これは当時の写真ですが、どの生徒が雷鋒さんか？皆さんは見つけることができるのでしょうか。

　はい、そうです、1列目の一番左で太鼓を支えている生徒が雷鋒さんです。

毛主席の良い学生

　ここに展示されているのは、雷鋒さんが真剣に書いた「毛主席万歳」を再現したもので、一筆一筆に毛主席への尽きない感謝の気持ちが凝縮されています。

　ここは雷鋒さんが通っていた荷叶壩完全小学校の跡です。

　当時の同級生の思い出によると、雷鋒さんは風雨の日には必ず学校の前の石畳の橋に立って低学年生を送迎しました。

　このショーケースには、雷鋒さんの手作りの小さな油ランプと下駄が陳列されています。これは「毛沢東時代の良い学生」として選ばれた雷鋒さんの優秀な成績表です。この天秤棒と刀は年配者のために山で薪を切る時に使ったものです。「国家三級文化財」を指定されています。

無邪気で活発な雷鋒

　学生時代の雷鋒さんは、無邪気で、活発な子でした。よくクラスメートたちと一緒にタケノコを掘ったり、渓流で魚やエビを捕まえたりしました。ときには木の銃を持って戦士の戦いを真似たり、コマを打ったり、鉄の輪を転がしたりもしました。積極的に文芸活動にも参加し、歌を歌ったり、踊ったり、朗読もしたりしました。

　この油絵「小さな漁師」は、雷鋒さんがパントマイム「小さな漁師」で女装して「女の子」を演じたときの光景です。

　パントマイムのストーリーが複雑で、演技も難しく、巧みな身振り手振りでしか表現できません。学校の女子生徒が誰もこの役に出演する勇気がないのを知ると、雷鋒さんはそれを受け持って演じました。演じたときの「女の子」の印象は、いまも同校の教師と生徒たちの記憶に残っています。この油絵の中で笠を被って、籠を持っている「女の子」が雷鋒さんです。

　1956年の夏、雷鋒さんは荷葉壩完全小学校を卒業しました。こちらは雷鋒さんと荷葉壩完全小学校の最初の同級生の卒業記念写真です、前列左一番目の逆三角の前髪にきれいな服装を着て、まっすぐ座っている生徒が雷鋒さんです。

　この原稿は、卒業式典で雷鋒さんが自発的に発言したことを担任の夏柳先生が記録したものです。

　「卒業式典では、雷鋒さんが勇気を出して、自分の人生の3つの願いを学校の全員の前で発表しました。いま映っているのは、彼が発言している場面です。「私は党の呼びかけに応え、新農民になったら、トラクターを運転して祖国の大地を耕します。将来は良い労働者になり、祖国の建設に貢献しなければなりません。良い戦士になり、銃を握って生命と熱血を注いで祖国を守り、人民の英雄になります。」と語った情熱あふれる卒業の誓いは、教師と生徒全員を深く感動させました。雷鋒さんは偉大な中国共産党の輝きを浴び、甘露に潤され、すくすくと成長し、絶えず進歩していきました。その後、彼は自分の人生の誓いを一つも残らず実現しました。

第3部 強い信念を持ち、奮闘する青年

　小学校卒業後の雷鋒さんは郷政府に負担をかけず、党の呼びかけに応え、帰郷して農業協同組合で記工員となり、兵士募集の助手になりました。仕事はまじめで責任感もあり、几帳面なため、彭郷長が雷鋒さんを安慶郷政府の通信員に指名しました。3ヶ月後には、彭郷長が望城県委員会に推薦して、県委員会の書記張興玉の通信員を務めました。張書記は旧中国を解放するために苦難の道を歩んできた国の幹部であり、雷鋒さんの成長に大きな関心を寄せました。雷鋒さんが県委員会に勤務したときから、張書記は彼に仕事をしながらよく勉強するようにと求めました。さらに『鋼鉄はいかに鍛えられたか』、『すべてを党に捧げる』などの小説を雷鋒さんに贈りました。このとき、張書記の指導の下で雷鋒さんは『毛沢東選集』を読み始めました。これが契機となり毛沢東思想は彼の一生にも深く影響を及ぼしました。雷鋒さんが偉大な共産主義戦士に成長したのは、張書記が身を以て教え伝えたことと切り離せません。県委員会の機関に勤務している間、雷鋒さんは通信員であり、警備員であり、勤務員でもありました。「三員」を一身に集めた彼は小言を一切言わずに仕事をきちんとしました。

　ここに展示されている書類カバンは、雷鋒さんが通信員を務めたときに使ったものです。

　1957年2月8日に、雷鋒さんは光栄にも中国新民主主義青年団に加入しました。県委員会の機関に勤務している間に、雷鋒さんは3回も「模範労働者」に選ばれました。

　県委員会の全公務員の勤勉で廉潔奉公の精神は、雷鋒さんに深く影響を与え、雷鋒さんの人生を高尚なる方向へ導きました。この写真は当時の望城県委員会の指導者と雷鋒さんの写真です。雷鋒さんの多くの写真の中で、この1枚だけ雷鋒さんが精緻なフレームに飾られています。そして雷鋒さんはこれを赤いネッカチーフで包んで、身の回り品として南から北へも常に携えていきました。

　旧社会で貧乏すぎたため、雷鋒さんは家族が一人も生きられなかった孤児でしたが、新中国という大家族の中で、至る所で皆の厚意と援助を受けました。歩んできた過程で出逢った先生、同級生、指導者、同僚、田舎の隣人は、みな雷鋒さんの心の中に「真、善、美」の種を蒔いたに違いありません。「雷鋒精神」は、

故郷にすでに芽生えていたのです。

　雷鋒さんには、故郷の人々の忘れられない思い出がありました。当時、雷鋒さんと会った親友、指導者、同僚、同級生などが雷鋒さんを思い出して語ったビデオ「雷鋒さんに対する故郷の人々の記憶」があります。

積極的に水害を根治する模範

　望城を流れる潙水河は湘江の支流で、洪水が氾濫すると住民が災害にみまわれたことが多くあります。

　1957年10月25日、中国共産党望城県委員会、県人民委員会は、「潙水河を治める」ことを決定しました。雷鋒さんは潙水河を治めるダム建設工事に参加できるように3度も申し込みをしました。指導者たちは彼の断固とした決意に感動されて、ダム工事の指揮部で通信員を務める許可を与えました。

　4ヶ月にわたる治水工事は見事に完成しました。雷鋒さんは県委員会機関に戻り、引き続き張書記のそばで奉仕しました。当時のダム工事の指揮部から「潙水河を治める模範」の賞状と雷鋒さんが使っていた絨衣を本記念館に寄贈して頂きました。

団山湖農場の「新農民」

　1958年の春、潙水河を治める工事が完成してまもなく、昔の荒れ果てた地を魚米の郷に変える決定が下されました。当時、望城県開墾団委員会は、全県の青少年に農場建設用のトラクターを一台購入する為の寄付をするよう呼びかけました。雷鋒さんはこのニュースを知るとすぐに自分の1年以上の貯金20元全額を寄付して農場の建設を支持しました。これは当時、全県で最高額の寄付をした青年として、県開墾団委員会が雷鋒さんに授与した寄付金記念証明書です。そして雷鋒さんは、「望城団山湖農場のトラクターの運転手になりたい。」と繰り返し申請しました。そうして雷鋒さんは、堂々たる新中国の「新農民」になりました、彼は喜びと情緒に満ちた「トラクターの運転を学んだ」という文章を書いています。その文章は、1958年3月16日の『望城新聞』に載りました、当時の署名は"雷正興"でした。

　この油絵の題名は「朝の光」です。有名な画家李自健が制作した貴重な作品で

す。秋の朝の光の中、雷鋒さんが美しい景色を一望できる団山湖農場にたたずんでおり、故郷の土地への愛着と美しい未来への憧れが笑顔にあふれています。

皆さんが目にしたこの春らしい風景は、「大地を耕せ」というイメージです、雷鋒さんがトラクターを運転している姿、団山湖で開墾建設、耕作を行う光景が描かれています。

収穫シーズンになると、昔、荒れ果てた団山湖が穀物倉庫に変貌したのを見て、雷鋒さんは65行の詩作「南から来たツバメ」を情緒豊かに書きました。この抒情詩は詩情豊かで、比喩を多く用いており、暖かさを探すツバメに自分を譬え、その感情を表現しています。決意と理想の体裁を以て、新中国と労働者を賛美しています。

雷鋒さんは望城県委員会の機関に勤務したときから、政府機関の幹部の周紹銘、彭正元らの同僚の指導の下で、日記を書き始めました。そして団山湖農場で働いている間に、雷鋒さんは次第に日記を書く習慣を身につけました。このショーケースに陳列されている9冊の日記帳は雷鋒さんが一生の間に書き続けた160篇の日記があります、そのうち団山湖農場勤務中に発表された作品と、残された遺稿は16篇もあります。1958年6月7日の日記は人生について問いかけ――「もしあなたが一滴の水なら、土地を一寸潤しているでしょうか?もしあなたが一筋の光ならば、世間の暗さのわずかでも明るく照らしているでしょうか?もしあなたが一粒の食糧であるならば、有用な生命を育んでいるでしょうか?あなたが生きている以上、人々の生活のために働くべきです…あなたは世界を日に日により美しくしているでしょうか。」と書きました。

雷鋒さんの私生活は、情味あふれるものでした。時には、幼少期の旅芸人の経験を生かして、はやし歌のような「順口溜」をすらすらと皆に披露し、中国式のカスタネット「快板」を鳴らしたり、ハーモニカを吹いたりするのも大好きでした。このショーケースに陳列されている竹製の「快板」とハーモニカは、雷鋒さんが団山湖農場にいた時期に、肌身離さずに持ち歩いていたものです。

「鋒」に改名して立志す

1958年、これまでにないほど大規模な鉄鋼製造運動が、全国で行われました。その年の10月下旬、湘鋼、武鋼、鞍鋼などの鉄鋼製造公司は、同時に望城県に

やって来て労働者を募集しました。雷鋒さんは、今回も、また誰もが思いもよらなかった決定を下しました。「艱難、汝を玉にす」の決意をして、鞍山鉄鋼製造公司の労働者になり、祖国が最も必要とし、最も大変な仕事をしに行こうと、「鞍山鉄鋼製造公司の募集登録表」を提出したのです。そして、正興の名前を「鋒」に変えての登録でした。

　1958年10月31日、張書記は、近いうちに望城県から岳陽県委員会へ転勤することになり、特別に部下を遣わして「五星(いつつぼし)人民公社から望城県委員会機関に戻るように。」と雷鋒さんに知らせに来ました。そして、そこで雷鋒さんは皆と久しぶりに記念写真を撮りました。これは、彼が故郷にいた最後の写真です。前列左から2番目が雷鋒さんです。

　1958年11月9日、鞍山鉄鋼製造公司へ出発する前夜、雷鋒さんは団山湖農場の同僚たちに別れの挨拶に来ました。同僚たちは皆、この聡明で熱心な若者との別れを心から惜しみました。こちらは、団山湖農場の共産主義青年団支部が、雷鋒さんとの別れを記念して贈った「藤行李(ふじごうり)」です。同僚や友人たちは、雷鋒さんと別れの言葉を交わしました。ショーケースのこの日記帳は雷鋒さんが別れの前に親友の王佩玲に贈ったもので、その中には、王佩玲に対する希望と励ましに満ちた言葉――「王佩玲さん、あなたは党の忠実な娘です。あなたの青春が咲き誇る花のように、そして、祖国中に、香りたつことを願います。」と、綴られています。

　団山湖農場の同僚、友人の李湘枚、李治廉らは、相次いで雷鋒さんを想う言葉を寄せ、彼への深い思い出を表しました。

　こちらのビデオは、「望城にいた雷鋒」です。雷鋒さんは望城県で18年間学び、働き、生活しました。その永遠の思い出は、いまも故郷の人々に残っているのです。

百錬千磨したる好い労働者

　1958年11月12日、湘江の望城埠頭で、雷鋒さんは鞍山鉄鋼製造公司へと北上する一歩を踏み出しました。その鞍鋼公司に向かう列車は途中の武漢駅にて6、7時間停留している間、雷鋒さんは同行した何人かの友人を誘って武漢長江大橋を見学に行き、その大橋のそばで記念写真も撮りました。汽車が北京駅にて停留

している間も、雷鋒さんは早速天安門の前に来て、この2枚の写真を撮りました。

　1958年11月15日、雷鋒さんは鞍山鉄鋼製造公司に到着し、出願手続きを済ませると、その公司の化学工業総工廠石炭洗浄工場に配属され、ブルドーザー運転士を担当することになりました。ショーケースに陳列されているのは雷鋒さんが署名した契約書、職員カード、作業証明書です。

　これは雷鋒さんが当時運転していたスターリンC-80号のブルドーザーです。大変車体の大きい重機で、7本の操縦バーを備え、4トンの牽引力があったが、小柄でも苦労を重ねてきた湖南人雷鋒さんは、強靭な精神を発揮し、真剣に師に学び、謙虚に同僚に教えてもらい、懸命に練習することによって、わずか4ヶ月半で厳しい安全運転の試験に合格し、免許証を取得して、立派なブルドーザー運転士になりました。

　雷鋒さんは独学で中学校と高校の国語の全課程を修了し、鞍山鉄鋼製造公司の労働者夜間学校の国語教師も兼任しています。

　1959年8月20日、鞍山鉄鋼製造公司は、さらに遼陽弓長嶺で新しくコークス工場を建設することになり、中堅技術者と青年労働者を選抜して仕事を任せようということになりました。大多数の人々は、鞍山市内にある総工場の恵まれた生活環境を捨て、辺鄙な弓長嶺に転勤したくないと思いましたが、雷鋒さんは進んで弓長嶺コークス工場に仕事を求めました。このように、苦労に耐える強靭さをひたむきに培ってきた雷鋒さんは、あっという間に弓長嶺コークス工場の中堅労働者へとなっていったのです。

　雷鋒さんが遼陽弓長嶺コークス工場に勤務した時間は、合計142日間にも及び、こちらに映っているビデオは当時の彼の仕事と生活ぶりです。

　こちらの写真は、雷鋒さんと一緒に鞍山鉄鋼製造公司に働きに来た湖南人同郷の人たちの集合写真です。展示されているのは、同郷湖南人の仕事仲間である易秀珍、楊必華、張月棋らから寄せられた雷鋒さんへの思い出を綴ったものと、彼女らが兵士になった雷鋒さんに贈った記念品——牛革（ぎゅうかわ）のトランクです。

　左側のショーケースに陳列されている綿布団は、雷鋒さんが弓長嶺コークス工場で勤務したときに使っていたものです。この布団にまつわる感動的な物語があります。

1959年11月5日深夜11時過ぎ、暴風雨が突然弓長嶺コークス工場の工事現場を襲ってきました。調度室に当直中の雷鋒さんは、すぐに露天に積まれている7200袋を超えるセメント袋を思い出しました。むろん雨に濡れたら、甚大な被害になります。雷鋒さんはすぐに工場職員全員と共同で、セメント救済措置を取りましたが、覆うものが不足し、皆が焦ったとき、雷鋒さんは寮に走り戻って、自分の綿布団を持ち出し、さらには服をも脱いで、急いでセメント袋を覆いました。この綿布団は、豪雨の夜に雷鋒さんがセメントを救った永久の証だと言えるのでしょう。この件は、当時遼寧省の『弓長嶺新聞』や『中国共産主義青年団新聞』でも報道されたほどです。

　雷鋒さんは鞍山鉄鋼製造公司で1年2ヶ月の勤務期間、多くの栄誉を受けました。先進労働者を3回、赤旗功労者を5回、節約標兵は18回も授与されました。雷鋒さんの前途には、輝かしい道が開けているように見えました。しかしながら、一生をかけて祖国に奉仕し、勤勉に奮闘しようと決意した雷鋒さんは、そこで再び人生の新しい選択をしたのです。

全身全霊を人民に捧げる好い戦士

　1959年末、冬季の徴兵が始まると、かねてより雷鋒さんの心にあった兵士になるという願望が、抑えきれなくなりました。しかし、雷鋒さんの身長や体重が、入隊基準に達していなかったことと、工廠における雷鋒さんの人柄と仕事ぶりが際立っており、人格者で魅力があり、勤勉で、困難を買ってでもするほど、模範的な人だから、工廠の指導者も彼を手放したくないとの想いがありましたが、最終的に政治委員会の余員長と、新兵士を迎える工程兵某部参謀長補佐戴明章らがサポートし、1960年1月8日に、雷鋒さんは、ついに彼の人生の3つ目の願望を実現し、中国人民解放軍の兵士となったのです。

　雷鋒さんは兵士になってから、さらに自らを厳しく律するようになりました。新兵士のハードな訓練期間中、小柄で腕力にも劣る雷鋒さんは、大変不利な状況ではあったものの、人から後れを取らないように、兵士のわざごとを強めるために、朝早くから夜遅くまで手榴弾の投げ方を練習したりしたとのことです。

　兵士になってまもなく、雷鋒さんは輸送部隊に配属され、輸送兵となり、筋金入りの運転スキルで、5級運転士に認定されました。こちらに展示されているの

は、彼が努力の末に獲得した自動車運転5級免許証です、これをもらったとき、雷鋒さんは非常に喜び、「軍服を着たとき」という自作の詩をもって、その嬉しさを表現しています。

　こちらに展示されているのは、雷鋒さんが所属していた中国人民解放軍某部隊で使った突撃銃、弾丸袋、軍用雨具、自動車兵の肩書き襟章です。

　雷鋒さんは所属した部隊の「戦士文芸公演チーム」にも参加し、瀋陽軍区で行われたスポーツ試合にも参加し、クラブ委員会の「編集幹事」をも務めました。こちらの写真には、所属連隊キャンプの訓練中に宣伝活動をした雷鋒さんが映っています。

　この写真は、1960年に瀋陽軍区のスポーツ試合に参加した後に撮ったのです。雷鋒さんは六お爺さん夫婦の家族と、叔父の雷明光らに育ててもらった恩を忘れず、この写真を叔父の雷明光に送りました。この写真の裏には次のように書かれています。「記念に叔父さんに贈ります。この写真は3級選手になった叔父さんの息子、僕であり、中国人民大軍区の試合に参加したときに撮ったものです。お父さん、ぜひ持って帰って家の祖父母にも見せてください。」と、ショーケースに陳列されているこの手紙は、雷鋒さんが叔父の雷明光に宛てた家族の絆を表した文物として、「国家一級文化財」にも指定されました。

　こちらは、雷鋒さん宛ての「招聘書」と、所属した部隊の壁新聞で、雷鋒さんが発表した自作の詩「新旧社会の対比」です。

　1960年11月23日、瀋陽軍区工程兵政治部は軍区全員に「雷鋒に学び、雷鋒を模範とせよ。」という指示を発しました。彼は瀋陽軍区の優秀な代表的かつ模範的な兵士であると、確信をもって言えるのでしょう。

　この写真は、全国にもよく知れ渡ったと存じますが、これは1960年第18期の『民兵の友』誌に掲載された雷鋒さんです、当時の彼の影響力が、いかに高かったかを物語っています。

　21歳足らずの雷鋒さんは、当時最年少の人民代表でした。1961年5月、雷鋒さんは、撫順市の第4期人民代表大会の代表に選ばれました。

　1961年8月、雷鋒さんは輸送連隊第四班の班長に任命されました。

　1962年2月14日、雷鋒さんは瀋陽軍区工事兵十団中国共産党大会に出席しました。2月19日、雷鋒さんは特別枠の要請代表として、瀋陽軍区第1回中国共

産主義青年団代表大会に出席し、大会の主席団メンバーに選ばれ、代表として未来への抱負を語るスピーチをもしました。

　1960年1月から1962年8月までの間、雷鋒さんは極めて優秀な働きぶりをみせ、部隊でも突出した功績を残し、数々の表彰を受けました。こちらに陳列されているのは、表彰状の一部分ですが、1度の二等賞、2度の三等賞などを見ることができます。

　もしあの事故がなければ、雷鋒さんの人生には、もっと多くの可能性があり、さらにすばらしいことがあったはずでしょう。1962年8月15日、雷鋒さんと戦友の喬安山は、13号車を運転してキャンプ場に戻った後、車をキャンプハウスの空き地まで移動させ、そこで洗車をすることにしました。駐車場からキャンプハウスまでの間には、狭い道が一部あるので、安全のため、雷鋒さんは通路の脇で、喬安山が運転する車を、誘導していました。すると、突然、大型トラックの左後輪が道路脇の小さな水たまりに滑り込み、大型トラックの車体が激しく揺れ、兵士たちが普段洗濯物を干している四角い柱にぶつかったとたんに、四角い柱が倒れて雷鋒さんの左側のこめかみにぶつかりました、雷鋒さんは一瞬で倒れ、意識不明となりました。大変な大怪我であり、脳出血を起こし、頭蓋骨が陥没しており、その命を救うことはできず、1962年8月15日12時5分、撫順市西部職員病院にて、永眠したのです。22歳の若さでした。

　雷鋒さんの犠牲から3日後、撫順市望花区政府講堂で、撫順市軍民によって、厳かに葬儀大会が執り行われました。

　わずか22年間の短い命ではありましたが、雷鋒さんの人情味あふれる人柄と、輝かしい功績、その高尚な奉仕精神は、永遠に私たちの心の中に銘記し続けることでしょう。

訳　者　冉　毅
監　修　陳小法・熨斗麻起子・肖婧

《 Die Lebensgeschichte von Lei Feng: Einführung in die Lei Feng Gedenkhalle in Hunan

Lei Feng, geboren am 18. Dezember 1940 als Lei Zhengxing, war Kind einer armen Bauernfamilie. Sie lebten in der Gemeinde Wangyue im Landkreis Changsha in der Provinz Hunan. Heute ist das die Leifeng-Straße, im Bezirk Wancheng der Stadt Changsha.

Teil I Traurige Kindheit

Die Kindheit von Lei Feng war sehr unglücklich. Er wurde zu einer Zeit geboren, als China vor einer schlimmen Katastrophe stand: Japanische Faschisten marschierten in China ein und die Unterdrückung durch Imperialismus, Feudalismus und bürokratischen Kapitalismus lastete schwer auf dem chinesischen Volk. Lei Fengs Familie lebte am unteren Ende der Gesellschaft und gehörte zu den unterdrückten Arbeitermassen des alten China.

Changsha war damals durch die japanische Armee bombardiert und durch einen Großbrand im Krieg (nämlich den Wenxi-Großbrand) niedergebrannt. Die Szene, „Das Leid in Hunan", gibt anschaulich diese furchtbare Situation wieder und zeigt das harte Leben vor der Befreiung.

Die drei Tonskulpturen wurden im Jahr 1968 von drei Bildhauern aus Hunan geschaffen, aus Anlass der Gründung der Lei Feng-Gedenkhalle Hunan: Li Shuping, Zhang Liren und Wu Shuhua. Sie zeigen den „Klassenkampf", den „Völker-Feindschaft" und die „Geschichte der Familie" mit realistischen Lebensszenen der Familie von Lei Feng.

Im finsteren alten China hatte die Familie kein eigenes Feld und keine eigene Wohnung. Sie lebten wie ihre Vorfahren auf einem Stück Land, das sie von einem Grundbesitzer gepachtet hatten. Nach der Befreiung teilte die Regierung das Haus Lei Feng zu, in dem er einige Jahre wohnte. Hier in der Nähe wurde auch später die Lei Feng-Gedenkhalle gebaut. Nach dem Besuch können sich alle Touristen das Haus ansehen. (300 Meter nördlich der Ausstellungshalle über Lei Fengs Leben und Taten)

Das ist eine Tabelle, die vier Generationen der Familie Lei Fengs zeigt.

Das ist eine Namensliste der Mitglieder der Familie von Lei Feng.

In den nur fünf Jahren zwischen 1943 und 1947 starben sein Großvater, sein Vater, sein älterer Bruder, sein jüngerer Bruder und seine Mutter nacheinander.

So wurde Lei Feng zu einem armen Waisenkind, als er noch keine sieben Jahre alt war. Danach adoptierten ihn Großonkel und Großtante. Der Großonkel war das sechste Kind der Urgroßeltern Lei Fengs. Er führte im Gebiet Hexi (westlich des Flusses Xiangjiang) der Stadt Changsha häufig Schattenspiele im Theater auf, um den Lebensunterhalt zu verdienen. Lei Feng hatte eine gute Stimme. Er folgte oft seinem Großonkel und spielte beim Theater mit, um nicht zu verhungern.

In Changsha sagt der Volksmund: „Bianzi" aus Liuyang und „Banzi" in Hexi. „Banzi" aus Liuyang bezieht sich auf Feuerwerk, das in der benachbarten Stadt Liuyang produziert wird, und „Banzi" in Hexi auf Gruppen von Schattenspielern im Landkreis Wangcheng.

In der Vitrine sind die Puppen zu sehen, die Lei Feng und sein Großonkel bei Aufführungen benutzt haben. Um seine Familie nicht zu belasten, ging der kleine Lei Feng oft in die Berge, um Brennholz zu hacken, ohne seiner Großtante vorher Bescheid zu sagen. Er ging auch betteln und ernährte sich von wilden Früchten und tat was er konnte.

Das Video zeigt Lei Fengs Leben als Waise.

Das sind Baumwolldecken und Moskitonetze (nationale kulturelle Artefakte der 3. Klasse). Lei Fengs Familie hat sie damals verwendet. Wir haben sie von Lei Fengs sechster Großtante geschenkt bekommen, nachdem die Lei Feng-Gedenkhalle Hunan gegründet worden war.

Der Bambuskorb und die Reisschale hat Lei Feng beim Betteln benutzt, und das ist ein Spinnrad von Lei Fengs Mutter Zhang Yuanman.

Der junge Lei Feng musste betteln und führte ein Wanderleben. Er schlief auf der Straße und Moskitos zerstachen seinem ganzen Körper. In der aufgekratzten Haut bildeten sich eitrige Entzündungen und Schwären. Eine große Eiterbeule an seiner Taille heilte erst nach einem Monat durch sorgsame Pflege der Großtante.

Auf diesem Foto zeigt Lei Feng seinen Kameraden bei der Gedenkkonferenz die Narben auf seinem Rücken. Glücklicherweise hat Lei Feng in schwierigen Zeiten mit Hilfe seiner Verwandten und Nachbarn überlebt.

Eben weil Lei Feng im alten China ein sehr schwieriges Leben führte, war er voller Liebe für das neue China. Nachdem Lei Feng Waise geworden war, kümmerten sich Nachbarn und Verwandte wie sein Großonkel und seine Großtante um ihn. Deshalb war er später stets dankbar dafür.

Lei Feng schließt sich unter der Führung von Peng Demao der Revolution an

Als erster Anführer seines Lebens brachte Bürgermeister Peng Demao Lei Feng auf den Weg der Revolution. Er war ein guter Freund von Lei Fengs Vater und sie arbeiteten früher als Sänftenträger. Nach dessen Tod sorgte er sehr für Lei Feng.

Am Vorabend der Befreiung von Changsha beteiligten sich Lei Feng und sein Freund Shi Tianzhu unter der Leitung von Peng Demao und anderen Mitgliedern der KPCh, die damals nur im Geheimen wirken konnten, an den revolutionären Aktivitäten. In der Gegend von Ying Wanzhen, auf der westlichen Seite des Xiangjiang, klebten sie auf der Straße Plakate mit Slogans und verteilten Flugblätter, um Propaganda für die Befreiung zu machen.

Eines Tages im Frühsommer 1949 teilte der Bürgermeister von Peng Demao Lei Feng aufgeregt mit, dass die Volksbefreiungsarmee unter der Leitung von Vorsitzendem Mao bald nach Changsha kommen würde, um die Armen zu befreien. Lei Feng flüsterte Peng Demao ins Ohr: „Davon habe ich schon lange geträumt!"

In der Vitrine werden eine Reihe Manuskripte ausgestellt. Darin erinnern sich einige Verwandte von Lei Feng an ihn: Sein Cousin Yan Xuerong, Cousin Lei Zhengqiu und Lei Yunlan, eine Cousine von Lei Fengs Vater.

Teil II Ein vielversprechender Junge

Im August 1949 wurde Changsha friedlich befreit und der kleine Lei Feng, der bis dahin mit tiefem Elend zu kämpfen hatte, wurde ein neues Leben geschenkt. Nachdem er die Volksbefreiungsarmee an seiner Heimatstadt vorbeiziehen gesehen hatte, regte sich in dem 9-järigen Lei Feng ein Wunsch, in der Armee zu dienen. Dieser Wunsch war tief in seinem Herz verwurzelt, bis er später tatsächlich in Erfüllung ging.

Im Mai 1951 begann im Kreis Wangcheng die Bodenreformbewegung. Da wurden Lei Feng drei strohgedeckte Hütten und 2,4 Mu (etwa 0,168 Hektar) Acker zugeteilt.

Dargestellt wird hier die Bescheinigung über Boden- und Immobilienbesitz, die damals von der Volksregierung des Landkreises an Lei Feng ausgestellt wurde.

Von da an hatte Lei Feng sein eigenes Feld und ein Zuhause.

Lei Fengs Dankbarkeit für die Kommunistische Partei Chinas und seine Liebe zum neuen China vertieften sich.

Fleißiger Schüler und Eintritt in die Pionierorganisation

Im Sommer 1950 verfügte die Volksregierung der Gemeinde Anqing, dass Lei Feng zur Schule gehen sollte und die Regierung die Kosten übernehmen würde.

Vor dem ersten Schultag kaufte Peng Demao Lei Feng Kleidung und Schulmaterial. Auch zur Anmeldung in der Long Huitang-Grundschule begleitete er ihn.

Peng sagte zu dem 10-jährigen: „Junge, früher war es unmöglich für Kinder aus armen Familien, die Schule zu besuchen. Die früheren Generationen deiner Familie waren Analphabeten. Du sollst jetzt fleißig lernen, einige Fähigkeiten erwerben und in der Zukunft zur Entwicklung unseres Vaterlands beitragen." Da nickte der kleine Lei Feng kräftig. Von da an hat sich Lei Feng immer darum bemüht, ein guter Schüler zu sein und entschlossen, sich in Zukunft dem Mutterland zu widmen.

Diese Szene zeigt Peng Demao, der Lei Feng zur Schule bringt.

Damals wurde das neue China gerade gegründet und vieles musste ganz neu aufgebaut werden. Deshalb waren die Schulbedingungen im Kreis Wangcheng sehr eingeschränkt. Lei Feng war in sechs Jahren an fünf Schulen, um seine Grundschulbildung abzuschließen.

Diese Fotos zeigen, wie die Grundschulen, die Lei Feng besucht hat, damals aussahen.

Im Herbst 1954 war Lei Feng Schüler der fünften Klasse der Qingshuitang-Grundschule im Kreis Wangcheng und wurde einer der ersten jungen Pioniere der Schule. Auf diesem Foto steht Lei Feng als junger Pionier unter der Fahne der Pionierorganisation.

Lei Fengs Zuhause befand sich mehr als zehn Li (mehrere Kilometer) von der Qingshuitang-Grundschule entfernt. Nach der Schule musste er kochen, Kleidungen waschen und auf dem Bauernhof arbeiten. Lei Feng musste das alles selbst machen, dennoch hatte er immer die besten Noten. Zugleich nahm er auch aktiv an kulturellen und sportlichen Veranstaltungen teil, z. B. spielte er die große Trommel an seiner Schule.

Im späten Herbst 1954 wurden am Anschlagbrett der Qingshuitang-Grundschule einfache Verse veröffentlicht, die Lei Fengs Mitschüler geschrieben hatten: „Der kleine Lei Zhengxing, seine Familie ist äußerst arm. Er wohnt Meilen entfernt, kommt aber am frühesten an. Er übertrifft alle mit Werken und Lernen, Jeder soll von ihm lernen, ein guter Schüler zu werden."

Obwohl Lei Feng eigentlich nur ein Halbjahr an der Qingshuitang-Grundschule war, erhielt er dieses hohe Lob. Das zeigt, wie er sich an der Schule vielfach ausgezeichnet hat.

Im Frühling 1955 musste Lei Feng die Schule wechseln und lernte an der Heyeba-Grundschule. Am Jahres-Kindertag ging Lei Feng mit seinen Lehrern und Mitschülern nach Changsha in den Märtyrer-Park, um den Tag der Pionierorganisation zu feiern.

Dies ist ein Gruppenfoto, das damals aufgenommen wurde. Können Sie Lei Feng erkennen?

Ja, ganz links in der ersten Reihe, da hält Lei Feng eine große Trommel.

Ein guter Schüler des Vorsitzenden Mao

Diese Szene zeigt, wie ernsthaft Lei Feng „Es lebe der Vorsitzender Mao" schrieb. Jeder noch ungeschickte Zeichenstrich drückt seine Dankbarkeit an Vorsitzenden Mao aus.

Das ist der ehemalige Sitz der Heyeba-Grundschule, in der Lei Feng lernte.

Lei Fengs Mitschüler erinnern sich noch daran, wie er bei schlechtem Wetter immer auf der Schieferbrücke vor der Schule stand, um seine jüngeren Mitschüler abzuholen.

In dieser Vitrine sind zu sehen: ein Zertifikat für „guten Schüler der Zeit von Mao Zedong", worin seine guten Taten eingetragen waren; eine kleine Öllampe und Holzpantoffeln, von Lei Feng selbst gebastelt; eine Stange und ein Beil (nationale kulturelle Artefakte der 3. Klasse), mit denen er älteren Leuten beim Holzhacken half.

Ein lebensfrohes Kind

Lei Feng war in seiner Schulzeit lebhaft und munter.

Mit seinen Mitschülern grub er oft Bambussprossen aus, fing Fische und Garnelen in Bächen, spielte Soldat mit Holzpistolen, trieb Kreisel und Reifen. An der Schule nahm er auch aktiv an künstlerischen und kulturellen Veranstaltungen teil und war gut in Singen, Tanzen und Rezitieren.

Das Ölgemälde „Kleiner Fischer" bringt zum Ausdruck, wie gelungen Lei Feng die Pantomime eines Mädchens in „Kleiner Fischer" vortrug.

Beim Spielen einer Pantomime kann man nur die eigene Körpersprache benutzen. Das war eine schwierige Aufgabe. Die Mitschüler von Lei Feng trauten sich nicht, die Rolle des „kleinen Mädchens" zu spielen. Als Lei Feng das bemerkte, meldete er sich selbst dafür.

Die Zuschauer waren von „dem kleinen Mädchen" tief beeindruckt. Das „kleine Mädchen" mit einem Hut und einem Fischkorb, hier in dem Ölbild, ist Lei Feng.

Im Sommer 1956 absolvierte Lei Feng die Grundschule.

Das ist das Abschlussfoto von Klasse 1 der Heyeba-Grundschule. Lei Feng ist der erste von links in der ersten Reihe. Er trägt eine Art moderne Stirnfransen-Frisur, sitzt aufrecht und ordentlich gekleidet.

Da meldete sich Lei Feng freiwillig zur Rede für die Abschlussfeier und die Klassenlehrerin Xia Liu notiert es. Das ist ihre Aufzeichnung.

Durch Phantom imaging wird hier Lei Fengs Rede bei der Abschlussfeier präsentiert. Da äußerte er drei Vorsätze für sein Leben: „Ich werde dem Aufruf der Partei folgen und ein Bauer neuen Stils werden, der Traktoren fahren kann, um die Äcker meiner Heimat besser zu kultivieren; ich will auch ein guter Arbeiter werden, um mein

Vaterland aufzubauen; ich werde ein guter Soldat, mit dem Gewehr in der Hand meine Heimat mit meinem Leben und meinem Blut verteidigen - ich möchte allen Menschen ein Vorbild sein." Sein leidenschaftlicher Schwur bewegte die Lehrer und Schüler tief. Unter der Leitung der Kommunistischen Partei ging es mit Lei Feng weiter voran. Später erfüllte er seine Vorsätze, einen nach dem anderen.

Teil III Der unternehmungslustige und entschlossene Junge

Nach dem Abschluss der Grundschule wollte Lei Feng der Gemeindeverwaltung nicht mehr zur Last fallen, er kam dem Appell der Partei nach, indem er in seine Heimat zurückkehrte. Dort arbeitete er in einer landwirtschaftlichen Genossenschaft als Buchhalter und Erntehelfer.

Da Lei Feng verantwortungsbewusst und akribisch arbeitete, setzte ihn der Bürgermeister Peng Demao als Korrespondent der Regierung der Gemeinde Anqing ein. Drei Monate später empfahl Peng ihn dem Parteikomitee des Landkreises Wangcheng, als Korrespondent für Zhang Xingyu, dem Leiter des Kreisparteikomitees. Zhang war ein Kader, der früher in Nordchina arbeitete und später nach Süden in die Provinz Hunan zog. Er legte großen Wert auf die Weiterbildung von Lei Feng. Sobald er zu ihm kam, forderte er ihn auf, in seiner Freizeit möglichst viel zu lesen.

Herr Zhang schenkte Lei Feng Bücher mit Titeln wie „Wie der Stahl gehärtet wurde" und „Alles für die Partei". Zu dieser Zeit brachte Zhang Xingyu Lei Feng zum ersten Mal mit den „Ausgewählten Werken von Mao Zedong" in Berührung. Von da an beeinflussten ihn die Mao-Zedong-Gedanken sein ganzes Leben lang. Zhang Xingyu gab mit seinen Worten und Taten Lei Feng ein gutes Vorbild. Er hat viel dafür getan, dass Lei Feng später ein großer kommunistischer Kämpfer geworden ist.

Beim Parteikomitee des Kreises war Lei Feng nicht nur Korrespondent, sondern auch Wachmann und Assistent. Trotz der vielen Arbeit beschwerte er sich nie.

Das hier ist die Aktentasche, die Lei Feng zu jener Zeit benutzte.

Ein freiwilliges Vorbild

Der Fleiß und die Selbstlosigkeit der Beamten des Kreis-Parteikomitees beeinflussten Lei Feng zutiefst und gaben ihm ein gutes Vorbild. Daher kam sein Ziel, so zu arbeiten wie seine Kollegen.

Lei Feng bekam dreimal den Titel „Vorbildlicher Beamter", während er beim Parteikomitee des Kreises arbeitete, am 8. Februar 1957 trat er stolz dem Chinesischen Demokratischen Jugendverband bei.

Dieses Foto ist ein Gruppenfoto von Lei Feng mit seinen Kollegen vom Parteikomitee des Landkreises Wangcheng. Unter den zahlreichen Bildern von Lei Feng ist dieses Foto das einzige mit einem feinen Fotorahmen. Es wurde sogar in ein rotes Halstuch eingehüllt. Später bracht Lei Feng das Foto nach Norden mit, als er dort arbeitete.

In der großen Familie des neuen Chinas bekam Lei Feng, als ein Waisenkind aus einer verarmten Familie des alten China, allseitige Fürsorge und Hilfe. Seine Lehrer, Mitschüler, Vorgesetzten, Kollegen bis hin zu Verwandten, Nachbarn und Dorfbewohnern zeigten ihm Wahrheit, Güte und Schönheit. Der Lei Feng-Geist keimte schon, als Lei Feng noch in seiner Heimatstadt lebte.

Leute in Lei Fengs Heimat waren so tief von ihm beeindruckt, dass sie ihn immer in Erinnerung behielten. Im Video „Landsleute gedenken Lei Feng" erinnern sich seine Verwandten, Freunde, Vorgesetzten, Kollegen und Mitschüler an ihn, die damals persönliche Beziehungen zu ihm hatten.

Der Wei-Fluss, ein Nebenfluss des Xiang, floss durch Wangcheng und überflutete häufig das Land. Am 25. Oktober 1957 beschlossen das Parteikomitee des Landkreises Wangcheng und das Volkskomitee des Landkreises, den Wei-Fluss zu regulieren. Lei Feng meldete sich dreimal bei dem Projekt an. Wegen seiner festen Entschlossenheit setzten ihn seine Vorsitzenden als Korrespondenten der Verwaltung des Regulierungsprojekts ein.

Nach dem vier-monatigen Projekt kehrte Lei Feng zum Parteikomitee zurück und arbeitete weiter bei Zhang Xingyu. Die Verwaltung des Projekts schenkte ihm zur Erinnerung einen Pullover, auf dem „Vorbild bei der Regulierung des Wei-Flusses" gedruckt war.

Der „Neue Bauer" vom Tuanshan-See

Kurz nach dem Abschluss des Regulierungsprojekts beschloss das Parteikomitee des Landkreises Wangcheng im Frühjahr 1958, dass der Tuanshanhu-See in eine staatliche Farm umgewandelt werden sollte, um das ehemalige Ödland fruchtbar zu machen. Da rief das Komitee des Jugendverbandes Jugendliche im ganzen Kreis auf, Geld zu spenden, um damit einen Traktor für die Farm zu kaufen. Nachdem Lei Feng davon gehört hatte, spendete er 20 Yuan. Das waren seine gesamten Ersparnisse des Vorjahres. So spendete er am meisten unter allen Jugendlichen im Landkreis.

Dies ist ein Zeugnis für diese Spende, ausgestellt von dem Komitee des Jugendverbandes.

Dann bat Lei Feng mehrmals darum, Traktor bei der Farm zu fahren. So wurde Lei Feng tatsächlich ein Bauer neuen Stils. Er war sehr glücklich und schrieb einen Artikel mit dem Titel „Ich habe gelernt, Traktor zu fahren", der am 16. März 1958 in der Wangchenger Zeitung unter seinem damaligen Namen Lei Zhengxing veröffentlicht wurde.

Dieses Ölgemälde heißt „Morgenlicht". Der berühmte Maler Li Zijian (geb. 1954 in Shaoyang) hat es gemalt. Da steht Lei Feng im Morgenlicht des Herbstes auf der Tuanshanhu-Farm und genießt die wunderschöne Landschaft. Sein glückliches Lächeln drückt seine Liebe zur Heimat und Aussicht auf eine bessere Zukunft aus.

Dieses Frühlingsgemälde heißt „Kultivieren der Erde" und stellt dar, wie Lei Feng einen Traktor fährt, um auf der Tuanshanhu-Farm den Boden zu kultivieren.

In der Erntezeit wurde das verwilderte Land am Tuanshan-See zu einem riesigen Getreidesilo. Dazu schrieb Lei Feng mit voller Liebe ein 65-zeiliges Gedicht „Schwalben aus dem Süden". Metaphorisch brach er durch die Schwalben seine Gefühle, seine Entschlossenheit und seine Ideale zum Ausdruck, um das neue China mit seinem fleißig arbeitenden Volk zu loben.

Nach seiner Arbeit beim Parteikomitee des Landkreises Wangcheng, begann Lei Feng schon unter der Leitung seiner Kollegen Zhou Shaoming und Peng Zhengyuan, Tagebuch zu schreiben. Als er am Tuanshan-See arbeitete, wurde es ihm allmählich zur Gewohnheit, Tagebücher zu schreiben. In der Vitrine sind 9 Tagebücher ausgestellt, die Lei Feng im Laufe seines Lebens führte, sowie 16 veröffentlichte Werke und Manuskripte, die er während seiner Arbeit am Tuanshan-See hinterließ.

Lei Feng hatte ein sehr reiches Kulturleben in seiner Freizeit. Er schrieb oft einfache Verse, spielt gerne Mundharmonika und Kuaiban (Kuaibanspielen ist eine traditionelle chinesische Kunst, die Künstler rezitieren schlichte Gedichte, zugleich schlagen sie den Rhythmus auf kleine Bambusbretter). Die Bambusbretter und die Mundharmonika, die hier in der Vitrine ausgestellt sind, hatte Lei Feng immer bei sich, als er am Tuanshan-See arbeitete.

Ein Dichter mit neuem Namen

Im Jahr 1958 begann im ganzen Land die Bewegung der Stahlerzeugung, deren Umfang nie so groß war. Ende Oktober kamen Vertreter von drei großen Stahlfabriken (Stahlfabrik der Stadt Xiangtan, Wuhan und Anshan) gleichzeitig nach Wangcheng, um Arbeiter anzuwerben. Lei Feng traf wieder mal eine Entscheidung, die niemand erwartet hatte: Er wollte bei der Stahlfabrik der Stadt Anshan arbeiten. Entschlossen, an dem Ort zu arbeiten, wo die Lebensbedingungen am schlechtesten waren, füllte er das Anmeldeformular aus und änderte dabei seinen Namen.

Ende 1958 musste Zhang Xingyu Wangcheng verlassen und beim Parteikomitee des Landkreises Yueyang arbeiten. Er ließ eigens Lei Feng darüber informieren, damit er auf dem Gruppenfoto dabei sein konnte. Das am 31. Oktober gemachte Foto ist auch das letzte Foto von Lei Feng, das in seiner Heimatstadt aufgenommen war. (Der zweite links in der ersten Reihe ist Lei Feng.)

Bevor Lei Feng nach Anshan abreiste, kam er am 9. November 1958 auf die Tuanshanhu-Farm, um sich von seinen Kollegen zu verabschieden. Die Kiste aus Stöcken hier ist das Abschiedsgeschenk, das Lei Feng seine Kollegen im Namen des Jugendverbandes schenkte. Kollegen und Freunde tauschten Abschiedsworte mit Lei Feng aus. Das in der Vitrine ausgestellte Tagebuch schenkte Lei Feng einer Freundin namens Wang Peiling. Darin schrieb Lei Feng einen ermutigenden Satz: „Genossin Wang Peiling, du bist eine treue Tochter der Partei. Möge deine Jugend wie die Blumen sein, die auf dem Boden des Vaterlands duften."

In den beiden Manuskripten lesen Sie Erinnerungen an Lei Feng, die seine Kollegen und Freunde bei der Tuanshanhu-Farm schrieben. Die Namen der Verfasser sind Li Xiangmei und Li Zhilian.

Hier wird ein Video mit dem Titel „Lei Feng in Wangcheng" gezeigt. Lei Feng hat 18 Jahre lang in Wangcheng gelebt, gelernt und gearbeitet und den Menschen hier in seiner Heimatstadt unauslöschliche Erinnerungen hinterlassen.

Ein guter Stahlarbeiter

Am 12. November 1958 trat Lei Feng in Wangcheng, vom Kai des Xiang-Flusses aus, die Reise nordwärts nach Anshan an. Auf dem Weg hielt der Zug sechs oder sieben Stunden lang in Wuhan. Lei Feng und einige Mitreisende besichtigten die berühmte Brücke auf dem Changjiang-Fluss in Wuhan und machten Fotos. Als der Zug endlich in Peking ankam, ging er eigens zum Platz des Himmlischen Friedens und schoss die beiden Fotos.

Am 15. November 1958 kam Lei Feng in der Stahlfabrik von Anshan an. Er wurde als Bulldozerfahrer in der Werkstatt für Kohlenwäsche beim chemischen Stammwerk des Unternehmens eingesetzt. In der Vitrine sind Lei Fengs Arbeitsvertrag mit seiner Unterschrift, seine Mitarbeiterkarte und sein Arbeitsausweis ausgestellt.

Dies ist die Planierraupe Stalinec C-80, die Lei Feng einmal gefahren hat. Sie ist eine große und schwere Maschine, hat 7 Bedienungshebel und eine Zugkraft von 4 Tonnen. Lei Feng, der aus Hunan stammte, wo die Leute bekannt dafür sind, hart arbeiten zu können, lernte fleißig von den Meistern und seinen Kollegen. Es dauerte nur viereinhalb Monate, bis er den Führerschein besaß und ein qualifizierter Planierraupenfahrer wurde.

Da Lei Feng alle Lehrbücher der chinesischen Sprache für die Mittelstufe und Oberstufe der Schule gelesen hatte, war er in Anshan zugleich auch Chinesischlehrer an der Abendschule für Arbeiter.

Am 20. August 1959 beschloss sein Unternehmen, eine Kokerei von der Stadt Liaoyang in Gongchangling zu errichten, und versetzte eine Gruppe von technischen Fachkräften und jungen Arbeitern dorthin. Die meisten Leute waren nicht bereit, vom Stammwerk in Anshan, wo man bessere Lebensbedingungen vorfand, in das abgelegene Gongchangling zu wechseln. Lei Feng meldete sich aber freiwillig. Mit seiner harten

Arbeit wurde er bald zu einem Schlüsselarbeiter in der Gongchangling-Kokerei.

Lei Feng verbrachte 142 Tage in der Gongchangling-Kokerei in Liaoyang. Dieses Video zeigt seine Arbeit und sein Leben in dieser Zeit.

Dieses Foto zeigt Lei Feng und einen Kollegen zusammen bei der Arbeit bei der Stahlfabrik der Stadt Anshan aus Hunan. In dieser Vitrine sind Manuskripte mit Erinnerungen an Lei Feng, die mehrere Arbeiter aus Hunan geschrieben haben: Yi Xiuzhen, Yang Bihua, Zhang Yueqi und andere. Als Lei Feng zur Armee eingezogen wurde, schenkten sie ihm einen Koffer aus Rindsleder zur Erinnerung. Der ist auch hier in der Vitrine ausgestellt.

In der Vitrine auf Ihrer linken Seite wird eine Bettdecke aus Baumwolle gezeigt, die Lei Feng in Gongchangling verwendete und hinter der sich eine rührende Geschichte verbirgt.

Am 5. November 1959, um 11.00 Uhr mitten in der Nacht, tobte ein Sturm auf der Baustelle der Gongchangling-Kokerei. Da war Lei Feng im Dienst und befand sich im Kontrollraum. Er erinnerte sich, dass mehr als 7.200 Säcke Zement noch im Freien aufgestapelt waren. Würden die Säcke nass vom Regen, wären große Verluste die Folge. Deshalb versuchte Lei Feng mit anderen Arbeitern zusammen, den Zement zu retten. Weil die Abdeckung nicht ausreichte, holte Lei Feng seine Bettdecke heraus und zog auch die Kleidung aus, um damit den Zement zu bedecken. Seine Bettdecke gilt als eine Erinnerung an das Ereignis. Darüber berichteten auch die Gongchanglinger Zeitung und Zeitung der Pionierorganisation.

Lei Feng arbeitete nur ein Jahr und zwei Monate lang bei der Stahlfabrik der Stadt Anshan, dabei erhielt er viele Auszeichnungen: dreimal hervorragender Arbeiter, fünfmal Träger des roten Banners (vorbildlicher Angestellter), achtzehnmal vorbildlicher Sparer. Man kann sagen, damals hatte Lei Feng in Anshan eine rosige Zukunft vor sich, aber er traf wieder mal eine andere Lebensentscheidung.

Der hingebungsvolle Kämpfer und Diener des Volkes

Lei Feng hatte schon seit langem den Wunsch, Soldat zu werden. Ende 1959 war das nicht mehr zu verhindern, als er zum Militärdienst einberufen wurde. Auch wenn seine Größe und Gewicht nicht den Anforderungen der Armee entsprachen und Lei Fengs

Leistungen in der Fabrik so hervorragend waren, dass die Fabrikleiter ihn einfach nicht gehen lassen wollten: Mit Hilfe des Politoffiziers Yu Xinyuan und des Stabsoffiziers einer Pioniertruppe Dai Mingzhang wurde Lei Feng endlich zum Wehrdienst einberufen. Somit verwirklichte er am 8. Januar 1960 seinen dritten Vorsatz. Er wurde Soldat der chinesischen Volksbefreiungsarmee.

Lei Feng war noch strenger mit sich selbst, nachdem er ins Militär gegangen war. Bei der Grundausbildung als Rekrut geriet er in große Schwierigkeiten, weil er klein war und seine Arme nicht kräftig genug waren. Aber Lei Feng war fest entschlossen, nicht immer so zurückzustehen. Er stand jeden Tag sehr früh auf und blieb nachts lange auf, um Bombenwerfens zu trainieren und um seine Fähigkeiten zu verbessern.

Nachdem er die Grundausbildung beendet hatte, wurde Lei Feng als Kraftfahrer der Kompanie für Transport zugeteilt. Wegen seiner ausgezeichneten Fahrkunst wurde er als Kraftfahrer der 5. Klasse eingestuft. Dies ist sein Führerschein. Für sich selbst schrieb Lei Feng da ein Gedicht mit dem Titel „Als ich die Militäruniform anlege", um seine Gefühle auszudrücken.

Was Sie jetzt sehen, sind alle Sachen, die Lei Feng beim Militär benutzt hat: seine Maschinenpistole und Patronentasche, sein militärischer Regenmantel und Dienstgradabzeichen als Soldat (Fahrer).

Darüber hinaus schloss er sich dem Team für künstlerische Darbietungen der Armee an, nahm an Sportwettbewerben der Militärregion Shenyang teil und arbeitete als „Redakteur" des Komitees eines Clubs. Dieses Foto zeigt, wie Lei Feng bei einem Training des Marschierens Propaganda betreibt und andere Soldaten ermutigt.

Dieses Foto wurde im Jahr 1960 aufgenommen, nachdem sich Lei Feng an dem Sportwettbewerb der Militärregion Shenyang beteiligt hatte.

Lei Feng war stets dankbar dafür, dass seine sechste Großtante, sein Onkel Lei Mingguang und andere Verwandte ihn großgezogen hatten. Deshalb schickte er das Foto eigens an Lei Mingguang und schrieb auf die Rückseite: „Das Foto ist ein Andenken an meinen lieben Vater. Sein Sohn beteiligt sich als Sportler der 3. Klasse an dem Sportwettbewerb der Militärregion Shenyang. Nehmen Sie es mit bitte nach Hause und zeigen es auch meinen Großeltern." In dieser Vitrine befindet sich ein Familienbrief von Lei Feng an Lei Mingguang, der zu den nationalen kulturellen Artefakten der 1. Klasse gehört.

Dies ist Lei Fengs Arbeitsvertrag. Dies ist ein Gedicht von Lei Feng, das am Anschlagbrett der Armee veröffentlicht wurde, der Titel lautete: „Vergleich zwischen dem Leben im alten und im neuen China".

Am 23. November 1960 rief die politische Abteilung der Pioniertruppe der Militärregion Shenyang dazu auf, von Lei Feng zu lernen. Lei Feng wurde so zum Vorbild und Schrittmacher der Militärregion Shenyang.

1960 erschien ein Foto von Lei Feng in der 18. Ausgabe der Zeitschrift Freunde der Miliz. Das bedeutet, dass Lei Feng zu dieser Zeit schon Einfluss gewonnen und sich auch einen Namen gemacht hatte.

Lei Feng, der keine 21 Jahren alt war, war damals der jüngste Volksvertreter. Im Mai 1961 wurde Lei Feng in den Vierten Volkskongresses der Stadt Fushun gewählt.

Im August 1961 wurde Lei Feng zum Gruppenführer der vierten Gruppe der Kompanie für Transport ernannt.

Am 14. Februar 1962 nahm Lei Feng am Parteitag des Zehnten Regiments der Pioniertruppe der Militärregion Shenyang teil. Am 19. Februar fand der 1. Kongress des Kommunistischen Jugendverband der Militärregion Shenyang statt. Lei Feng wurde besonders dazu eingeladen. Da wurde er zum Mitglied des Präsidiums gewählt und hielt eine Rede auf der Versammlung.

Von Januar 1960 bis August 1962 erhielt Lei Feng wegen seiner hervorragenden Leistungen zahlreiche Auszeichnungen in der Armee. Hier sind einige Verdiensturkunden davon ausgestellt, darunter sind ein zweiter Preis und zwei dritte Preise.

Am 15. August 1962 passierte der Unfall, der zu Lei Fengs Tod führte. Nachdem er mit seinem Kameraden Qiao Anshan früh am Morgen mit dem Wagen Nr. 13 ins Lager zurückgekehrt war, fuhren sie ihn auf die Freifläche hinter der Kaserne, um den Wagen zu waschen. Zwischen dem Parkplatz und der Freifläche war eine schmale Gasse. Aus Sicherheitsgründen stand Lei Feng am Rand der Gasse und winkte Qiao zur Orientierung beim Rückwärtsfahren. Plötzlich rutschte das linke Hinterrad in eine kleine Pfütze am Rand der Gasse. Der Wagen kam vom Weg ab, prallte gegen einen Holzpfosten, an dem die Wäscheleine der Soldaten hing. Der Pfosten stürzte um, traf Lei Feng an der linken Schläfe und er fiel sofort bewusstlos zu Boden. Er war so schwer verletzt, dass alle Rettungsmaßnahmen scheiterten, er starb an Gehirnblutung und Schädelbruch. Am 15. August 1962 um 12.05 Uhr schloss Lei Feng seine Augen für immer, im Westlichen Arbeiterkrankenhaus der Stadt Fushun. Da war er erst 22 Jahre alt. Wenn dieser Unfall nicht passiert wäre, hätte Lei Feng noch viele Möglichkeiten sich auszuzeichnen und ein schönes Leben zu genießen.

Seine Trauerfeier fand am dritten Tag nach seinem Tod im Festsaal der Bezirksregierung Wanghua der Stadt Fushun statt. Viele Leute am Ort, darunter sowohl Soldaten als auch Zivilisten waren dabei.

Obwohl Lei Feng nur 22 Jahre alt wurde, hinterlassen seine Taten und sein Geist unvergängliche Spuren in unseren Herzen.

Übersetzt von Fan Ni
Redigiert von Ole Döring und Yang Lingyi

《《《《《 Библиография Лэй Фэна: Пояснительная записка Мемориального Музея Лэй Фэна в провинции Хунань

Лэй Фэн (Лэй Чжэнсин) родился 18 декабря 1940 года в бедной крестьянской семье в волости Ванъюэ уезда Чанша провинции Хунань (ныне это место находится в границах города Чанша: улица Лэйфэн района Ванчэн).

Раздел I Тяжёлое детство

Детство Лэй Фэна было очень трудным. Он родился в очень тяжёлое для Китая время, когда японские фашисты вторглись в Китай. К тому же, три больших горы — империализм, феодализм и бюрократический капитализм — тяжким бременем легли на плечи китайского народа. Семья Лэй Фэна находилась на социальном дне и была воплощением угнетённых трудящихся масс старого Китая.

Эта сцена «Саньсян①» в несчастье» ярко воспроизводит последствия трагической бомбардировки Чанши японскими захватчиками и пожара Вэньси, а также нищую жизнь простых людей в провинции Хунань до освобождения. Эти три группы глиняных скульптур, представленные композициями «КЛАССОВАЯ НЕНАВИСТЬ», «НАЦИОНАЛЬНАЯ ВРАЖДА» и «ИСТОРИЯ СЕМЬИ» (скульптуры были созданы хуаньскими скульпторами Ли Шупин, Чжан Лижэнь, У Шухуа и др. в первые дни строительства нашего музея в 1968 году), реально воспроизводят жизнь семьи Лэй Фэна в старом китайском обществе.

В отсталом старом Китае у семьи Лэй Фэна не было ничего своего: ни крыши над головой, ни клочка земли под ногами. Они имели местожительства только благодаря тому, что их предки арендовали эту землю у помещика. После

---

① Саньсян — другое название провинции Хунань.

освобождения Китая и изменения его социального строя коммунистическая партия и власти распределили Лэй Фэну этот дом, который впоследствии и стал Хунаньским мемориальным музеем Лэй Фэна. После экскурсии туристы могут самостоятельно посетить бывший дом Лэй Фэна (Дом расположен в 300 метрах к северу от выставочного зала с экспозицией, посвящённой жизни и деятельности Лэй Фэна).

Это краткая родословная четырёх поколений родственников Лэй Фэна.

Это список членов семьи Лэй Фэна.

Всего за пять лет, с 1943 по 1947 г., дедушка, отец, старший брат, младший брат и мать Лэй Фэна ушли из жизни один за другим.

Лэй Фэн стал сиротой, когда ему ещё не исполнилось семи лет.

Когда Лэй Фэн стал сиротой, его двоюродный дедушка① и бабушка проявили добродушие, усыновив его.

Двоюродный дедушка зарабатывал на жизнь как уличный артист театра теней. Обычно труппа семьи Лэя выступала во главе с дедушкой на западной стороне реки Сянцзян. Среди артистов был и маленький Лэй. У него был хороший голос, и, выступая с дедушкой, он пел своим детским голосом.

В Чанше популярна народная поговорка: " «Бянь Цзы» Люяна, «Бань Цзы» Хэси". "«Бянь Цзы» Люяна" означает фейерверки уезда Люяна; под "«Бань Цзы» Хэси" подразумевается театр теней в районе Ванчэн.

В витрине представлены костюмы театра теней, которые носили Лэй Фэн и усыновивший его двоюродный дедушка.

Чтобы не обременять семью, маленький Лэй Фэн, не говоря ничего бабушке, отправлялся в горы рубить дрова, собирал ягоды, ходил попрошайничать, делал всё, что было в его силах.

Это видео показывает жизнь сироты Лэй Фэна.

Это вата и москитная сетка (национальные культурные реликвии третьей степени), которыми пользовалась семья Лэй Фэна. Мы взяли их из дома бабушки Лэй Фэна в самом начале создания музея.

Это бамбуковая корзина и чашка для риса Лэй Фэна, которыми он пользовался, когда ходил попрошайничать. А это прялка, которой пользовалась мать Лэй Фэна Чжан Юаньмань.

В детстве Лэй Фэн выпрашивал еду на улице и вёл бродячий образ жизни. Его

---

① Речь идёт о шестом брате дедушки Лэй Фэна.

кусали комары, когда он спал на улице. Красные пятна от их укусов были у него практически на всём теле, они очень сильно чесались. И Лэй Фэн постоянно их чесал, отчего они воспалялись, гноились и кровоточили, а на пояснице он однажды расчесал большую рану, которая приобрела вид цветка. Она заживала медленно, а зажила только после месяца тщательного ухода бабушки.

На этой фотографии Лэй Фэн показывает шрамы на спине своим товарищам на собрании, посвящённом анализу негативных явлений прошлого.

К счастью, благодаря помощи родственников и соседей Лэй Фэн сумел выжить в смутное время. Лэй Фэн испытывал множество трудностей в старом обществе, поэтому он был полон любви к новому Китаю. Лэй Фэн также всегда был благодарен за заботу и помощь родственников и соседей, которые опекали его, когда он остался сиротой.

Участие в подпольной революционной деятельности под руководством Пэн Дэмао

Волостной старшина Пэн Дэмао был первым проводником на пути роста Лэй Фэна. Он был хорошим другом отца Лэй Фэна при жизни. Раньше он зарабатывал на жизнь перевозкой паланкина вместе с отцом Лэй Фэна. После смерти отца Лэй Фэна Пэн часто заботился о ребёнке своего друга.

Накануне освобождения Чанши под руководством Пэн Дэмао и других подпольщиков Лэй Фэн и его друг Ши Тяньчжу также влились в революционные ряды, расклеивая лозунги и распространяя листовки в районе Инваньчжэнь.

Однажды в начале лета 1949 года Пэн Дэмао взволнованно сообщил маленькому Лэй Фэну, что Народно-освободительная армия, посланная председателем Мао, скоро прибудет в Чаншу, чтобы спасти бедных людей. Лэй Фэн наклонился к уху Пэн Дэмао и сказал: «Я с нетерпением ждал этого дня даже во сне!»

В этой витрине представлены рукописи, написанные некоторыми родственниками Лэй Фэна. О нём вспоминают, как мы видим, младший двоюродный брат Лэй Фэна по материнской линии Янь Сюэжун, младший двоюродный брат по отцовской линии Лэй Чжэнцю и двоюродная тётка Лэй Юньлань.

Раздел II Яркий и воспитанный юноша

В августе 1949 года Чанша была мирно освобождена от старой власти, и маленький Лэй Фэн, переживавший лишения, зажил новой жизнью. Увидев, как мимо его родного города проходит Народно-освободительная армия, Лэй Фэн загорелся желанием стать солдатом. Тогда ему было всего лишь девять лет, но семена мечты о службе в армии глубоко укоренились в его сердце, и он ожидал того дня, когда эти семена расцветут и дадут свои плоды.

С мая 1951 года в уезде Ванчэн проводилась земельная реформа, в ходе которой Лэй Фэну распределили жилище под соломенной крышей с тремя маленькими комнатами и рисовое поле размером в два му и четыре фэня[①]. Перед нами свидетельство о собственности на землю и дом, выданное Лэй Фэну народной властью уезда. С этого момента у Лэй Фэна появился собственный дом и земля, что укрепило в Лэй Фэне благодарность перед китайской коммунистической партией и любовь к новому Китаю.

Усердное обучение и вступление в пионеры

Летом 1950 года народное правительство волости Аньцин решило отправить Лэй Фэна в школу на бесплатное обучение. В первый школьный день волостной старшина Пэн Дэмао купил Лэй Фэну одежду, школьные принадлежности и лично отправил юного Лэй Фэна в начальную школу Лунхуэйтан для зачисления. Пэн сказал 10-летнему мальчику: "Сынок, раньше детям из бедных семей поступить в школу было невозможно. Твоя семья никогда не была грамотной. Теперь ты должен полностью посвятить себя учёбе, чтобы в будущем внести свой вклад в строительство нашей великой Родины". Маленький Лэй Фэн изо всех сил кивнул. С тех пор он поставил перед собой цель быть хорошим учеником и стремился служить Родине в будущем.

Эта картина показывает тот момент, когда волостной старшина Пэн отправлял юного Лэй Фэна в школу.

Новый Китай тогда только был создан, и всё нуждалось в возрождении. В то время условия обучения в районе Ванчэн были очень ограниченными. Чтобы получить начальное образование, Лэй Фэн сменил пять школ за шесть лет.

Эта серия фотографий отражает внешний вид прежних начальных школ, в которых учился Лэй Фэн.

Осенью 1954 года Лэй Фэн был принят в пятый класс начальной школы

---

① Му (亩) – китайская единица измерения площади. 1 му ≈ 666.7 квадратных метров.
Фэнь (分) – китайская единица измерения площади. 1 фэнь ≈ 66 квадратных метров.

Циншуйтан в уезде Ванчэн. Здесь Лэй Фэн стал одним из первых пионеров, а это его фотография под пионерским флагом.

Дом Лэй Фэна находился в более чем десяти китайских милях от начальной школы Циншуйтан. Каждый день после школы ему приходилось заниматься стиркой и сельскохозяйственным трудом, а также готовить. Лэй Фэну приходилось все делать самому, но он всегда получал высокие оценки. Лэй Фэн был не только хорошим учеником, но и активным участником культурных и спортивных мероприятий школы, был даже барабанщиком.

Поздней осенью 1954 года в классной стенгазете, выпущенной начальной школой Циншуйтан, был опубликован стишок, написанный одноклассниками: "Маленький Лэй Чжэнсин, семья бедная и неимущая. Мчится утром за десятки миль и приходит первым. Лучший в учёбе и самый активный в мероприятиях. Он — настоящий пример хорошего ученика для всех." Тот факт, что Лэй Фэн проучился в начальной школе Циншуйтан всего один семестр и получил такую высокую оценку от одноклассников, свидетельствует о превосходстве Лэй Фэна во всех аспектах его школьной деятельности.

Весной 1955 года Лэй Фэн перешёл в начальную школу Хэеба. 1 июня того же года он вместе с учителями и одноклассниками ходил в Парк мучеников на пионерский день. Это групповое фото того времени. Сможете найти Лэй Фэна на фотографии? В первом ряду слева первый мальчик, который положил руку на большой барабан, — это Лэй Фэн.

Хороший ученик председателя Мао

В этой сцене Лэй Фэн пишет "Да здравствует председатель Мао!". Детские росчерки пера показывают его бесконечную благодарность председателю Мао.

Это место бывшей начальной школы Хэеба, где учился Лэй Фэн.

По воспоминаниям его одноклассников, когда была ветреная или дождливая погода, Лэй Фэн всегда стоял на каменном мосту перед школой, чтобы встретить и проводить своих младших товарищей.

В витрине представлены самодельная масляная лампа и деревянные туфли, сделанные Лэй Фэном, список его выдающихся дел, составленный по случаю присуждения ему звания "хорошего ученика эпохи Мао Цзэдуна", а также коромысла и косари, которыми он пользовался, чтобы помогать пожилым людям.

Простодушный и бойкий мальчик

Будучи учеником, Лэй Фэн был простодушным, живым и переполненным радостью ребёнком. Часто со своими одноклассниками он копал побеги бамбука, ловил рыбу и креветок в ручьях, играл в войнушку с деревянным ружьём, играл в волчки и катал железные кольца и т. д. В школе он активно участвовал в культурных мероприятиях, хорошо пел, танцевал и читал стихи.

Эта масляная живопись "Маленький рыбак" показывает то, как Лэй Фэн играл "Маленькую девочку" в пантомиме «Маленький рыбак», в которой он носил женскую одежду.

Пантомима сложна и трудна для исполнения и может быть исполнена только с помощью тонкого и живого языка жестов. Даже девочки не осмеливались играть эту роль. Когда Лэй Фэн узнал об этом, он вызвался сыграть эту роль. Образ "маленькой девочки" остался глубоко в памяти учеников и учителей. На этой картине "Маленькая девочка" в бамбуковой шляпе с корзиной для рыбы — это Лэй Фэн.

Летом 1956 года Лэй Фэн окончил начальную школу Хэеба. Это групповая фотография Лэй Фэна (в первом ряду, первый слева) со своими одноклассниками. Ученик с перевёрнутой треугольной чёлкой, аккуратно одетый и сидящий прямо, как стрела, — это Лэй Фэн.

А это текст, написанный классным руководителем Ся Лю. В тексте записана история о том, что Лэй Фэн активно выступал с речью на выпускной церемонии.

На выпускной церемонии Лэй Фэн вызвался выступить с речью на сцене и объявил о трёх своих целях и желаниях в жизни. Сейчас давайте посмотрим на сцену выступления Лэй Фэна на церемонии, представленную нам с помощью фантомной визуализации. Он сказал: «В ответ на призыв КПК я хочу быть крестьянином нового типа и буду пахать землю Родины за рулём трактора. В будущем я хочу быть хорошим рабочим, чтобы построить свою Родину. Я хочу быть также хорошим солдатом, чтобы взять в руки оружие и защищать свою Родину, не жалея себя и своей жизни. Я хочу быть героем всего человечества». Его пламенная и страстная речь глубоко тронула всех учителей и учеников. Питаясь добром и благодеянием КПК, Лэй Фэн продолжал расти и совершенствоваться. Позже он выполнил один за другим каждый из своих жизненных обетов.

Раздел III   Целеустремлённый молодой человек с твёрдыми убеждениями

После окончания начальной школы Лэй Фэн не хотел обременять волостное правительство, и в ответ на призыв КПК он решил вернуться в родной край, работал учётчиком и помощником по осеннему налогообложению в сельскохозяйственном кооперативе. Благодаря своей добросовестности и тщательности в работе Лэй Фэн был назначен волостным старшиной Пэн Дэмао на должность корреспондента в правительстве волостного центра Аньцина (уезда Ван Чэн). Через три месяца Пэн Дэмао рекомендовал его на работу в партком уезда Ванчэн в качестве корреспондента Чжан Синъюя, секретаря парткома уезда. Секретарь Чжан — кадровый работник, направленный на юг, очень заботился о росте Лэй Фэна. Как только Лэй Фэн начал работать в парткоме уезда, секретарь Чжан попросил его учиться во время работы и подарил ему книги «Как закалялась сталь», «Всё отдавать партии» и другие. Именно в это время Лэй Фэн благодаря секретарю Чжану впервые познакомился с «Избранными произведениями Мао Цзэдуна», и с тех пор идеями Мао Цзэдуна Лэй Фэн руководствовался всю свою дальнейшую жизнь. Становление Лэй Фэна как великого коммунистического борца тесно связано с наставлениями и личным примером секретаря Чжана. Во время работы в парткоме уезда Лэй Фэн был и корреспондентом, и охранником, и хозяйственным работником; он одновременно выполнял обязанности трёх работников, но никогда ни на что не жаловался. Здесь вы видите портфель корреспондента Лэй Фэна.

8 февраля 1957 года Лэй Фэн с честью вступил в Новодемократический союз молодёжи Китая. За время работы в парткоме уезда Лэй Фэн трижды был удостоен звания Образцового Работника.

Отличные качества коллег в парткоме уезда — упорная борьба в исключительно тяжёлых условиях, честность, неподкупность и преданность делу — оказали глубокое влияние на Лэй Фэна и указали ему правильное направление жизненного пути. Это групповая фотография Лэй Фэна с руководителями парткома уезда Ванчэн того времени. Среди множества фотографий это единственная фотография Лэй Фэна, помещённая им в искусную рамку, бережно завёрнутая в пионерский галстук и привезённая на север с юга.

Сирота, оставшийся без дома и семьи в старом китайском обществе, повсюду в большой семье нового Китая получал заботу и всевозможную помощь. И учителя, и одноклассники, и руководители, и коллеги или соседи, — все они посеяли семена истины, добра и красоты в душе и сердце Лэй Фэна. Дух Лэй Фэна сформировался, когда он был ещё в родном краю.

Лэй Фэн оставил о себе неизгладимые воспоминания жителей родного края. На этом видео — «Лэй Фэн в воспоминаниях земляков» — о Лэй Фэне вспоминают его друзья, родственники, руководители, коллеги, одноклассники и другие его современники.

Доброволец, «Образцовый работник по упорядочению русел реки Вэйшуй»

Река Вэйшуй, протекающая через Ванчэн, является притоком реки Сянцзян. Она часто разливалась и затапливала дома и поля жителей.

25 октября 1957 года партком КПК уезда Ванчэн и уездный народный комитет приняли решение об упорядочении русел реки Вэйшуй. Лэй Фэн трижды подавал заявку на участие в работе по упорядочению русел реки Вэйшуй, и руководители, видя его твёрдую позицию, согласились устроить его на работу корреспондентом в штаб по упорядочению русел реки Вэйшуй.

После четырёхмесячной работы по упорядочению русел реки Вэйшуй Лэй Фэн вернулся в партком уезда, по-прежнему работая рядом с секретарём Чжан Синьюем. Штаб выдал Лэй Фэну на память флисовую куртку с надписью «Образцовый работник по упорядочению русел реки Вэйшуй».

«Крестьянин нового типа» на ферме Туаньшаньху

Весной 1958 года, вскоре после завершения работ по упорядочению русел реки Вэйшуй, партком уезда Ванчэн принял решение о превращении села Туаньшаньху в государственную ферму, чтобы бывшие бесплодные земли превратились в богатые и плодородные. В то время комсомольский комитет уезда призвал всех подростков и молодых людей уезда пожертвовать деньги на покупку трактора для фермы. Когда Лэй Фэн узнал об этом, он пожертвовал все свои сбережения в размере 20 юаней за год на поддержку строительства фермы, став человеком, который сделал самое крупное пожертвование в уезде в то время. Здесь вы видите это памятное свидетельство о пожертвовании, выданное Лэй Фэну комсомольским комитетом уезда. Лэй Фэн неоднократно просил разрешить ему водить трактор на ферме Туаньшаньху. Таким образом, Лэй Фэн стал настоящим «крестьянином нового типа» и с радостью написал статью «Я научился водить трактор», которая была опубликована в газете «Ванчэн бао» от 16 марта 1958 года.

Тогдашнее имя автора было ещё «Лэй Чжэнсин».

Взгляните на эту масляную живопись «Утренний свет». Она создана известным художником Ли Цзыцзянь. В утреннем свете золотой осени Лэй Фэн стоит на ферме Туаньшаньху в уезде Ванчэн, наслаждаясь прекрасными пейзажами. На его улыбающемся лице отражаются любовь к родному краю и видение лучшего будущего.

Весенняя живая картина, которую мы видим, называется «Возделывание земли». На ней изображена сцена, в которой Лэй Фэн водит трактор, распахивает землю и работает на ферме Туаньшаньху.

Перед уборкой урожая Лэй Фэн обнаружил, что некогда бедное село Туаньшаньху с бесплодными землями вокруг теперь превращается в житницу региона, Лэй Фэн с глубоким воодушевлением написал 65-строчное стихотворение «Ласточки с юга». Чтобы воспеть новый Китай и трудовой народ, он часто использует приёмы аналогии и ассоциации, выражая свои чувства, решимость и идеалы с помощью образа ласточек, ищущих тепло.

После того как Лэй Фэн перешёл на работу в партком уезда Ванчэн, он начал учиться писать дневник под руководством Чжоу Шаомина, Пэн Чжэнъюаня и других коллег. Во время работы на ферме Туаньшаньху Лэй Фэн постепенно выработал привычку вести дневник. В этой витрине представлены девять дневников, которые Лэй Фэн записал на протяжении всей своей жизни. Среди 16 работ о трудовой деятельности на ферме Туаньшаньху есть опубликованные при жизни, а также найденные уже после его смерти.

В свободное время Лэй Фэн много занимался художественной самодеятельностью, часто сочинял частушки, любил играть на бамбуковых дощечках и губной гармошке. Бамбуковые дощечки и губная гармоника, выставленные в витрине — это предметы, которые Лэй Фэн всегда носил с собой во время пребывания на ферме Туаньшаньху.

Изменение имени для выражения своего стремления

В 1958 году по всей стране развернулась беспрецедентно масштабная кампания по выплавке стали. Во второй половине октября Сянтаньский, Уханьский и Аньшаньский металлургические комбинаты одновременно нанимали рабочих в уезде Ванчэн. Лэй Фэн в очередной раз принял неожиданное решение: стать рабочим на Аньшаньском металлургическом комбинате. С решимостью работать в местах с тяжелейшими условиями он заполнил анкету на работу и изменил своё имя в этой анкете.

31 октября 1958 года перед направлением на работу в партком уезда Юэян, секретарь Чжан Синьюй специально попросил сообщить Лэй Фэну, чтобы он вернулся в партком уезда из Пятизвёздочной народной коммуны, и они вместе сделали фотографию на память. Это последняя фотография Лэй Фэна в родном краю (Лэй Фэн — второй слева в первом ряду).

9 ноября 1958 года, накануне своего отъезда на Аньшаньский металлургический комбинат, Лэй Фэн приехал на ферму Туаньшаньху, чтобы попрощаться со своими коллегами. Всем было очень жалко расставаться с этим умным и усердным молодым человеком. Сейчас перед вами ротанговый ящик. Это прощальный подарок Лэй Фэну от его коллег и друзей — членов комсомольской ячейки фермы Туаньшаньху. Они один за другим обменивались с Лэй Фэном напутственными словами. Дневник в витрине — это подарок от Лэй Фэна своей подруге Ван Пэйлин перед расставанием. В дневнике Лэй Фэн написал Ван Пэйлин слова, полные надежды и ободрения: «Товарищ Ван Пэйлин, ты верная дочь партии. Пусть твоя благоухающая молодость расцветает на земле Родины».

Коллеги и друзья Лэй Фэна по ферме Туаньшаньху, например, Ли Сянмэй и Ли Чжилянь, также написали воспоминания о Лэй Фэне в память о нём.

Сейчас показывают видео «Лэй Фэн в уезде Ванчэн». В уезде Ванчэн Лэй Фэн учился, работал и жил 18 лет, оставив о себе неизгладимые впечатления в памяти жителей родного края.

Закалённый отличный рабочий

12 ноября 1958 года с пристани Ванчэн на реке Сянцзян Лэй Фэн отправился в путь на север на Аньшаньский металлургический комбинат. Затем был поезд. По дороге поезд остановился в городе Ухань на шесть-семь часов. Лэй Фэн пригласил нескольких друзей-спутников посетить Уханьский мост через реку Янцзы. Они сфотографировались у моста. Когда поезд сделал остановку в Пекине, он специально поехал на площадь Тяньаньмэнь и сделал эти две фотографии.

15 ноября 1958 года Лэй Фэн прибыл на Аньшаньский металлургический комбинат и был назначен бульдозеристом в углемоечный цех центрального химзавода комбината. В витрине выставлены контракт, подписанный Лэй Фэном, его личная карточка работника и служебное удостоверение.

Это бульдозер "Сталин С-80", который водил Лэй Фэн. Это тяжёлая машина с высоким и большим кузовом, 7 штурвальными рукоятками и тяговым усилием в 4 тонны. Низенького и щуплого Лэй Фэна подвигли на трудовые свершения его дух трудолюбия и стремление к упорной борьбе, которым он научился у местных жителей провинции Хунань. Он с усердием учился у мастера и скромно консультировался с коллегами. Благодаря самоотверженной работе он получил допуск к эксплуатации тяжёлого бульдозера всего за чстыре с половиной месяца и стал квалифицированным бульдозеристом.

Лэй Фэн осилил весь материал по предмету китайского языка средней и высшей школы и завершил этот курс заочно, путём самостоятельной учёбы. Будучи рабочим Аньшаньского металлургического комбината, он помогал другим рабочим осваивать грамоту, совмещая своё основное дело с работой учителя китайского языка в вечерней школе рабочей молодёжи.

20 августа 1959 года комбинат решил построить очень нужный для металлургического производства коксохимический завод в районе Гунчанлин города Ляоян. Для его строительства на комбинате был отобран костяк из инженерно-технических работников и молодых рабочих. Большинство людей не хотели переезжать из города Аньшань с благоприятным условием жизни в захолустный Гунчанлин. Однако Лэй Фэн не боялся трудностей. Он попросился на работу в Гунчанлин. Там, на новом коксохимическом заводе, он быстро стал лидером рабочего коллектива, самоотверженно трудясь и ведя за собой на самоотверженный труд других.

Лэй Фэн пробыл в Ляояне на Гунчанлинском коксохимическом заводе 142 дня. В этом видео показана его работа и жизнь того времени.

На этом групповом снимке изображён Лэй Фэн со своими коллегами-земляками, которые вместе приехали на Аньшаньский металлургический комбинат из провинции Хунань. В витрине размещены рукописи в память о Лэй Фэне, написанные несколькими хуаньскими рабочими: И Сючжэнь, Ян Бихуа, Чжан Юэци и др., — и подарок — чемодан из воловьей кожи, который они подарили Лэй Фэну, когда он уходил на службу в армию.

Цветным ватным одеялом, которое выставлено в левой витрине, Лэй Фэн пользовался во время работы в Гунчанлине. За этим одеялом скрывается трогательная история.

В двенадцатом часу ночи 5 ноября 1959 года на территорию коксохимического завода внезапно обрушился сильный ливень. Лэй Фэн, дежуривший в диспетчерской, вспомнил, что снаружи всё ещё было сложено более 7200 мешков цемента. Если бы дождь намочил их, потери были бы велики. Тогда он вместе с другими рабочими спасли цемент. Но защитных накрытий было недостаточно. В спешке Лэй Фэн побежал в общежитие, достал своё цветное одеяло и снял одежду, чтобы накрыть ими цемент. Это одеяло стало вечным свидетельством спасения Лэй Фэном цемента в дождливую ночь. Об этом сообщили газеты «Гун Чан лин» и «Комсомолец».

За 1 год и 2 месяца работы на Аньшаньским металлургическом комбинате Лэй Фэн получил множество наград: трижды его удостоили звания «Рабочий-передовик», пять раз – звания «Знаменосец» и 18 раз – «Экономный передовик». Следует сказать, что в это время перед Лэй Фэном была светлая дорога. Однако Лэй Фэн, который неуклонно стремился вперёд, в очередной раз сделал новый выбор в жизни.

Хороший солдат, всем сердцем служащий народу

В конце 1959 года началась зимняя призывная кампания в Китайскую народно-освободительную армию, и желание стать солдатом, скрывавшееся в сердце Лэй Фэна на протяжении многих лет, больше невозможно было сдерживать. Правда, рост и вес Лэй Фэна не соответствовали армейским стандартам. Кроме того, Лэй Фэн отлично работал на заводе, и руководители завода неохотно его отпустили. С помощью военного комиссара Юй и штабного офицера отдела инженерных войск Дай Минчжана, некоторых других людей 8 января 1960 года Лэй Фэн, наконец, осуществил своё третье желание в жизни – стал солдатом Народно-освободительной армии Китая.

После вступления в армию Лэй Фэн стал ещё более строг к себе. Во время тренировок новобранцев низкорослый Лэй Фэн, имевший также слабые руки, неоднократно сталкивался с трудностями, но он не желал отставать. Чтобы улучшить свои показатели, Лэй Фэн вставал рано и ложился поздно, отдаваясь физическим тренировкам, активной практике гранатометания.

Вскоре после вступления в армию Лэй Фэн был направлен в транспортную роту в качестве солдата автомобильного взввода и, благодаря своим отличным навыкам вождения, был назначен водителем пятого разряда. Перед вами его водительское удостоверение пятого разряда. В то время Лэй Фэн, выражая свои чувства защитника Родины, написал стихотворение "Когда носил военную форму".

Перед вами пистолет-пулемёт, патронташ, военный макинтош и значок на воротнике мотострелка, которыми пользовался Лэй Фэн в армии.

Кроме того, Лэй Фэн вступил в солдатский художественный ансамбль, участвовал в спортивных соревнованиях, проводившихся в Шэньянском военном округе, работал редактором в клубном комитете. На этой фотографии запечатлена его работа пропагандиста и агитатора во время военно-учебного похода роты.

Это фотография, сделанная после участия в спортивных соревнованиях в Шэньянском военном округе в 1960 году. В благодарность семье двоюродной бабушки, двоюродному дяде и другим родственникам за воспитание и заботу Лэй Фэн специально отправил эту фотографию Лэй Мингуану (двоюродному дяде) и написал на обратной стороне: "Отцу на память, эта фотография была сделана, когда я стал спортсменом третьего разряда и участвовал в соревнованиях военного округа. Прошу показать её бабушке и дедушке". Письмо, выставленное в витрине, —это семейное письмо, написанное Лэй Фэном Лэй Мингуану, национальная культурная реликвия первой степени.

Здесь вы видите письмо о назначении на должность, отправленное Лэй Фэну, а это стихотворение, которое он опубликовал в армейской стенгазете "Сравнение старого и нового общества".

23 ноября 1960 года политотдел инженерного корпуса Шэньянского военного округа дал указание войскам о развёртывании движения "учиться у Лэй Фэна и следовать за ним". Лэй Фэн стал образцовым воином и знаменосцем Шэньянского военного округа.

Здесь видно, что фотография Лэй Фэна была опубликована в 18 номере журнала «Друзья ополчения» за 1960 год, что также является хорошим свидетельством того, что Лэй Фэн в то время был авторитетом для солдат, пользовался определённой популярностью и уважением.

В мае 1961 года Лэй Фэн был избран депутатом Четвертого собрания народных представителей города Фушунь. Тогда ему ещё не исполнилось и 21 года; он стал самым молодым народным представителем того времени.

В августе 1961 года Лэй Фэна назначили командиром отделения четвёртого отряда транспортной роты.

14 февраля 1962 года Лэй Фэн участвовал в партийном съезде 10-го полка инженерного корпуса Шэньянского военного округа. 19 февраля Лэй Фэн присутствовал на первом полковом съезде Шэньянского военного округа в качестве специально приглашённого делегата, был избран членом президиума и выступил на собрании с речью.

С января 1960 года по август 1962 года Лэй Фэн получил множество наград за выдающиеся достижения в военной службе. Вот некоторые из почётных грамот, которые он получил в армии, включая одну награду второго ранга и две награды третьего ранга.

Если бы не было одного несчастного случая, в жизни Лэй Фэна было бы больше возможностей и почёта. 15 августа 1962 года Лэй Фэн и его товарищ Цяо Аньшань решили отогнать грузовик № 13 на открытое пространство за казармой после возвращения в лагерь, чтобы помыть его. Грузовик должен был проехать через узкий проход от автостоянки до места за казармой, поэтому в целях безопасности Лэй Фэн стоял у прохода и махал руками, чтобы Цяо Аньшань вёл грузовик в нужном направлении. Внезапно, левое заднее колесо большого грузовика скользнуло в небольшую лужу у прохода, грузовик сильно тряхнуло, он наткнулся на квадратный деревянный столб, на котором солдаты обычно сушат одежду. Столб ударил в левый висок Лэй Фэна. Лэй Фэн сразу же упал на землю, потеряв сознание. К сожалению, чрезмерные травмы повлекли за собой кровоизлияние в мозг и перелом черепа. Лэй Фэна не удалось спасти. 15 августа 1962 года в 12:05 в Западной ведомственной больнице для рабочих и служащих города Фушунь он навсегда закрыл глаза в возрасте 22 лет.

На третий день после смерти Лэй Фэна солдаты и граждане города Фушунь провели торжественную церемонию поминовения Лэй Фэна в актовом зале районного правительства Ванхуа.

Хотя Лэй Фэн прожил всего 22 года, его подвиги и несокрушимый дух навсегда остались в сердце народа.

Переводчики: Мао Ю, Тань Синьцзе, У Сян, Се Цинлинь и Чжан Ху
Руководители: Хэ Бинци, Ли Цзинцзин и Цзэн Юнсин
Рецензент и корректор : Степанов Евгений Николаевич
Гайфиев Эдуард Артурович

레이펑의 일생-후난 레이펑 기념관 해설사

레이펑은 본명이 레이정싱이며 1940년 12월 18일 후난성 창사현 왕웨향 (望岳鄉, 지금의 창사시 왕청구 레이펑가도)의 한 빈곤한 농민의 가정에서 태어났습니다.

1부 불우한 신세와 고난의 동년 시절

레이펑의 동년시절은 아주 불행했습니다. 레이펑이 태어난 시기는 구중국이 심중한 재난을 겪고 있던 시기였습니다. 바로 일본 파시즘이 중국을 침략하고, 제국주의와 봉건주의 및 관료자본주의가 중국 인민을 숨막히게 짓누르고 있던 때였습니다. 레이펑의 가족은 사회 최하층에서 허덕이고 있었고, 이는 구중국의 수많은 압박받고 착취받던 빈곤한 대중들의 생활의 축영으로도 볼 수 있습니다.

이 전시물 "고난 속의 산샹(三湘)"은 그 당시 일본군의 폭격과 원시(文夕) 방화의 세례를 거친 후의 비참한 모습과 해방 전 후난성 백성들의 어려운 생활을 생동하게 재현해 주고 있습니다. 이 세 조의 조각상 즉 "계급의 원수", "민족의 원한", "전가사(傳家史)"(1968년 본 기념관 설립 초기 후난성 조각가 리수핑(李淑平), 장리런(張立人), 우수화(吳樹華) 등이 공동으로 창작한 것임)는 레이펑 일가의 구사회에서의 생활상을 아주 진실하게 재현해 주고 있습니다.

암흑한 구중국에서 레이펑의 가족은 땅 한 푼, 방 한 칸이 없었습니다. 조상들은 지주의 땅을 소작해야만 몸붙일 곳이 있었습니다. 해방 후, 당과 정부에서 이 집을 레이펑에게 분배해 주었는데, 이때에서야 레이펑은 자기 집이 있게 되었습니다. 여러분들이 둘러보실 레이펑의 생가가 바로 그 집입니다. 후난성 레이펑 기념관은 즉 레이펑의 생가가 있는 곳에 세웠습니다. 여러분들은 기념관을 돌아보신 후 레이펑의 생가도 참관하실 수 있습니다(레이펑의 생애 및 사적 전시관 북쪽 300미터 되는 곳에 위치하고 있음).

이것은 레이펑의 4세대 가족 계보입니다.

이것은 레이펑의 가족 구성원 일람표입니다.

1943년부터 1947년까지 짧은 5년동안, 레이펑의 조부, 부친, 형, 남동생과 어머니는 연이어 세상을 떠났습니다.

레이펑은 7살이 안 되어 불쌍한 고아가 되었습니다.

레이펑이 고아가 된 후 마음씨 착한 여섯째 할아버지와 여섯째 할머니가 레이펑을 거두어 주셨습니다.

여섯째 할아버지는 그림자극을 잘 하셨는데 늘 레이 씨 집안 사람들을 데리고 강 서쪽 지역에서 공연을 해서 돈을 벌어 생계를 유지하였습니다. 레이펑은 목소리가 아주 좋았는데 늘 여섯째 할아버지를 따라 다니며 어린이역을 맡아 하면서 밥벌이를 하였습니다.

창사 일대 민간에서는 "류양(浏陽)의 채찍소리, 강서(河西)의 연극단"이라는 말이 있습니다. 여기서 "류양의 채찍소리"는 류양의 폭죽을 말하는 것이고 "강서의 연극단"은 왕청(望城)의 그림자극을 지칭하는 말입니다.

진열대에 진열하고 있는 것은 레이펑과 그의 여섯째 할아버지가 그림자극을 공연할 때 사용했던 무대의상과 소품들입니다.

철이 빨리 든 레이펑은 여섯째 할아버지 가족의 부담을 덜어주고자 여섯째 할머니 몰래 산에 가서 나무도 하고 바깥에 나가 동냥도 하였으며 때로는 산에 가서 산열매를 따먹으면서 허기를 달랬습니다. 즉 어린 나이에 할 수 있는 일들을 스스로 찾아서 했습니다.

이 동영상은 레이펑의 고아 시절 생활을 단편적으로 반영해 주고 있습니다.

이것은 레이펑의 가족들이 사용했던 이불과 모기장(국가 3급 문물임)입니다. 본 기념관 설립 초기에 레이펑의 여섯째 할머니 집에서 징집해 온 것입니다.

이것은 레이펑이 동냥을 할 때 사용했던 대바구니와 밥그릇이고, 이것은 레이펑의 어머니 장위안만(張元滿)이 사용했던 물레입니다.

농년 시절 레이펑은 유랑생활을 밥먹듯 하였고 동냥을 해서 겨우 입에 풀칠했습니다. 늘 길가에서 노숙을 하다보니 모기에 물려 온몸에 붉은 종기가 생겼고, 가려워서 긁다보니 감염이 되어 피고름이 자주 흘렀고, 허리에는 커다란 부스럼이 생겼었는데 후일 여섯째 할머니의 살뜰한 보살핌을 받고 한달만에야 겨우 아물었습니다.

이 사진은 "쓰라린 과거를 돌이켜보기" 대회에서 레이펑이 전우들에게 등 뒤에 생긴 상처 자국을 보여주는 장면을 찍은 것입니다.

다행히도 친척과 이웃들의 보살핌 덕분에 레이펑은 어지러운 세상에서 겨우 살아남을 수 있었습니다. 구사회에서 이런 간난신고를 겪었기 때문에 레이펑은 신중국을 매우 열애하였습니다. 또한 고아 시절 여섯째 할머니를 비롯한 친척과 이웃들의 살뜰한 보살핌을 받았기 때문에 레이펑은 성인이 된 후에도 늘 그들의 은혜에 보답하려는 마음을 간직하고 있었습니다.

펑더마오(彭德茂)를 따라 지하 혁명에 참가하다

펑더마오 향장은 레이펑의 인생에서 첫 번째 멘토였습니다. 펑더마오 향장은 레이펑 아버지의 친구였으며, 일찍 레이펑 아버지와 함께 가마 메는 일을 하면서 생계를 유지했었습니다. 레이펑의 아버지가 돌아가신 후, 펑더마오 향장은 레이펑을 아주 관심해 주었습니다.

창사가 해방될 무렵, 펑더마오 등 지하당원의 인솔 하에 레이펑과 스텐주(石天柱) 등 어린 친구들도 지하 혁명조직에 가입하였으며 그들은 잉완전(溁灣鎭) 일대에서 포스터를 붙이고 전단지를 뿌리면서 해방을 맞이하였습니다. 1949년 초여름의 어느날, 펑더마오 향장은 레이펑에게 마오주석께서 파견한 해방군이 곧 창사에 와서 가난한 사람들을 구해줄 것이라고 말해 주었습니다. 레이펑은 펑더마오에게 다가가 귓속말로 "전 꿈에서도 이 날을 기다렸어요."라고 하였습니다.

진열대에 진열되어 있는 것은 레이펑의 일부 친척들이 레이펑을 회억하여

적은 글입니다(그들로는 외사촌 남동생 옌쉐룽(閻學榮), 사촌 남동생 레이정추(雷正球), 오촌 고모 레이윈란(雷運蘭)입니다.).

2부 품행과 학업이 모두 우수한 소년

　1949년 8월, 창사는 평화적으로 해방되었고 고난 속에서 허덕이던 레이펑도 새로운 생활을 맞이하게 되었습니다. 해방군이 고향 마을을 지나가는 것을 보고 어린 레이펑은 그때 군인의 꿈을 가지게 되었습니다. 그해, 레이펑의 나이는 아홉살, 어린 레이펑의 가슴속에는 군인이 되려는 꿈이 싹트기 시작하였고, 레이펑은 그 꿈을 이루는 날을 손꼽아 기다렸습니다.

　1951년 5월부터 왕청현(望城縣)에서는 토지개혁운동을 전개했습니다. 토지개혁 때 레이펑은 세 칸짜리 초가집 한 채, 논 1600 제곱미터를 분배받았습니다. 이것은 왕청현인민정부에서 레이펑에게 발급해 준 토지 및 가옥 소유증입니다. 이때부터 레이펑은 본인 소유의 집과 토지가 있게 되었습니다. 이는 레이펑으로 하여금 더욱 견정하게 중국 공산당을 옹호하게 만들었고 또한 더욱 마음속 깊이 신중국을 열애하게 만들었습니다.

학업에 열중하고 소년선봉대에 가입하다

　1950년 여름, 안칭향(安慶鄕)인민정부에서는 레이펑을 학교에 보내기로 결정하였습니다. 개학 첫날, 펑더마오 향장은 레이펑에게 새 옷과 학용품을 사주었으며 친히 레이펑을 데리고 룽후이탕(龍回塘)초등학교에 가서 등록해 주셨습니다. 펑더마오 향장은 10살이 된 레이펑에게 "애야, 과거에는 가난한 집 아이들이 학당에 가서 공부하는 것은 불가능한 일이었어. 너희 가족도 몇 대를 걸쳐 글 한 자도 모르고 살아왔지. 그러니 넌 꼭 열심히 공부해서 실력을 키워 앞으로 우리의 위대한 조국을 건설하는 데 이바지해야 한다."라고 하였습니다. 어린 레이펑은 연속 고개를 끄덕였습니다. 이때부터 레이펑은 시시각각 우수한 학생이 되려고 노력하였으며 장차 조국에 보답하려는 큰 뜻을 키웠습니다.

　이것은 그 당시 펑더마오 향장이 어린 레이펑을 데리고 학교에 가서 등록하던 광경입니다.

신중국이 금방 창립되어 건설할 것이 너무 많았던 상황이라 그 당시 왕청현의 학교 운영 조건은 아주 열악했습니다. 레이펑은 학업을 마치기 위해 초등학교 6년동안 5번이나 전학을 해야 했습니다.

이 사진들은 레이펑이 다니던 초등학교들의 옛 모습입니다.

1954년 가을, 레이펑은 왕청현 칭수이탕(淸水塘)초등학교 5학년에 전학했습니다. 운이 좋게 레이펑은 이 초등학교의 첫 번째 소년선봉대 대원이 되었습니다. 이 사진은 레이펑이 소년선봉대 깃발 아래에서 찍은 사진입니다.

레이펑의 집은 칭수이탕초등학교에서 5킬로미터 떨어진 곳에 있었습니다. 학교에서 집에 돌아오는 길은 좀 험한 산길이었습니다. 하지만 레이펑은 방과 후 집으로 돌아와서는 빨래도 하고 밥도 짓고 농사일도 돌봐야 했습니다. 집안의 모든 일을 도맡아 해야 했지만 레이펑의 학습 성적은 줄곧 상위권을 차지하고 있었습니다. 레이펑은 공부를 잘했을 뿐만 아니라 학교의 문화 체육 행사에도 적극적으로 참가했으며 줄곧 학교 대고 고수(鼓手)를 맡았었습니다.

1954년 늦가을, 칭수이탕초등학교의 한 벽보란에는 동학들이 지은 자유시를 실었습니다. "어린 레이정싱의 집은 너무나도 가난하구려. 매일 수십 리 길을 걸어와야 했지만, 언제나 그가 가장 일찍 등교하는구나. 학업은 그가 가장 우수하고, 모든 활동에서도 그가 으뜸이로세. 모두들 그를 따라 배워, 앞다투어 훌륭한 학생이 되고자 하는구나." 사실 레이펑은 칭수이탕초등학교에서 한 학기만 보냈습니다. 이런 높은 찬양을 받았다는 것은 레이펑이 모든 면에서 아주 우수했음을 말해 주는 것입니다.

1955년 봄, 레이펑은 허예바(荷葉壩)초등학교로 전학을 하였습니다. 그 해 "6·1절(어린이날)"에 레이펑은 선생님과 동학들과 함께 걸어서 창사시열사공원에 가서 소년선봉대원 기념일 행사에 참가했습니다. 이 사진은 그때 찍은 단체 사진입니다. 이 사진에서 어느 아이가 레이펑일까요? 맨 앞 줄 좌측 끝에 대고를 잡고 있는 이 아이가 바로 레이펑입니다.

마오쩌둥 주석의 훌륭한 학생

이 그림은 레이펑이 정성스레 "마오주석 만세"를 쓰고 있는 모습을 재현한 것입니다. 한 획 한 획 열심히 쓰고 있는 모습에서 마오쩌둥 주석에 대한 레이펑의 무한한 존경과 열애를 보아낼 수 있습니다.

이것은 레이펑이 다녔던 허예바완취안(荷葉壩完全)초등학교의 옛 터입니다.

레이펑 동학들의 회억에 따르면, 바람이 불고 비가 내리는 날이면 레이펑은 항상 교문 앞의 돌다리에서 어린 학생들을 돌봐 주었다고 합니다.

진열대에는 레이펑이 만든 등잔과 나막신, "마오쩌둥 시대의 훌륭한 학생"으로 선정될 때의 훌륭한 사적 기록부, 그가 노인들을 도와 땔나무를 할 때 사용했던 멜대와 나무하는 칼(국가 3급 문물임)이 진열되어 있습니다.

천진하고 활발했던 레이펑

학생 시절 레이펑은 순진하고 활발했으며 동심으로 가득 차 있었습니다. 레이펑은 늘 친구들과 함께 죽순을 캐기도 하고 냇가에 가서 물고기와 새우를 잡기도 하였습니다. 또 군인들을 모방하여 나무총을 가지고 전투놀이를 하기도 하고 팽이를 치고 굴렁쇠를 굴리기도 하였습니다. 레이펑은 학교 문예활동에도 적극 참가하였습니다. 노래도 잘 부르고 춤도 잘 추고 낭송도 잘 했습니다.

이 유화 "어린 어부"는 레이펑이 무언극 "어린 어부"에서 여자애 분장을 하고 '어린 여자애' 역을 맡고 있는 장면입니다.

무언극은 말이 없이 몸짓과 표정만으로 의미를 전달하는 연극으로서 예술성이 강하고 연기가 어렵습니다. 그래서 많은 여학생들은 이 역을 맡을 엄두를 내지 못했습니다. 이 상황을 알고 레이펑은 자진해서 이 '어린 여자애' 역을 맡겠다고 나섰습니다. 이 '어린 여자애' 형상은 선생님과 동학들의 기억속에 오래도록 남아 있었습니다. 유화에서 삿갓을 쓰고 어롱을 들고 있는 '어린 여자애'가 바로 레이펑입니다.

1956년 여름, 레이펑은 허예바완취안초등학교를 졸업하였습니다. 이 사진은 레이펑(맨 앞 줄 왼쪽 첫 번째)과 허예바완취안초등학교 1반 동학들의 졸업사진입니다. 역삼각 꼴 앞머리에 단정한 옷차림으로 똑바로 앉아 있는 학생이 바로 레이펑입니다.

이것은 그 당시 레이펑의 담임이었던 샤류(夏柳) 선생님이 레이펑이 졸업식에서 적극적으로 나서서 한 발언을 직접 기록한 문서입니다.

레이펑은 졸업식에서 자진해 나서서 발언을 했고, 발언에서 자신의 세 가지 소원을 말했습니다. 지금 우리가 보고 있는 이것은 레이펑이 졸업식에서 발언하는 모습을 애니메이션으로 재현한 것입니다. "저는 당의 호소를 받들고 신식 농민이 되어 트랙터를 몰면서 조국의 대지를 경작하겠습니다. 장차 훌륭한 노동자가 되어 조국을 건설하겠습니다. 또 훌륭한 전사가 되어 총을 메고 목숨과 선혈로써 조국을 지키고 인류의 영웅이 되겠습니다." 격정이 넘치는 레이펑의 발언은 전교 선생님과 학생들의 감동을 자아냈습니다. 확실히 레이펑은 당의 빛발 아래에서 매일 성장하고 끊임없이 진보하였습니다. 후일 레이펑은 이 인생의 서언(誓言)을 하나하나씩 실현했습니다.

3부 신념이 확고한 분발하는 청년

초등학교를 졸업하고 레이펑은 향정부에 더는 폐를 끼치고 싶지 않아 당의 호소를 받들고 고향으로 돌아와서 농촌합작사에서 일했습니다. 그때 레이펑은 농촌합작사에서 사원들의 노동량 기록원 및 농업세 징수 보조원으로 일했습니다. 레이펑은 책임감이 강하고 빈틈없이 일을 했는데, 그래서 펑더마오 향장은 그를 안칭향정부의 통신원으로 발탁하였습니다. 3개월 후 레이펑은 또 펑더마오 향장의 추천으로 중국공산당 왕청현위원회에 가서 장성위(張興玉) 서기장의 통신원으로 일하게 되었습니다. 장성위 서기장은 남하(南下)간부로서 레이펑을 아주 관심해 주었습니다. 레이펑이 금방 왕청현위원회에 왔을 때 장성위 서기장은 레이펑에게 근무하는 한편 공부도 계속하라고 당부하였습니다. 그러면서 장성위 서기장은 "강철은 어떻게 단련되었는가", "모든 것을 당에 바치다"는 등 책들을 레이펑에게 넘겨주었습니다. 또한 그때 레이펑은 장성위 서기장으로부터 처음 "마오쩌둥선집"을 접하게 되었습니다. 마오쩌둥 사상은 이때부터 그의 일생에 큰 영향을 끼쳤습니다. 레이펑이 위대한 공산주의 전사로 성장할 수 있었던 것은 장성위 서기장의 정성어린 가르침과 갈라놓을 수 없습니다. 왕청현위원회에서 근무하는 동안 레이펑은 통신원이기도 하고, 경호원이기도 하고, 근무원이기도 했습니다. 즉 1인 3역을 맡았습니다. 하지만 그는 언제 한번 힘들다는 말 한 마디 꺼내지 않았습니다. 지금 여러분이 보고 계시는 이 서류 가방은 레이펑이 통신원으로 일할 때 사용했던 가방입니다.

1957년 2월 8일, 레이펑은 영광스럽게 중국신민주주의청년단에 가입하였습니다. 왕청현위원회에서 근무하는 동안 레이펑은 세 차례나 "모범 일꾼"으로 수상했습니다.

왕청현위원회 간부들의 간고분투하고 청렴하고 정직하게 일하는 우수한 품성은 레이펑에게 큰 영향을 주었으며 레이펑 인생의 나침판이 되었습니다. 이 사진은 레이펑이 그 당시 왕청현위원회 간부들과 찍은 단체 사진입니다. 많은 사진 가운데 레이펑은 유독 이 사진만을 정교한 액자에 넣어 소년선봉대의 붉은 넥타이로 싸서 남방에서 북방으로 갈 때 가지고 갔습니다.

구사회에서 불우했던 고아 레이펑은 신중국의 대가정 속에서 가는 곳마다 사람들의 관심과 도움을 받았습니다. 선생님, 학우, 간부, 동료뿐만 아니라 이웃사촌 모두 레이펑의 심전(心田)에 "진, 선, 미"의 씨앗을 뿌려 주었으며 "레이펑 정신"은 고향에 있을 때부터 이미 싹트기 시작하였습니다.

레이펑은 고향 사람들에게 영원한 추억을 남겨 주었습니다. 이것은 그 당시 레이펑과 함께 지냈던 친우, 간부, 동료, 학우들이 레이펑을 회상하는 기록영화 "고향 사람들 추억 속의 레이펑"입니다.

자진해 나선 "웨이수이(溈水) 치수 모범"

왕청현 경내를 흘러 지나는 웨이수이하(溈水河)는 샹강(湘江)의 지류인데 그때 늘 홍수가 발생하여 재해가 막심했습니다.

1957년 10월 25일, 중국공산당 왕청현위원회, 왕청현인민위원회에서는 웨이수이하의 치수를 결정하였습니다. 그때 레이펑은 세 차례나 웨이수이하치수공정에 참가하겠다고 신청했습니다. 레이펑의 견정한 태도를 보고 왕청현위원회 간부들은 그를 웨이수이하치수공정지휘부 통신원으로 발탁했습니다.

4개월간의 웨이수이하치수공정이 끝나고 레이펑은 왕청현위원회에 돌아와서 여전히 장싱위 서기장 곁에서 근무하였습니다. 후일 웨이수이하치수공정지휘부에서는 "웨이수이하치수모범"이라는 문구가 찍힌 메리야스 상의 한 벌을 레이펑에게 기념으로 보내주었습니다.

퇀산호(團山湖)의 "신식 농민"

1958년 봄, 웨이수이하치수공정이 끝나고 얼마 안 지나 왕청현위원회에서는 퇀산호를 개간하여 국영농장으로 만들기로 결정하였습니다. 퇀산호 주변의 잡초가 무성한 황폐한 토지를 곡창지대로 탈바꿈시키려는 목적이었습니다. 그때 중국공산주의청년단 왕청현위원회에서는 전 현 청소년들에게 농장에 돈을 기부할 것을 호소하였습니다. 기부금으로 트랙터 한 대를 사려는 것이었습니다. 레이펑은 이 소식을 듣고 자신이 1년 넘어 모은 돈 20위안을 전부 농장에 기부하였습니다. 레이펑은 당시 전 현에서 기부를 가장 많이 한 청년이었습니다. 이것은 중국공산주의청년단 왕청현위원회에서 레이펑에게 발급한 "기부 기념" 증서입니다. 또한 레이펑은 수차례 퇀산호농장에서 트랙터를 운전하겠다는 신청서를 냈고 그의 소원은 마침내 이루어졌습니다. 이렇게 레이펑은 진정한 '신식 농민'이 되었습니다. 그 뒤, 그는 "나는 트랙터를 운전한다."라는 글을 써서 1958년 3월 16일 "왕청신문"에 발표했습니다. 그 당시 서명은 여전히 '레이정싱'이었습니다.

이 유화는 저명한 화가 리쯔젠(李自健)이 창작한 "아침 햇살"입니다. 그림에서 보면 황금빛으로 물든 가을날 아침, 레이펑이 왕청현 퇀산호농장에 우뚝 서 있습니다. 아름다운 풍경이 그의 눈앞에 펼쳐집니다. 그의 얼굴에는 고향에 대한 열애와 아름다운 미래에 대한 동경이 넘쳐흐릅니다.

여러분들이 지금 보고 계시는 이 봄기운이 완연한 그림은 제목이 '대지를 가꾸다'입니다. 이 그림에서는 레이펑이 트랙터를 몰고 퇀산호에서 밭을 경작하는 모습을 그려내고 있습니다.

수확의 계절, 지난날 황폐했던 퇀산호가 오늘날의 곡창지대로 바뀐 모습을 바라보면서 레이펑은 감회가 남달라 시를 한 편 지었습니다. 바로 65행으로 된 시 "남쪽에서 날아온 제비"입니다. "남쪽에서 날아온 제비"를 창작할 때 레이펑은 비흥의 수법을 사용하여 따스함을 찾아가는 제비를 자신의 감정, 결심과 이상을 탑재하는 매개체로 삼아 신중국과 노동인민을 노래했던 것입니다.

레이펑은 왕청현위원회에서 근무하면서부터 기관 간부 저우사오밍(周紹銘), 펑정위안(彭正元) 등 동료들의 지도하에 일기를 쓰기 시작했습니다. 퇀산호에서 근무하는 동안 레이펑은 점차 일기 쓰는 습관을 길렀습니다. 진열대에 진열해 놓은 것은 레이펑이 일생동안 쓴 9권의 일기장입니다. 이 일기장에는 레이펑이 퇀산호에서 근무하면서 발표한 작품과 유고 16편이 들어있습니다.

　레이펑은 여가생활이 아주 풍부했습니다. 그는 늘 쑨커우류(順口溜, 압운을 넣어 재미있고 감칠맛 나는 구어로 된 문구)를 만들었고, 콰이반(快板)을 가지고 이야기하기를 즐겼고, 하모니카도 꽤 잘 불었습니다. 진열대에 진열해 놓은 대나무 콰이반과 하모니카는 레이펑이 퇀산호에서 근무할 때 잠시도 그의 곁을 떠나지 않았던 물품들입니다.

이름을 고치고 뜻을 펴다

　1958년 중국에서는 유례없는 강철제련운동이 성대하게 일어났습니다. 그해 10월 하순에 샹탄(湘潭)강철제련회사, 우한(武汉)강철제련회사, 안산(鞍山)강철제련회사에서는 동시에 왕청현에 와서 노동자를 모집하였습니다. 이때 레이펑은 또 한 차례 인생의 중대한 선택을 하게 됩니다. 안산강철제련회사에 가서 노동자로 일하겠다는 것입니다. 레이펑은 가장 간고한 곳에 가서 일하려고 작심했고, 선뜻 안산강철제련회사에 구직 신청서를 냈습니다. 바로 이때 자신의 이름을 레이펑이라고 개명하였습니다.

　1958년 10월 31일, 장싱위 서기장은 왕청현에서 웨양현(岳陽縣)으로 전근하게 되었는데, 그때 특별히 레이펑에게 우싱인민공사(五星人民公社)에서 왕청현위원회에 돌아와 함께 기념사진을 찍자고 통보했습니다. 이 사진은 레이펑이 고향에서 마지막으로 찍은 사진입니다(맨 앞 줄 왼쪽 두 번째가 레이펑임).

　1958년 11월 9일, 안산강철제련회사로 떠나기 전 레이펑은 퇀산호농장에 와서 동료들과 작별 인사를 나누었습니다. 동료들은 모두 총명하고 열성적인 레이펑과 헤어지는 것을 못내 아쉬워했습니다. 지금 여러분들이 보고 계시는 이 궤는 퇀산호농장의 동료들이 중국공산주의청년단 퇀산호농장 지부의 명의로 레이펑에게 선물한 등나무 줄기로 엮은 궤입니다. 동료와 친구들은 헤어지는 것이 아쉬어 축복의 뜻을 글로 남겨 서로 주고 받았습니다. 진열대에 있는 이 일기장은 레이펑이 안산강철제련회사로 떠나기 전, 친구 왕페이링(王佩玲)에게 준 선물입니다. 일기장에는 레이펑이 왕페이링을 고무격려하는 희망에 넘치는 글이 적혀 있습니다. "왕페이링 동지, 당신은 당의 훌륭한 딸이요. 당신의 청춘이 아름다운 한 송이 꽃처럼 조국의 대지에서 활짝 피기 바라오."

레이펑의 퇀산호농장에서의 동료와 친구였던 리샹메이(李湘枚), 리즈롄(李治廉)도 선후로 레이펑을 추억하는 글을 써서 레이펑을 기념하였습니다.

이 동영상의 제목은 "레이펑이 왕청에서"입니다. 이 동영상에서 보면 레이펑은 왕청현에서 18년간 공부하고 근무하고 생활하였는데, 고향 사람들에게 영원한 추억을 남겨 주었습니다.

강철같은 훌륭한 노동자

1958년 11월 12일, 샹강의 왕청 부두에서 레이펑은 안산강철제련회사로 떠나는 길에 올랐습니다. 안산강철제련회사로 가는 길에 기차가 우한에서 대여섯 시간 정차를 했는데, 기차가 정차하는 동안 레이펑은 동행하는 친구들과 함께 우한양자강대교를 참관하고 기념사진을 찍었습니다. 기차가 베이징에서 머무를 때에는 톈안먼(天安門)에 가서 이 두 장의 사진을 찍었습니다.

1958년 11월 15일, 레이펑은 마침내 안산강철제련회사에 도착하였습니다. 안산강철제련회사에서는 그를 화학공업총공장 세탄장 불도저 운전수로 안배하였습니다. 진열대에 진열하고 있는 것은 그 당시 레이펑의 근로계약서, 사원증, 직장신분증입니다.

이것은 레이펑이 그 당시 몰았던 스탈린 C-80호 불도저입니다. 이 불도저는 차체가 거대한 중형 기계로서 운전대가 7개이고 견인력이 4톤이나 됩니다. 레이펑은 체구가 작았지만, 고생을 두려워하지 않는 강인한 후난 사람들의 정신을 발양하여 열심히 사범을 따라 배우고 허심하게 동료들에게 물으면서 기능을 연마하여 4개월만에 안전운전면허를 땄고 마침내 능숙한 불도저 운전기사로 되었습니다.

중고등학교 국어 교과목을 독학한 레이펑은 안산강철제련회사에서 근무할 때 노동자 야간학교 국어 교사도 맡아했습니다.

1959년 8월 20일, 안산강철제련회사에서는 랴오양(遼陽) 궁창링(弓長嶺)에 코크스공장을 건설하기로 결정했고, 이를 위해 일부 훌륭한 기술자와 청년 노동자를 선발하여 이 공장에 전근시키기로 했습니다. 그때 대다수 사람들은 안산시에 있는 본사의 편안한 근무 환경을 떠나 편벽한 궁창링에 가서 근무하는 것을 아주 꺼려했습니다. 하지만 레이펑은 자진해서 궁창링 코크스공장에 가서 근무하겠다고 신청했습니다. 이런 고생을 두려워하지 않는 정신을 소유했기 때문에 레이펑은 재빨리 궁창링 코크스공장의 대표 노동자로 성장할 수 있었습니다.

레이펑은 랴오양 궁창링 코크스공장에서 142일 근무하였습니다. 이 동영상에는 레이펑이 코크스공장에서 근무하고 생활했던 정경이 담겨 있습니다.

이 사진은 레이펑과 함께 안산강철제련회사에 온 후난 사람들의 단체 사진입니다. 진열대에 진열되어 있는 것은 후난에서 같이 온 동료 이슈전(易秀珍), 양비화(楊必華), 장웨치(張月棋) 등이 레이펑을 회억하여 쓴 글과 그들이 레이펑에게 군입대 선물로 준 소가죽 궤입니다.

여러분의 왼쪽켠 진열대에 진열되어 있는 솜이불은 레이펑이 궁창링에서 근무할 때 덮었던 이불입니다. 이 솜이불에 깃든 감동적인 사연도 하나 있습니다.

1959년 11월 5일 밤 11시경, 궁창링 코크스공장 공사 현장에 갑자기 소나기가 쏟아졌습니다. 그때 마침 관리실에서 당직을 서던 레이펑은 시멘트 7200여 포대가 바깥에 쌓여 있는 것이 문득 떠올랐습니다. 만약 이 시멘트 포대를 그대로 둔다면 비에 젖어 손실이 아주 클 것입니다. 레이펑은 곧바로 다른 노동자들을 불러 함께 시멘트 구조 작업에 나섰습니다. 하지만 시멘트 포대를 덮을 것이 부족했습니다. 급한 나머지 레이펑은 숙소로 달려가 자신의 솜이불을 가져와 시멘트 포대를 덮었습니다. 또한 자신이 입고 있던 옷도 벗어서 시멘트 포대를 덮었습니다. 이렇게 이 이불은 레이펑이 소나기가 내리는 야밤에 시멘트를 구호하던 영원한 증거물로 남게 되었습니다. 그 당시 랴오닝의 "궁창링신문"과 "공청단원신문"에서는 이 사적을 생동하게 보도했습니다.

안산강철제련회사에서 1년 2개월 근무하는 동안, 레이펑은 상을 많이 받았습니다. 우수 근로자 상 3차례, 붉은 기수 상 5차례, 근검절약 상 18차례 받았습니다. 이때 레이펑에게는 무한히 밝은 미래가 있었다고 해야 할 것입니다. 하지만 자강불식하는 레이펑은 또 한 차례 중대한 인생 선택을 하게 됩니다.

전심전의로 인민을 위해 복무한 훌륭한 군인

　　1959년 말, 동계 징병이 시작되었습니다. 군인이 되는 것이 꿈이었던 레이펑은 마음의 설레임을 억제할 수 없었습니다. 하지만 레이펑은 키와 체중이 모두 입대 기준에 미달했습니다. 또한 레이펑이 공장에서 표현이 아주 돌출했기 때문에 공장의 간부들도 그를 떠나보내기 아쉬워했습니다. 그러나 위(余) 정치부 주임 및 다이밍장(戴明章) 공정병 입대부 참모 등의 도움으로, 1960년 1월 8일 레이펑은 마침내 중국인민해방군에 입대하게 되었습니다. 레이펑은 드디어 인생의 세 번째 소원을 성취하게 되었습니다.

　　레이펑은 군에 입대한 후 자신을 더욱 엄격히 요구하였습니다. 신병 훈련 기간 키가 작고 힘이 약한 레이펑은 여러가지 어려움에 봉착했습니다. 하지만 그는 피타는 노력끝에 끝내는 이런 어려움을 모두 이겨냈습니다. 예컨대 레이펑은 처음에 팔 힘이 약해 수류탄 던지기를 잘 못했는데, 후일 부지런히 수류탄 던지기 연습을 해서 끝내는 수류탄 던지기 선수가 되었습니다.

　　군에 입대한 후 얼마 안 지나 레이펑은 운송부대 운전병으로 배치받았습니다. 레이펑은 그때 자신의 훌륭한 운전 실력으로 곧바로 5급 운전면허를 땄습니다. 이것은 레이펑이 딴 5급 운전면허증입니다. 그때 레이펑은 자작시 "군복 입을 때"를 지어 자신의 북받치는 감정을 표현하기도 했습니다.

　　여러분이 지금 보고 계시는 이것들은 레이펑이 군에서 사용했던 자동소총, 탄대, 군용 우의 및 운전병 계급장입니다.

　　이밖에도 레이펑은 부대의 문예공연단에 가입했었고 선양 군부의 체육대회에 참가했었으며, 구락부위원회의 편집간사도 맡았었습니다. 이 사진은 레이펑이 부대 야영 훈련 중에 홍보 활동을 하는 모습을 찍은 것입니다.

　　이것은 1960년에 선양 군부 체육대회에 참가한 후 남긴 기념사진입니다. 레이펑은 자기를 키워준 여섯째 할머니 가족과 5촌 삼촌 레이밍광(雷明光) 등 친척들의 은혜를 잊지 않고 특별히 이 사진을 삼촌 레이밍광에게 부쳐 드렸습니다. 사진의 뒷면에는 "삼촌께 기념으로 드립니다. 이 사진은 제가 3급 운동선수가 되어 군부 경기에 참가할 때 찍은 것입니다. 삼촌께서 이 사진을 할아버지와 할머니께도 보여 드리세요."라고 적혀 있습니다. 진열대에 진열되어 있는 이 편지는 레이펑이 레이밍광에게 써 보낸 것이며 국가 1급 문물입니다.

이것은 레이펑에게 발급한 '초빙서'입니다. 이것은 레이펑이 부대 벽보란에 실은 시 "구사회와 신사회의 비교"입니다.

1960년 11월 23일, 선양 군부 공정병 정치부에서는 부대 내에서 "레이펑을 따라 배우고 레이펑을 따라 잡자"는 운동을 전개할 것을 지시하였습니다. 즉 그때 레이펑은 선양 군부의 본보기로 되었습니다.

지금 여러분이 보고 계시는 이 사진은 1960년 "민병의 벗" 제 18호에 실렸던 사진입니다. 이 사진으로부터 우리는 레이펑이 그때 이미 어느 정도 지명도와 영향력이 있었음을 알 수 있습니다.

21살이 채 안 된 레이펑은 그때 가장 젊은 인민대표였습니다. 1961년 5월 레이펑은 푸순시(撫順市) 제 4기 인민대표대회 대표로 당선되었습니다.

1961년 8월, 레이펑은 운송부대 4반 반장으로 임명되었습니다.

1962년 2월 14일, 레이펑은 선양 군부 공정병 10툰 당대표 대회에 참가하였습니다. 2월 19일, 레이펑은 특별 초청 대표로 선양 군부 제 1차 툰대표 대회에 참가했고, 이 대회에서 단상의 성원으로 선출되어 대회 발언도 했습니다.

1960년 1월부터 1962년 8월까지 레이펑은 부대에서 수차례 수상하였습니다. 여기에 진열하고 있는 것은 레이펑이 부대에서 공을 세워 수상한 일부 증서들입니다. 2등상 하나, 3등상 두 개입니다.

만약 그날의 의외사고가 없었더라면, 레이펑의 인생은 더 좋은 발전과 더 많은 다채로움이 있었을 것입니다. 1962년 8월 15일, 레이펑과 전우 차오안산(喬安山)은 13호차를 몰고 병영에 돌아온 후, 병영 뒤에 있는 공터에 가서 세차를 하려고 했습니다. 주차장으로부터 병영 뒤에 있는 공터로 가려면 좁은 길목을 지나야 했는데 안전을 고려하여 레이펑은 길목 옆에서 지휘를 하고 차오안산이 자동차를 운전했습니다. 그런데 갑자기 자동차의 왼쪽 뒤바퀴가 길옆의 작은 물웅덩이에 미끄러져 들어가면서 자동차는 전우들이 평소에 빨래를 너는 빨래줄 기둥을 들이박아 넘어뜨렸습니다. 그 기둥이 넘어지면서 레이펑의 왼쪽 태양혈을 내리쳤던 것입니다. 레이펑은 그 자리에서 쓰러졌고, 혼수상태에 빠졌습니다. 두개골이 골절된데다가 대뇌에 출혈까지 생겨 응급처치를 하였지만 레이펑은 다시 일어나지 못했습니다. 1962년 8월 15일 12

시 5분 레이펑은 푸순시 서부 종업원병원에서 영원히 눈을 감았습니다. 이때 레이펑의 나이는 22살이었습니다.

레이펑이 희생한 3일 후, 푸순시 군인과 시민들은 푸순시 왕화(望花)구청 강당에서 장엄한 추모식을 거행하였습니다.

레이펑은 비록 짧은 22년 인생을 살았지만, 레이펑의 사적과 레이펑 정신은 영원히 우리들의 마음속에 남아 있습니다.

번역:노금숙
감수:박섯일

附录　译者名录

▶ 英语

学生译者： 邓佳佳　何欣卉　李婉莹　刘　敏　阮澜茵　任　佳　史丹丹
　　　　　　吴钰萍　武文娇　夏文媛　肖雨菲　严茳葶
指导教师： 刘　白　谢敏敏　叶　冬
审校： David Porter　欧阳惠　姚　雯

▶ 法语

学生译者： 费乔荣　曹　雪　杨　逸　肖　茜　袁雨晨　彭瑞雪
　　　　　　金晓童　周俊辉　杨　堃　李　怡　周　清　皮亚兰
　　　　　　钱　丹　郑预文　伊伟杰
指导教师： 方丽平
审校： 方丽平
雷锋故事简介译者： 杨　阳
审校： Geoffrey LELEU

▶ 日语

译者： 冉　毅
审校： 陈小法　熨斗麻起子　肖　婧

▶ 德语

译者： 范　妮
审校： Ole Döring　阳凌艺

▶ 俄语

学生译者： 毛　优　谭鑫洁　邹　香　谢庆琳　张　虎
指导教师： 何冰琦　李菁菁　曾永兴
审校： Степанов Евгений Николаевич　Гайфиев Эдуард Артурович

▶ 朝鲜语

译者： 卢锦淑
审校： 朴成日

后记

历时三年多,经过数轮反复修改校订,多语种《雷锋故事翻译集》终于进入了最后的审校程序。恰在此时,佳讯传来:由本套丛书总主编郑燕虹教授指导、湖南师范大学外国语学院团队的"做雷锋精神国际传播的种子"项目荣获第七届中国青年志愿服务项目大赛银奖。此前,本书学生英译者之一史丹丹参加的团队项目"语言搭桥、实践传神:雷锋故事赋能中国形象塑造"荣获第十八届"挑战杯"全国大学生课外学术科技作品竞赛红色专项二等奖、第十五届"挑战杯"湖南省大学生课外学术科技作品竞赛红色专项特等奖。以"雷锋故事""雷锋精神"为主题的系列项目屡创佳绩,可喜可贺!

本书的策划和出版源于湖南师范大学外国语学院与湖南雷锋纪念馆的密切合作。长期以来,一批又一批来自湖南师范大学外语专业的大学生在雷锋纪念馆担任志愿者讲解员,用英语、法语、日语、俄语、德语、朝鲜语等不同语种向来自世界各地的学者和留学生讲述雷锋故事、传播雷锋精神。2021年7月,"文学翻译实践"课程团队在雷锋纪念馆正式挂牌成立实践基地,将这一合作推向新的高度。"文学翻译实践"是在新文科建设背景下由湖南师范大学外国语学院推出的社会实践类课程,以湖湘优秀文学、文化作品为主要翻译素材,通过系列化、主题化、功能化的社会实践教学,推动思想政治教育、专业教育与社会服务紧密结合。本书选译了十五篇具有代表性的雷锋故事以及雷锋纪念馆解说词,也是该课程教学成果之一。

《雷锋故事翻译集》得以出版,首先要感谢丛书总主编郑燕虹教授和蒋洪新教授,他们从选题策划到指导学生、从译文修改到版式设计,每一环节无不亲力

亲为、凝聚心血。感谢湖南雷锋纪念馆给予我们的大力支持和倾力帮助。感谢各语种的译者和指导老师们，为了译文的准确反复推敲、精益求精。感谢副主编姚雯老师，在联络沟通、校对文稿、出版流程等方面尽心尽力、严谨细致。感谢湖南师范大学出版社编辑部主任李阳博士，他拥有丰富的出版经验，为我们提供了许多宝贵意见。

译雷锋，忆雷锋。我们希望用这本小书献上一份新时代大学师生学习雷锋事迹、传播雷锋精神、传承红色基因、讲好中国故事的答卷；也希望有越来越多雷锋精神的践行者、传承者、弘扬者，推动雷锋精神在国际传播中绽放光彩。

叶冬

2024年12月于长沙岳麓山